物流实验实训教程
(第 2 版)

陈丰照　梁子婧　主　编

清华大学出版社
北京

内 容 简 介

本书共分为十二章，包括物流人才需求分析及教学改革、生产线组态王的操作、储配之窗实训指导、实时供应链系统、未来超市管理系统、交通运输管理软件、企业智能制造生产实训、无人超市、智慧物流中的新技术、模拟社会化商业配送中心自身的货物流转、虚拟社会化商业配送中心企业不同职能部门之间的内部信息流功能、虚拟社会化商业配送中心外部上下游企业的商业信息流业务功能内容。

本书根据企业物流的特点，全面系统地介绍了企业生产经营过程中的物料采购与供应、生产物流、销售物流等主要环节的管理，并配合实验环节训练学生运用技术解决实际问题的能力。本书注重理论联系实际，重点突出，图文并茂，通俗易懂，力求让学生清晰地认识物流的每个环节，有助于学生理解并提高学习的积极性。

本书适合作为高等院校物流工程、物流管理等专业的实验实训教材，也可以作为物流咨询公司、物流企业和物流从业人员科研和实践的参考用书。

本书封面贴有清华大学出版社防伪标签，无标签者不得销售。
版权所有，侵权必究。举报：010-62782989，beiqinquan@tup.tsinghua.edu.cn。

图书在版编目(CIP)数据

物流实验实训教程/陈丰照，梁子婧主编. —2 版. —北京：清华大学出版社，2021.11
ISBN 978-7-302-58372-1

Ⅰ. ①物… Ⅱ. ①陈… ②梁… Ⅲ. ①物流—教材 Ⅳ. ①F252

中国版本图书馆 CIP 数据核字(2021)第 105758 号

责任编辑：梁媛媛
装帧设计：刘孝琼
责任校对：周剑云
责任印制：刘海龙

出版发行：清华大学出版社
网　　址：http://www.tup.com.cn，http://www.wqbook.com
地　　址：北京清华大学学研大厦 A 座　　邮　编：100084
社 总 机：010-62770175　　邮　购：010-62786544
投稿与读者服务：010-62776969，c-service@tup.tsinghua.edu.cn
质量反馈：010-62772015，zhiliang@tup.tsinghua.edu.cn
课件下载：http://www.tup.com.cn，010-62791865

印 装 者：三河市君旺印务有限公司
经　　销：全国新华书店
开　　本：185mm×260mm　　印　张：18.25　　字　数：442 千字
版　　次：2016 年 6 月第 1 版　2021 年 12 月第 2 版　印　次：2021 年 12 月第 1 次印刷
定　　价：56.00 元

产品编号：086072-01

前　言

随着世界经济的高速发展和全球化趋势的加强，国内外对于物流科学的研究呈现专业化、精细化的发展趋势，这就迫切要求物流相关研究人员了解并熟悉物流管理操作流程，不断培养系统性思维，善于应用现代信息技术，提高物流规划与设计、物流管理、物流运作等能力，积极参与经济管理部门、贸易公司、物流企业的政策制定。物流专业是一门具有较强实践性的应用学科，在社会再生产过程中被称为"第三方利润源泉"。随着电子商务、连锁经营、接单制造等新型生产和流通组织形式的发展，物流的实际应用性也不断增强，在教育教学体系中，创建物流专业培养模式，提高本专业学生的实践应用能力是时代使然。

本书以提高物流专业学生的实践能力、培养物流专业应用型人才为目标，通过对物流实验教学现状及对策进行分析，并就生产线组态王操作、储配之窗系统软件操作、实时供应链系统运作、未来超市管理系统运作、交通运输管理软件操作等内容进行详细解读，以使读者理解现代物流技术的理论知识，提升实践应用能力。

这次修订所增加的第七章至第十二章，主要涉及企业智能制造生产实训、无人超市、智慧物流中的新技术、模拟社会化商业配送中心自身的货物流转、虚拟社会化商业配送中心企业不同职能部门之间的内部信息流功能、虚拟社会化商业配送中心外部上下游企业的商业信息流业务功能。紧跟时代步伐，聚焦智慧物流。

本书是由多位高校教师共同编写完成的，希望能为培养物流专业应用型人才尽一份绵薄之力。本书由陈丰照、梁子婧担任主编并负责总纂、定稿，孙宇博、朱瑶、肖味味、张宇、宋慧宁、魏洁云担任副主编。具体分工如下：第一、二、三章由陈丰照、张宇编写；第四、五、六章由梁子婧、孙宇博编写；第七、八、九章由朱瑶、肖味味编写；第十、十一章由宋慧宁、魏洁云编写；陈文文也参与了本书的编写工作，主要负责第十二章的编写。在此，我们谨向有关专家、学者表示诚挚的谢意！

由于作者水平所限，本书的不完善甚至失误之处在所难免，我们真诚欢迎专家和读者提出建设性意见，进而再版时修正与改进。

编　者

目　　录

第一章　物流人才需求分析及教学改革 1
第一节　物流人才需求调查 1
　　一、物流人才的社会需求 1
　　二、新形势对物流人才的素质要求 2
　　三、新形势对物流人才职业能力的要求 3
第二节　物流岗位的能力需求 4
第三节　实验教学现状及改进措施 5
　　一、实验教学内容体系 5
　　二、实验教学的管理 6
　　三、实验全过程评价体系 7
第四节　物流实验室的建设与教学对策 7
　　一、物流实验室的建设要求 7
　　二、现代物流实验室的主要功能 8
　　三、实验课程设置应重在增强学生的动手能力 8

第二章　生产线组态王的操作 9
第一节　实训前的准备工作 9
　　一、打开总电源 9
　　二、开启系统 9
　　三、还原数据库 9
　　四、启动小主机 12
　　五、启动工位电脑 12
第二节　实训角色的分配 12
第三节　能耗启动器的生产仿真 13
　　一、实训背景介绍 13
　　二、实训任务 13
　　三、实训准备 13
　　四、实训内容 13
　　思考题 46

第三章　储配之窗实训指导 47
第一节　系统的熟悉和了解 47
　　一、实训目的 47
　　二、实训内容 47
　　三、实训步骤 47
第二节　数据化仓库实训 49
　　一、设备准备 49
　　二、实训目的 49
　　三、实训内容 49
第三节　堆垛机入库实训 51
　　一、关键设备 51
　　二、设备准备 51
　　三、实训目的 52
　　四、案例分析 52
第四节　SID 平面库入库实训 59
　　一、关键设备 59
　　二、设备准备 59
　　三、实训目的 59
　　四、入库流程 59
　　五、案例分析 60
第五节　电子标签仓库补货作业 67
　　一、关键设备 67
　　二、设备准备 67
　　三、实训目的 67
　　四、案例分析 67
第六节　PTL(电子标签拣货系统)摘取式分拣实训 72
　　一、实训目的 72
　　二、相关知识点 73
　　三、硬体介绍 73
　　四、案例分析 74
第七节　汇总出库(播种式) 80
　　一、关键设备 80
　　二、设备准备 80

三、实训目的 81
  四、汇总出库流程 81
  五、案例分析 81
 第八节 仓库盘点 94
  一、关键设备 94
  二、设备准备 95
  三、实验目的 95
  四、实训背景 95
 第九节 DPR 配送需求计划 97
  一、设备准备 97
  二、实训目的 97
  三、实训背景 97
  四、实训内容及步骤 98
 思考题 100

第四章 实时供应链系统 101
 第一节 基础资料 101
  一、仓库资料 101
  二、仓管资料 101
  三、制造商资料 102
  四、客户资料 102
  五、供应商资料 102
  六、货架资料 102
  七、托盘资料 103
  八、车辆类型 103
  九、车辆信息 104
  十、料品分类 104
  十一、料品资料 104
 第二节 入库操作流程 105
  一、制造商委托物流中心入库 105
  二、物流中心接收入库委托 108
  三、仓储中心进行入库作业 109
 第三节 出库操作流程 115
  一、客户中心下单 115
  二、制造商送货委托 118
  三、物流中心接收送货委托 120
  四、仓储中心进行送货作业 122

  五、运输中心送货 128
 第四节 堆垛机出入库操作 134
  一、堆垛机入库操作 134
  二、堆垛机出库操作 136
 第五节 电子标签补货流程 139
 第六节 电子标签分拣流程 143
 第七节 仓库盘点作业 157
 思考题 161

第五章 未来超市管理系统 162
 第一节 硬件简介与基础资料的维护 162
  一、硬件简介 162
  二、基础资料维护 164
 第二节 商品采购流程 168
  一、打开业务管理 168
  二、录入商品采购单 168
  三、采购单处理 168
  四、收货入库 168
  五、采购完成 169
 第三节 会员卡、入货上架、
     商品标价 169
  一、会员卡制作 169
  二、商品标价 171
 第四节 购物收银 172
  一、会员登录网站预购商品 172
  二、超市购物流程 174
  三、POS 结算 175
 思考题 176

第六章 交通运输管理软件 177
 第一节 引言 177
  一、编写目的 177
  二、读者对象 177
  三、环境要求 177
 第二节 系统概述 177
 第三节 员工管理 178
  一、部门设置 178
  二、职位设置 178

目录

　　三、职工资料 179
第四节　业务信息管理 180
　　一、承接单位 180
　　二、客户资料 181
　　三、收货人信息 182
第五节　车辆管理 183
　　一、汽油信息 183
　　二、车辆类型 184
　　三、车辆资料 185
第六节　业务管理 185
　　一、客户合同管理 185
　　二、客户委托单 186
　　三、货运单管理 188
　　四、派车单管理 190
第七节　财务管理 190
　　一、派车单结算 190
　　二、订单审核 192
　　三、订单现结算 192
　　四、订单月结算 193
　　五、工资结算 194
第八节　报表管理 194
　　一、车辆运行报表 194
　　二、车辆周期报表 195
　　三、收支统计报表 196
第九节　权限及初始化管理 197
　　一、权限管理 197
　　二、初始化管理 198
第十节　配送运输管理运行端 198
第十一节　配送运输管理调度 201
第十二节　交通运输管理软件实训 ... 202
第十三节　GPS 简介 202
　　一、操作步骤 202
　　二、GPS 软件界面功能介绍 ... 204
思考题 206

第七章　企业智能制造生产实训 ... 207
第一节　智能设计 207
　　一、智能工厂设计流程 207
　　二、智能工厂设计需求分析 ... 207
第二节　智能生产系统的总体框架 ... 208

第三节　智能生产系统分项描述 209
　　一、智能装备与控制系统 209
　　二、智能仓储和物流系统 210
　　三、智能制造执行系统 211
第四节　生产指挥系统 211
　　一、系统简介 211
　　二、软件开发环境 212
　　三、主要特点 212
第五节　智能生产系统 212
第六节　智能经营 213
　　一、智能经营系统的设计目标 213
　　二、智能经营系统的总体框架 213
　　三、智能供应链系统 213
　　四、协同商务系统 215
第七节　智能服务 217
　　一、智能服务系统设计的目标 217
　　二、在线智能服务系统的
　　　　总体框架 218
思考题 221

第八章　无人超市 222
第一节　硬件简介与基础资料的维护 ... 222
　　一、硬件简介 222
　　二、基础资料维护 224
第二节　商品采购流程 225
第三节　会员卡、入货上架 226
　　一、会员卡制作 226
　　二、商品动态监控 226
　　三、商品标价 227
第四节　购物收银 227
　　一、智能导购 227
　　二、自动结算系统 228
　　三、商品追溯查询系统 229
思考题 229

第九章　智慧物流中的新技术 230
第一节　云计算的概念和应用 230
　　一、云计算的提出 230
　　二、云计算的定义 230
　　三、云计算的组成 231

四、云计算的主要特征...................232
五、云计算的服务模式...................233
六、云计算的意义.......................234
第二节 云计算的体系结构..................234
一、云计算的基本原理...................234
二、云计算体系结构.....................234
三、云计算服务层次.....................235
四、云计算技术层次.....................236
第三节 云计算典型平台....................237
一、阿里云.............................237
二、百度云.............................240
三、腾讯云.............................241
第四节 MapReduce 分布式处理技术........242
第五节 Hadoop 架构.......................242
第六节 大数据............................243
一、大数据的概念.......................243
二、大数据特点.........................243
三、大数据关键技术.....................245
四、大数据在智慧物流应用中的意义......247
五、云计算、大数据在智慧物流中的应用..248
思考题..................................250

第十章 模拟社会化商业配送中心自身的货物流转...................251
第一节 配送中心参观调研..................251
第二节 综合模拟作业......................253
一、实训任务...........................253
二、实训步骤及问题.....................253
思考题..................................256

第十一章 虚拟社会化商业配送中心企业不同职能部门之间的内部信息流功能...................257
第一节 配送中心不同部门之间信息流

体系的熟悉和了解......................257
一、运输部.............................257
二、库管部.............................258
三、配送部.............................258
四、调度中心...........................259
第二节 物流流转信息的传送实训............260
一、物料分类、特征信息.................260
二、物料量的信息.......................268
三、物料流动信息.......................268
思考题 270

第十二章 虚拟社会化商业配送中心外部上下游企业的商业信息流业务功能...................271
第一节 社会化商业配送中心外部上下游企业之间商业信息流体系的熟悉和了解......................271
一、供应商.............................271
二、销售门店...........................273
第二节 商业交易信息的传送实训............274
一、销售和购买信息.....................274
二、订货和接收订货信息.................276
三、收款发货信息.......................276
第三节 市场信息实训......................277
一、顾客信息...........................277
二、交通通信等基础设施信息.............278
三、政策信息...........................278
四、销售促进活动信息...................279
五、竞争业者或竞争性商品信息...........279
思考题..................................279

参考文献...................280

第一章　物流人才需求分析及教学改革

第一节　物流人才需求调查

随着全球经济的快速发展和信息科学技术的不断进步，物流作为世界经济发展中的热点，涵盖国民经济中的交通、运输、采购、仓储、供应、配送、流通加工、信息处理等多个领域。中国自 2001 年加入世界贸易组织(WTO)以来，市场竞争加剧，我国企业纷纷开始寻找新的利润增长点，而被称为"第三方利润源泉"的物流业则受到了高度的关注，加上电子商务、连锁经营、接单制造等新型生产和流通组织形式的发展，物流的地位更加凸显。我国政府和相关部门对物流业的重视程度也越来越高，物流正朝着低成本、高效率、合理化、专业化的方向发展。所有这一切都产生了一个共同现象，即中国物流业的发展势如破竹，对物流专业人才的需求量大大增加，尤其市场对具有熟练操作技能的物流人才的需求与日俱增。

一、物流人才的社会需求

据人力资源专家分析，今后一段时期，除储存、运输、配送、货运代理等领域的物流人才紧缺外，熟悉进出口贸易业务的专业操作人才、电子商务物流人才以及掌握商品配送和资金周转、成本核算等相关知识与操作方法的国际物流高端人才将更紧俏。2015 年，我国大专以上物流人才需求量为 30 万～40 万人，物流人才已被列为我国的紧缺人才之一。尽管近年来各高校及培训机构培养了大量的物流人才，但仍远远不能满足社会的需求，而且当前学校教育和行业培训注重于理论教学，缺乏实践经验，学生所掌握的专业技能和视角与企业需求还有较大的差距。这些因素都导致了物流人才供给与需求的矛盾。

1. 物流人才的需求领域

物流人才的需求主要体现在以下几个领域。

(1) 企业物流人才。物流人才的需求存在于物流企业，物流企业对物流人才的需求量最大。物流企业要求从业人员知识面要广，有较强的战略判断和把握能力，能够敏锐地发现市场的变化，并具有较强的动手操作能力。

(2) 规划和咨询物流人才。城市物流系统的改造和完善、物流园区和配送中心的规划和设计、物流运输货场的规划、物流网络的合理布局等，都需要高素质的复合型的物流人才。

(3) 国际物流人才。全球采购与销售形成的庞大的国际物流系统，需要大量精通进出口贸易、海关业务、采购系统、供应链管理等知识的国际物流人才。

(4) 科研教学物流人才。我国的物流理论和物流技术都相对落后，需要高水平的物流科研成果的支持。

2. 物流人才的需求层次

物流人才的需求层次如下。

(1) 物流操作人员。物流操作人员主要从事具体的物流作业，如货物的分拣、上架、堆垛、包装、配送等，对他们的要求主要是操作能力强和有吃苦耐劳的精神。随着信息技术在现代物流中的应用，对物流操作人员的职业能力也提出了更高的要求。

(2) 物流管理人员。物流管理人员的职责主要是对物流运作的某一部门进行管理，要求熟悉自身从事的物流环节的运营，能使本环节的物流更有效、更合理。此外，物流管理人员还要有物流大系统的理念，能协同配合各相关部门，使整个物流系统合理化、科学化运作。

(3) 高级物流管理人才。要求从业人员有较强的战略判断和把握能力，能够敏锐地发现市场的变化，对各环节能有效合理地控制。

二、新形势对物流人才的素质要求

现代物流业的发展需要复合型物流人才。现代物流业是一个兼有知识密集和技术密集、资本密集和劳动密集特点的外向型和增值型服务行业，其综合性强、操作性强，所涉及的领域十分广阔，现代物流业的竞争已从低端的价格竞争转向高端物流和信息流的能力竞争。因此，要发展物流业的一个重要条件就是必须拥有一批善于运用现代信息手段、精通物流业务、懂得物流运作规律的管理人才。为了满足现代企业对物流人才的需要，一个合格的物流人才在知识方面应具有物流通用知识和技术，掌握经济贸易、信息科学、工业工程的基础知识和技术方法；在技能方面，应全面掌握运输、仓储、包装、装卸搬运、流通加工和信息服务等方面的基本技能。物流从业人员具体应具备以下几个方面的知识，并懂得根据实践需要，完善知识结构。

1. 仓储运输知识

随着物流服务需求的个性化和信息技术的发展，仓储管理已经不局限于堆码摆放等简单活动，而是涉及库存控制、自动化控制、加工检验等作业。物流从业人员需担负起库存合理控制、硬件设施有效利用、作业流程优化等职能。

运输包括海运、空运、公路和铁路运输等。综合性物流企业所从事的业务通常涉及多种运输方式和手段，多式联运的执行水平也是衡量物流企业综合实力的指标。物流从业人员只有熟练掌握多种交通工具的使用知识，才能在与客户洽谈和进行物流方案设计时，提出安全快捷、经济有效的运输方案，为客户提供合适优质的服务。

2. 经济贸易知识

经济贸易包括国内贸易和国际贸易。物流活动是贸易活动的货物交付过程，随着国内市场和国际市场的日益融合，跨国企业的业务会涉及不同国家的不同区域，为了降低生产成本，其营销方式开始向网络化、零库存的方式转移。提供综合性物流服务的企业，就成为一个供求双方的货物交接和结算点，供货商通过物流企业向需求方供货，并通过物流企业向需求方结算。因此，物流企业的从业人员，也就需要掌握相关的国际结算、国际贸易

第一章　物流人才需求分析及教学改革

等方面的知识。

3. 财务管理知识

物流服务涉及多个作业环节，会产生多种不同的费用，有的是物流企业成本，有的是在运输作业中出现的外部费用。因此，从业人员要有作业成本分析的能力，懂得分析资源的投入、消耗、占用状态及折旧等。

4. 信息技术

物流过程是一个信息流的过程，现代物流企业竞争力的提高很大程度上依赖于信息技术的开发。信息技术已受到物流企业的重视，并运用于仓储管理、订单处理与跟踪等环节，这就要求从业人员应掌握信息技术在物流作业中的使用状况，掌握供应链流程，熟悉软件程序和信息技术以及电子商务技术。只有熟练掌握了信息技术，才能通过最快捷的方式获取自己所需要的资源和信息。

5. 外语知识

随着经济的国际化与全球化，英语被广泛运用于贸易活动中。物流企业要实施国际化发展战略，就需要物流从业人员不但能熟练运用英语进行商务谈判，还要能准确地运用英文进行书面沟通，如书写单据、设计合同等。

三、新形势对物流人才职业能力的要求

新形势要求物流管理专业的毕业生要具有企业一线运营管理能力和初步经验，具有物流信息收集、处理能力，具有物流客户服务营销能力，具备自我发展、团队协作、资源使用和运营绩效管理能力等。具体介绍如下。

（1）运输配置与商务管理能力。即根据业务内容选择运输工具与方式，规划运输网络，优化运输线路，制订运输作业线路，制订运输计划，进行运输生产调度，能对运输流程进行适当的监督及管理。

（2）仓储作业与商品保养能力。即能编制仓库货物储存计划，能合理安排货物在仓库内的存放次序，能按货物种类、规格、等级分区堆码，能根据货物特性对货物进行保管。

（3）采购实施与商务管理能力。即能进行物流企业所需产品的采购，能进行供应商评估、分类、选择，同时能对采购流程进行适当的监督及管理。

（4）配送组织与设备维护能力。即能运用科学的方法选择配送路线和配送工具，能维护和充分利用配送车辆和设施。

（5）市场开发与客户服务能力。即进行货运市场等方面的市场营销工作，包括揽货、寻找客户、谈判、签订物流服务合同等；能策划实施和报告市场销售的预算、销售方案；能进行市场分析，形成销售策略；能建立和维护客户关系。

（6）物流信息统计与管理能力。即能熟练使用物流管理通用软件及简单的数据分析软件进行物流信息的收集、统计与分析。

（7）国际货运作业组织能力。即具备集装箱运输、多式联运以及国际货物运输管理能力，具有风险规避和保险管理、安全管理能力。

(8) 物流作业成本分析能力。即能进行物流企业运输、仓储、配送、采购等作业活动所需成本的核算。

(9) 异常事故的处理能力。即需要从业人员具备较强的处理异常事故的能力，具备随时准备应急作业的意识，以及对资源、时间的合理分配和充分使用的能力。

第二节　物流岗位的能力需求

物流专业主要培养能在生产制造和商品流通领域从事仓管、采购、调运、物流业务等工作，具有仓储主管、采购助理、运输调度、物流业务员等职业岗位所需的基础知识及专业技能，并具有较强综合职业能力的高端技能型人才。不同的岗位有着不同的能力需求，物流企业关键岗位的能力分析如表 1.1 所示。

表 1.1　物流企业关键岗位的能力分析

岗　　位	工作内容	能力要求	相关知识
物流供需调查	实施物流供需调查	①能够设计简单的物流调查问卷；②能够组织调查问卷和物流调查表的发放	①问卷设计的知识；②组织物流调研活动的知识
	汇总整理调查资料	①能够组织回收调查问卷和调查表；②能够对调查资料进行初步分类、整理和统计分析	①调查资料的分类、整理、统计方面的知识；②汇总资料方面的知识
物流信息管理	收集物流信息	①能够及时准确地收集必要的物流数据；②能够对物流信息进行简单分类；③能够了解物流信息的来源	①掌握物流信息的内容；②信息分类的知识
物流运输管理	进行运输计划的实施	①能够运用科学的方法正确地选择运输路线和运输工具；②能够组织货物的装卸搬运；③能够提出运费报价	①选择运输路线与运输工具的知识；②货物装卸搬运的知识；③铁路、公路运费的知识；④安全作业知识
仓储及配送管理	实施仓储运作方案	①能够编制仓储货物储存规划；②能够根据货物特性对货物进行保管；③能够进行库存控制操作	①编制仓库货物储存规划的知识；②货物特性与保管、保养要求的知识；③货物质量控制知识；④库存控制方面的知识
	配送方案的实施	①能够根据配送计划正确地选择配送方式；②能够正确地选择配送工具；③能够根据计划实施流通加工	①配送方式的知识；②配送工具的知识；③流通加工的知识；④环保知识

续表

岗　位	工作内容	能力要求	相关知识
企业物流管理	采购与供应实施	要求能够实施采购与供应计划	①采购物流与供应物流的知识； ②采购与供应计划管理方面的知识
	生产物流调度实施	要求能够实施生产物流调度计划	①生产物流的知识； ②生产物流调度计划的知识
	销售物流计划实施	能够实施销售物流计划	①销售物流的知识； ②销售物流计划的知识
	逆向物流处理	能够根据计划对回收废弃品进行处理	①废弃品回收的知识； ②废弃品处理的知识； ③环保的知识
全球物流管理	实施全球物流流程	能够实施全球物流流程	①全球物流的知识； ②全球物流流程的知识
物流与电子商务实务	实施电子商务物流方案	能够实施电子商务物流方案	①物流与电子商务关系的知识； ②电子商务物流流程的知识
物流软件操作	仓储管理软件的操作	能够正确地操作仓储管理软件	①计算机的知识； ②仓储管理软件的知识
	运输管理软件的操作	能够正确地操作运输管理软件	①计算机的知识； ②运输管理软件的知识
	货代管理软件的操作	能够正确地操作货代管理软件	①计算机的知识； ②货代管理软件的知识

物流专业人才就业优势明显，就业面相对较宽。在物流业蓬勃发展的今天，对从业人员的专业素质与工作能力提出了更高的要求，而且有专业理论素养、应用技术能力强、综合素质高、善于创新的高级技术应用型人才非常紧缺。因此，提高学生的实践能力和创新能力已成为必然要求。

第三节　实验教学现状及改进措施

物流实验教学是培养物流专业人才的重要组成部分。随着当今社会对综合能力型物流人才需求的加大，物流实验教学的地位和作用日益增强，物流实验教学已经不再是课堂理论教学的从属角色。为提高物流实验教学的质量，需要从实验教学理念、教学内容、教学方法、教学评估等多个方面入手建立比较系统全面的物流实验教学体系，为物流相关专业的教学提供良好的基础条件。

一、实验教学内容体系

实验教学内容是实训教学体系的核心环节，为扩展学生的知识面，在教学过程中必须尽量搭建面向物流全产业链的知识体系结构；为了突出教学重点，又需要尽量突出核心环节，因此，物流教学内容体系需要具有"面宽点深"的特征。而在当前物流专业理论教学内容体系尚未完善的情况下，物流实验教学更是处于"面不宽、点不深"的发展阶段，因此，物流实验教学改革应着重研究自身体系的构建问题。对物流相关专业人才的培养应明确其具备的基本知识、能力体系，并要因地制宜、因校制宜地凝练特色。对于仓储、运输、配送等基本核心环节必须有所涉及，不要造成人才培养上的知识"短板"效应，同时，应着力塑造其特色，通过实验教学环节强化优势，使学生具备更强的竞争力。实验教学内容的完备还包括深层次教学内容的扩展。以叉车实验为例，本科的教学不能仅仅局限于叉车的使用上，要与高职教学有所区分，因此，应在实验内容的设置上提升教学内容。例如，可以重视叉车的选型以及集成原则提炼，完成与之对应的叉车仓储空间的布局设计、货架的选择等操作，使学生能够站在更高的角度、以更加全面的视角去认识该类物流设备，从而具备本科生教学所要求的理解、应用及设计能力，而不是一名熟练的操作工人。

实验教学内容的传授还需要辅助好的实验教学方法。例如，托盘的堆垛实验，在教学过程中可以充分利用学生的参与热情和好胜心，通过组成若干小组进行竞赛性质的教学工作。小组内部合作可以培养学生的团队意识，不同小组之间开展比赛，不仅可以培养学生的竞争意识，还可以充分地活跃课堂气氛。在教学过程中还要避免教学过程的同一化，防止学生相互之间出现依赖心理。例如，对于仓储运作实验，可以根据教学需要编写随机数据生成系统，不同的学生获得不同的实验数据，使教学过程能够产生差异化。每个学生的任务都不同，可以使之更加充分地参与到教学过程之中。

对于有能力的院校可以开设实验选修课，实现实验教学内容的多开少选，为学生学习提供更大的选择范围。同时，应重视提高实验室的开放性，将实验教学模式多样化、灵活化，在现有条件的基础上进行开放式和自主设计性实验教学内容的开发，配合提供实验的场地，让学生自己设计实验的方案，给学生提供深入学习的机会。在此过程中还可以适当引入教师的科研成果，为学生选题提供参考。

二、实验教学的管理

目前物流实验室的建设规模正在不断扩张。以基本硬件建设为例，典型的实训室硬件包括自动化立体仓库、电子标签拣选系统、自动传输系统、分拣系统、RFID 系统等，软件实验资源主要包括 ERP、货运代理、供应链集成等。实训室的整体投资规模基本都在百万元人民币左右，实验室的整体已经初具规模，为物流实验教学提供了基本的硬件基础条件，但是实训室却未变成学生可以长时间利用的教学基地,实训室设施设备的利用率并不高。

以自动化立体仓库的实验教学为例，目前主要以演示性教学内容为主，主要介绍自动化立体仓库的基本结构、功能等。特别是对于以物流管理专业为主的院校，该类设备的利用率更低，优势的硬件教学资源并没有转化为优质的实验教学资源，学生对于该类设备的实验教学往往期望高、失望大，实验教学的消极影响还会作用于学生对物流领域的整体认识，产生连锁反应。对于此类现象应及时纠正，要从扩充实验内容等方面提高实训设备，特别是大型设备的使用率。

三、实验全过程评价体系

物流实验教学的质量评价是实验教学过程中的重要内容,评价的主体不单纯是教师,客体也不应简单定位为学生。评价应是教师、学生之间的相互评价,同时要重视对实验教学全过程的评价。教师对学生的评价不应单纯依靠学生的实验报告,仅仅完成结果评价,应建立分层次、多元化的考核体系。

对于操作验证型实验,应重视基础知识的掌握,实验考核可包括"预习准备+实验操作+实验报告"。实际操作重点考查学生的实验技能,应该将学生操作过程的表现列入考核内容,其分值比例建议不低于 20%,让分数成为学生投入的一个基本保证,促使学生能够重视实训过程、参与实训过程,真正领会实训的内涵。对于综合性设计实训,着重考查学生的方案设计、测试结果分析、实训总结等方面的内容。实训考核可包括"方案实际+过程实现+结果评论+报告分析",尽量安排师生互动的讨论,增加面试环节。对于创新研究类实训则应按照科研课题项目的管理方法建立实训项目申请机制,实行中期考核并最终组织比较正规的课题答辩。同时,在实训的进行过程中要重视学生的自我认识和评价,通过实际操作让学生了解自己知识的掌握和应用水平,以便在实训过程中自我监督和控制,在实训目标的指引下完成规定的实训任务。

第四节 物流实验室的建设与教学对策

目前,国内物流教育主要分为物流工程和物流管理两个方向,但不管是物流管理还是物流工程,都需要建立物流实验室,为学生提供观摩、学习、可操作的实训平台。国内各高校在建设物流实验室方面有两种趋势,第一种是以物流软件为基础搭建物流模拟平台,再配上部分硬件设备,如电子标签等,让学生学习物流流程及物流管理的方法和原则,这种实验能够快速提高学生的实践能力并能够让学生全面掌握物流管理方法;第二种是以自动化设备为核心的物流实验室建设,如机电一体化设备、立体库设备等,让学生观摩现代物流自动化技术,并掌握现代物流发展趋势。

一、物流实验室的建设要求

建设物流实验室,在了解物流技术的基础上,可使学生掌握物流的整个业务流程,有助于学生了解和掌握本专业在理论和实际方面的具体要求,有利于学生掌握如何设计开发物流系统。实验室可成为了解、学习、掌握物流技术和实务的最主要途径。通过实训室的模拟演示,学生不仅易于从感性上加深对物流的了解,掌握物流的基本原理及国内外物流发展的状况与动向,而且易于将理论与实践相结合,充分调动学生的学习积极性,培养学生的实际操作能力,从而全面提高学生的综合素质。

当前物流实验教学需要创建一个功能完整、设备先进、管理一流、代表现代物流发展趋势、面向物流管理专业的教学实验软硬件系统运作环境,同时兼有教学、科研、实训三位一体的实训室功能。物流实验室的具体设计目标如下:

(1) 从宏观角度让学生理解物流运作过程及物流概念，通过物流作业流程演练提高学生的物流操作能力和物流管理水平。

(2) 通过强大的物流系统模拟演练，学习物流管理方法及原则。

(3) 融合先进、实用的物流技术和设备，锻炼学生的物流技术及设备操作水平和开发能力。

(4) 通过系统流程分析，提高学生的物流系统分析和信息系统设计能力。

二、现代物流实验室的主要功能

现代物流实验室的主要功能有以下几个方面。

(1) 模拟社会化商业配送中心的上游供应商的货物流转，如批发商、零售商、生产商的商品堆栈供应等。

(2) 模拟社会化商业配送中心的下游客户的货物流转，如超市门店、便利店、经销商、生产商等客户的商品配送，应用AGV模拟商品运输过程和配送线路优化过程等。

(3) 模拟社会化商业配送中心自身的货物流转，主要设施有立体仓库系统、出入货系统、输送链系统、分拣系统、堆垛机、AGV小车、中央控制台等。

(4) 模拟社会化商业配送中心企业不同职能部门(如运输部、库管部、配送部、调度中心等)之间的内部信息流功能。

(5) 模拟社会化商业配送中心外部上下游企业(如供应商、销售门店等)的商业信息流业务功能。

三、实验课程设置应重在增强学生的动手能力

实验和实训是掌握技能、培养学生动手操作能力的最有效的方法。普通的实验是以验证型为主的，如通过实验来验证定理和定律的正确性、开发信息系统等。实验是职业技能培养的重要手段，实训是以综合性、探索性为主的训练，通过实验和实训，可以将学生所学知识串接起来，加以综合地应用。实践证明，实验和实训教学确实帮助学生消化了所学内容，提高了分析问题和解决问题的能力，掌握了一定的操作技巧和实践技能，为择业和就业打下了坚实的基础。实验的设置情况如下。

(1) 基本性实验。培养目标是让学生了解基本的实验理论、数据处理知识、实验规范、实验方法，学会常规实验仪器设备的使用，撰写实验报告，熟悉并掌握该学科的基本原理、方法。

(2) 综合性实验。该层次的实验内容从实际工程应用中选取，兼顾一定的学科交叉知识，目标是培养学生综合运用知识的能力和一定的独立分析问题、解决问题的能力。

(3) 设计性实验。通过设计性实验教学，让学生独立完成从查找资料、拟定实验方案到系统实现直至设计、编写实验报告的全过程工作，使学生具有一定的工程设计、制作能力和组织管理能力。

(4) 研究性实验。教学内容来源于学科研究和产品开发等课题，以课题小组的形式实施，目标是使学生初步掌握科学研究方法，学会设计编写科研报告和有关论证报告，为日后从事科学研究工作奠定基础。

第二章　生产线组态王的操作

　　从 18 世纪 60 年代的以蒸汽机为主要动力的工业革命开始直到现在，工业的生产线经过了 300 多年的发展历史，已经发展到今天的全自动化大批量生产。可以说，现代工业已经离不开自动化的生产线，自动化生产线不仅可以大幅度地提高生产效率，而且还可以提高精度、提高合格率，同时减轻人的工作量。本章主要介绍生产线组态王的操作。

第一节　实训前的准备工作

　　进入实训室后，请按下列顺序依次操作。

一、打开总电源

　　将所有电闸推至上方，如图 2.1 所示。

图 2.1　电源开关

二、开启系统

　　分别打开系统管理计算机和电子标签管理计算机，如图 2.2 所示。

图 2.2　系统管理计算机和电子标签管理计算机

三、还原数据库

　　(1) 打开系统管理计算机后双击 MES 快捷图标，用户名和密码均为 admin；若系统提示已登录，请单击【复位】按钮后再登录，如图 2.3 所示。

图 2.3 【生产运作管理软件】登录界面

(2) 进入主界面后单击左下角方框内【还原数据】选项,如图 2.4 所示。

(3) 在弹出的【还原数据】对话框中单击右侧的文件夹图标,如图 2.5 所示。

(4) 选择 C 盘下的 MES 备份文件,然后单击【打开】按钮,如图 2.6 所示。

(5) 单击图 2.5 中的【还原】按钮,若系统弹出【数据还原成功】提示框,说明系统还原成功,如图 2.7 所示。若提示还原失败,请重启计算机后再还原。

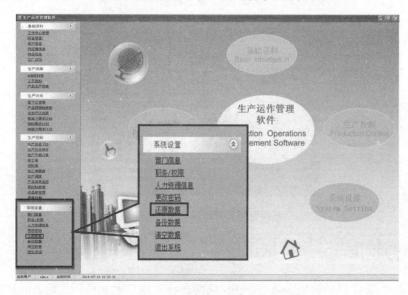

图 2.4 【生产运作管理软件】设置界面

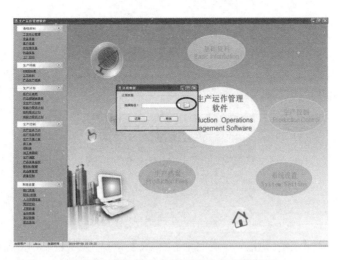

图 2.5 【生产运作管理软件】还原界面

图 2.6 【请选择数据库文件】对话框

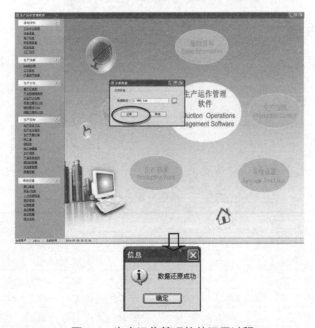

图 2.7 生产运作管理软件还原过程

四、启动小主机

接通小主机电源，启动小主机，电源开关位置如图 2.8 红圈所示，然后用遥控器打开液晶显示器，并打开生产线实时监控软件。

图 2.8 小主机电源

双击液晶面板桌面上的【生产线实时监控系统】快捷方式图标，如图 2.9 所示。

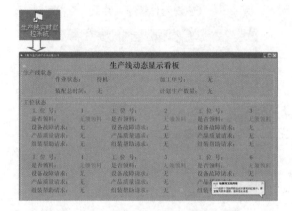

图 2.9 【生产线动态显示看板】界面

五、启动工位电脑

启动 6 台工位平板电脑。

第二节 实训角色的分配

在实训开始前，我们需要进行角色的分配，具体如表 2.1 所示。

表 2.1 角色分配及任务

组 名	职 位	人数	角色任务
生产计划组	生产计划员	1	在 MES 管理计算机上使用 MES 软件进行生产规划
仓库管理组	仓库管理员	1	在原材料管理计算机上对原材料入库单与领料单进行管理
原材料操作组	原料库操作员	1	在原材料库进行入库、领料、分发原料操作
生产车间组	车间主任	1	控制生产线设备的启停以及生产工位看板信息
	生产员工	6	在工位上根据看板的提示进行领料、生产操作
成品库操作组	成品库操作员	1	在成品库进行入库、出库操作

第二章　生产线组态王的操作

第三节　能耗启动器的生产仿真

一、实训背景介绍

某科技有限公司因销售需求，于 2014 年 11 月 2 日向某学院校工厂订购能耗启动器 9 台，并要求某学院校加工中心在 2014 年 11 月 19 日按时将货送达，付款方式为现金。

某学院校工厂根据目前与该科技有限公司已签订的能耗启动器产品订货合同，合同约定订货量为 9 台，送货日期为 2014 年 11 月 19 日。同时，根据以往同期的销售数据，知道能耗启动器产品的预测销售量是 8 台，预测销售日期为 2014 年 11 月 22 日。现有库存量为 0，生产批量准则为固定批量 1 台/次，交货提前期为 1 天。某学院校工厂根据以上信息制订主生产计划、物料需求计划、能力需求计划。根据以上物料需求计划的计算结果需进行原材料的采购以及原材料的入库存储。原材料采购入库齐全后某学院校工厂将开始生产。

二、实训任务

根据实训背景资料，利用实训室所建设的仿真生产环境完成客户订单的录入，主生产计划、物料需求计划、粗能力需求计划的编制，然后进行原材料的采购入库、生产线领料、生产装配等一系列工作。

三、实训准备

实训的准备工作主要包括以下几个方面的内容。
(1) 运行生产运作管理软件，要求软件中已录入能耗启动器的 BOM(物料清单)资料和工艺路线。
(2) 运行生产线、原材料仓库及控制软件。
(3) 准备生产工具及能耗启动器的组装零件。

四、实训内容

本实训分为制订客户订单及预测订单、制订生产计划、原材料的采购及入库、生产控制、生产执行、成品出入库 6 个模块，学生在实训过程中要完成每个模块的任务。

1. 制订客户订单及预测订单

本模块中学生需要完成的任务是，根据实训背景介绍的资料完成客户订单的录入以及销售预测订单的录入。

1) 客户订单的录入

此环节录入实训背景中介绍的某科技有限公司向某学院校工厂发出的产品订购信息。
在系统主界面左侧依次展开【生产计划】【客户订单表】选项，进入客户订单表界面，如图 2.10 所示。

图 2.10 【客户订单表】界面

(1) 建立表头信息。

① 单击【新增】按钮,系统将自动生成订单号,如图 2.11 所示。

图 2.11 新增表头信息

② 在【客户编码】下拉列表框中选择客户订单编号(KH001),选中客户编号后系统自动弹出客户名称、联系人、联系电话及送货地址等信息。订货日期选择为 2014-11-02,送货日期选择为 2014-11-19,付款方式为现金,如图 2.12 所示。

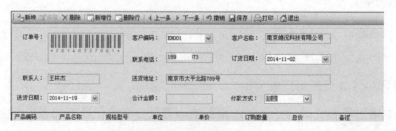

图 2.12 选择客户编码

③ 单击【保存】按钮,系统自动弹出【添加成功】提示框,就完成了表头信息的录入,如图 2.13 所示。

第二章　生产线组态王的操作

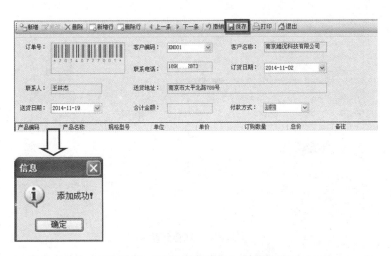

图 2.13　表头信息的录入完成界面

(2) 建立表身信息

① 单击【新增行】按钮，系统弹出表身编辑栏，如图 2.14 所示。

图 2.14　新建表身信息

② 在【产品编码】栏的下拉列表框中选择能耗启动器的产品编码 1000000000000，系统将自动生成产品名称、规格型号、单位、单价等信息。订购数量中输入 9，系统将根据单价与订购数量自动计算总价，并显示在【总价】栏中，具体信息如图 2.15 所示。

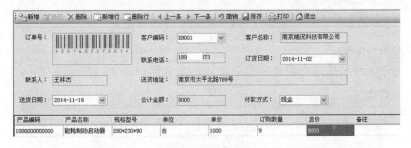

图 2.15　订单显示

③ 单击【保存】按钮，系统将弹出【添加成功】提示框，如图 2.16 所示。

2) 销售预测订单的录入

此环节主要录入实训背景介绍中的销售预测信息。

在系统主界面左侧依次展开【生产计划】【产品预测销售表】选项，进入【产品预测销售】界面，如图 2.17 所示。

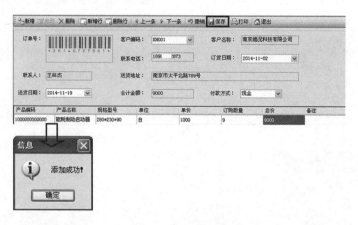

图 2.16　保存订单

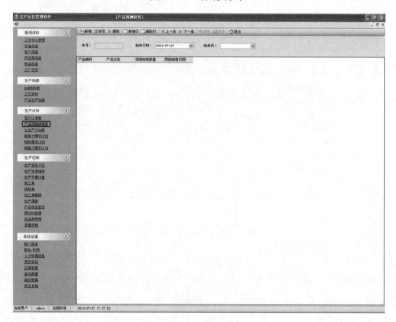

图 2.17　【产品预测销售】界面

(1) 创建表头信息。

① 单击【新增】按钮,系统将自动生成订单号,如图 2.18 所示。

图 2.18　新增表头信息

② 制单日期为软件自动读取的计算机的当前系统时间,用户也可根据需要修改为其他时间。信息填写完成后单击【保存】按钮,保存表头信息,保存成功后系统自动弹出【添加成功】提示框,如图 2.19 所示。

第二章 生产线组态王的操作

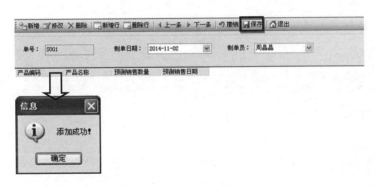

图 2.19 保存表单

(2) 创建表身信息。

① 单击【新增行】按钮，系统自动弹出一行表格，如图 2.20 所示。

图 2.20 新建表身信息

② 在【产品编码】栏的下拉列表框中选择能耗启动器的编码 1000000000000，系统将自动弹出产品名称。【预测销售数量】为实训背景介绍中的 8 台，【预测销售日期】选择 2014-11-22。信息填写完成后单击【保存】按钮，保存成功后系统自动弹出【添加成功】提示框，如图 2.21 所示。

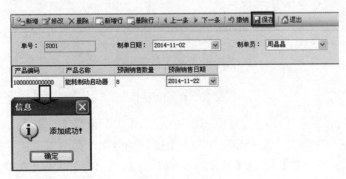

图 2.21 保存表身

2. 制订生产计划

学生在进行本实训模块时，担任的是上层生产计划员的角色，承担的任务包括：主生产计划、粗能力需求计划、物料需求计划及细能力需求计划的编制(本模块的实训操作由生产管理软件 MES 完成)。

1) 主生产计划

在系统主界面的左侧依次展开【生产计划】【主生产计划表】选项，进入【主生产计划】编辑界面，如图 2.22 所示。

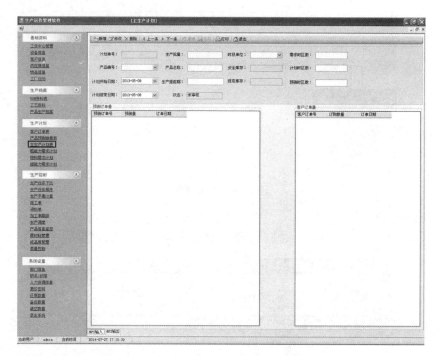

图 2.22 【主生产计划】编辑界面

(1) 创建表头信息。

① 单击【新增】按钮,系统自动弹出计划单号,如图 2.23 所示。

图 2.23 新增表头信息

② 根据实训背景介绍中的内容填写表头信息。【生产批量】设置为 1,【时段单位】选择"周",【产品编号】选择 1000000000000,系统自动弹出产品名称、安全库存、现有库存状态等信息。【需求时区数】为 1、【计划时区数】为 1、【预测时区数】为 1,【生产提前期】为 1。【计划开始日期】为 2014-11-04,【计划结束日期】为 2014-11-24。

预测订单量和客户订单量框中,分别显示订单日期在计划开始日期与计划结束日期之间的预测销售订单与客户订单。

信息填写完成后单击【保存】按钮,保存成功后系统自动弹出【添加成功】提示框,如图 2.24 所示。

(2) MPS 计算。

① 单击 MPS 界面左下角的【MPS 输出】标签,进入 MPS 计算界面,如图 2.25 所示。

② 进入 MPS 输出界面后,单击【MPS 计算】按钮,系统将会把计算结果输出,如图 2.26 所示,最后单击【保存】按钮。

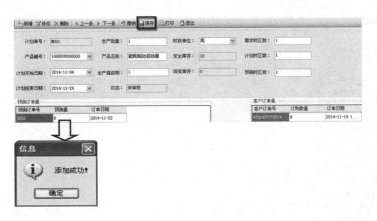

图 2.24 填写表头信息

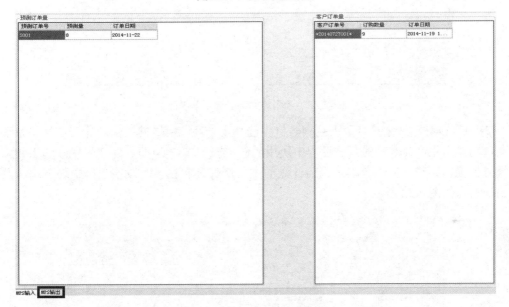

图 2.25 MPS 计算界面

图 2.26 MPS 输出界面

2) 粗能力需求计划

(1) 在系统主界面的左侧依次展开【生产计划】【粗能力需求计划】选项，进入【粗能力需求计划】界面，如图 2.27 所示。

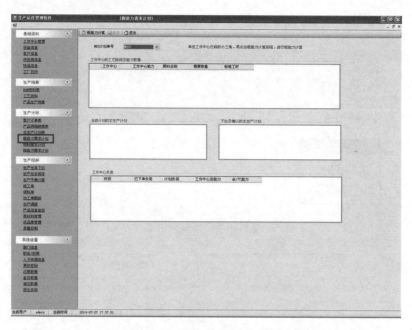

图 2.27 【粗能力需求计划】界面

(2) 在【MPS 计划单号】下拉列表框中选择上一环节所做的主生产计划单号，系统表身会自动弹出生产该产品的工艺过程中所用到的关键工作中心(即容易产生瓶颈的工作中心)上经过的工艺路线、原料，以及当前计划的主生产计划和在该时段该工作中心下达以及确认的计划，如图 2.28 所示。

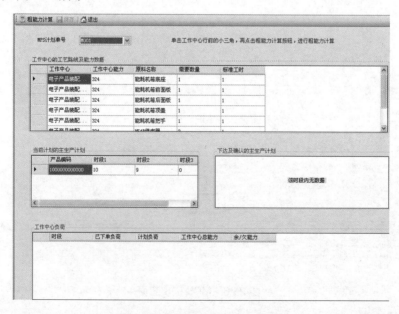

图 2.28 【粗能力计算】界面(1)

(3) 单击【工作中心的工艺路线及能力数据】表中第一行前的"▶"图标，则【工作中心负荷】表中会生成几行空白行，用来输出工作中心粗能力计算结果，如图 2.29 所示。

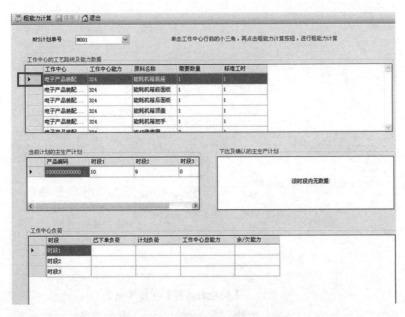

图 2.29 【粗能力计算】界面(2)

(4) 单击【粗能力计算】按钮,系统输出计算结果,如图 2.30 所示。

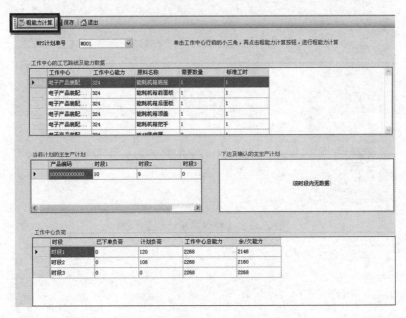

图 2.30 【粗能力计算】界面(3)

(5) 单击【保存】按钮,如图 2.31 所示。
3) 物料需求计划
(1) 在系统主界面依次展开【生产计划】【物料需求计划】选项,进入【物料需求计划】界面,如图 2.32 所示。
(2) 单击【新增】按钮,系统自动生成 MRP 单号,如图 2.33 所示。

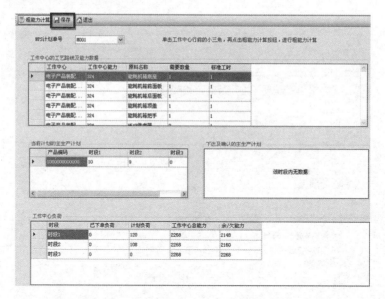

图 2.31 【粗能力计算】结果界面

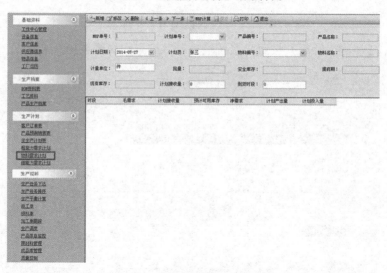

图 2.32 【物料需求计划】界面

图 2.33 生成 MRP 单号

(3) 单击【MRP 计算】按钮,系统将输出原料的需求、计划接收量、计划产出量和计划投入量,如图 2.34 所示。

图 2.34 【MRP 计算】界面

(4) 单击【保存】按钮,保存成功后系统自动弹出【保存成功】提示框,如图 2.35 所示。

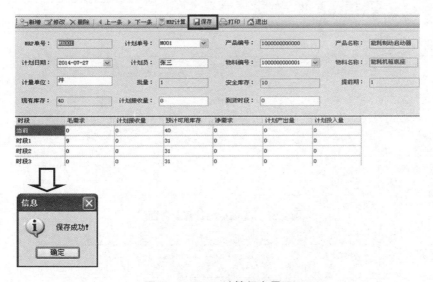

图 2.35 MRP 计算保存界面

(5) 重复"新建""MRP 计算""保存"步骤,直到【MRP 单号】下拉列表框中没有单号为止。

4) 细能力需求计划

(1) 在系统主界面依次展开【生产计划】【细能力需求计划】选项,进入【细能力计算】界面,如图 2.36 所示。

(2) 在【MRP 计划单号】下拉列表框中,手动选择要制订细能力计划的 MRP,表格中则会出现工作中心的工艺路线及能力数据和物料需求计划等信息,如图 2.37 所示。

(3) 单击工作中心行前的"▶"图标,将会生成当前工作中心计划的物料需求计划,同时工作中心负荷表中会生成几行空白行,用来输出工作中心细能力计算结果,如图 2.38 所示。

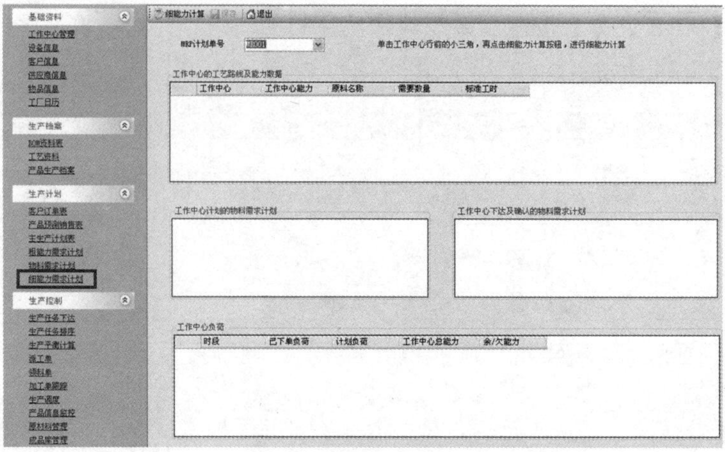

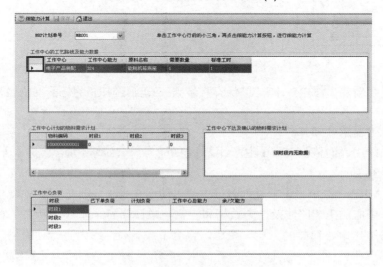

图 2.36 【细能力计算】界面(1)

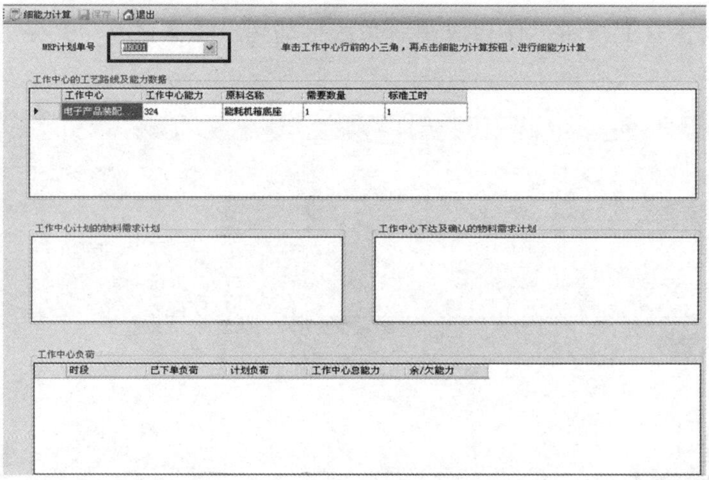

图 2.37 【细能力计算】界面(2)

图 2.38 工作中心细能力计算过程

(4) 单击【细能力计算】按钮，系统输出计算结果，如图 2.39 所示。

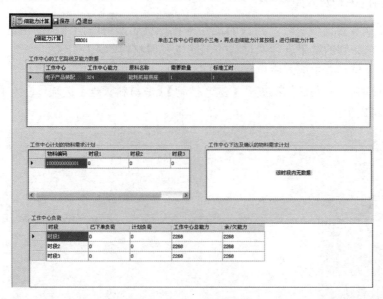

图 2.39　输出计算结果

(5) 单击【保存】按钮，保存成功后系统自动弹出【保存成功】提示框，如图 2.40 所示。

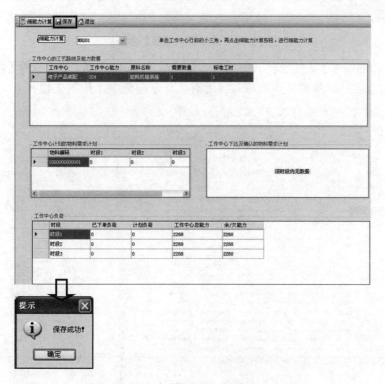

图 2.40　工作中心细能力计算结果保存界面

(6) 计算结果保存完毕后，【MRP 计划单号】下拉列表框中会自动出现下一个单号，再次单击【细能力计算】以及【保存】按钮，依次逐项完成所有 MRP 计划单号。

3. 原材料的采购及入库

学生在进行本实训模块时，担任的是仓库管理员和原料库操作员的角色，承担的任务是根据物料需求计划的结果进行原材料的采购以及原材料的入库作业。

1) 采购原材料并生成入库单

(1) 在系统主界面左侧依次展开【生产控制】【原材料管理】选项，进入【原材料管理】界面，如图 2.41 所示。

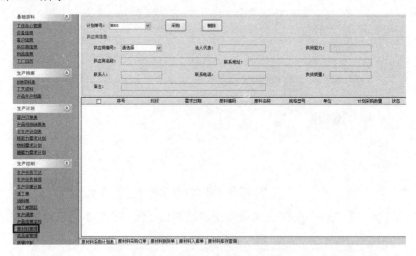

图 2.41　【原材料管理】界面

(2) 在【计划单号】下拉列表框中手动选择完成的 MRP 单号，然后选择【供应商编号】，系统自动弹出所需原材料的具体信息，将所有信息全部选中，如图 2.42 所示。

图 2.42　原材料采购界面

(3) 单击【采购】按钮，系统自动跳转至原材料订购单，选中全选框，单击【确认到货】按钮，如图 2.43 所示。

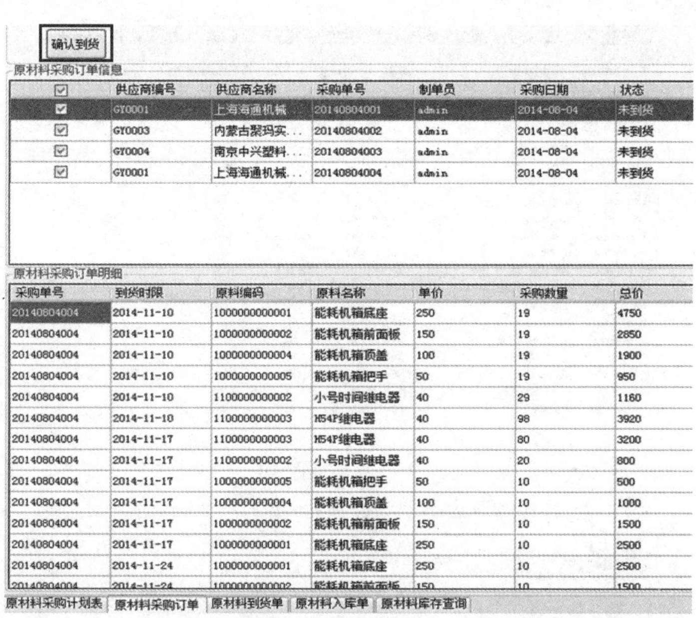

☑	供应商编号	供应商名称	采购单号	制单员	采购日期	状态
☑	GY0001	上海海通机械…	20140804001	admin	2014-08-04	未到货
☑	GY0003	内蒙古聚玛实…	20140804002	admin	2014-08-04	未到货
☑	GY0004	南京中兴塑料…	20140804003	admin	2014-08-04	未到货
☑	GY0001	上海海通机械…	20140804004	admin	2014-08-04	未到货

采购单号	到货时限	原料编码	原料名称	单价	采购数量	总价
20140804004	2014-11-10	1000000000001	能耗机箱底座	250	19	4750
20140804004	2014-11-10	1000000000002	能耗机箱前面板	150	19	2850
20140804004	2014-11-10	1000000000004	能耗机箱顶盖	100	19	1900
20140804004	2014-11-10	1000000000005	能耗机箱把手	50	19	950
20140804004	2014-11-10	1100000000002	小号时间继电器	40	29	1160
20140804004	2014-11-10	1100000000003	H54P继电器	40	98	3920
20140804004	2014-11-17	1100000000003	H54P继电器	40	80	3200
20140804004	2014-11-17	1100000000002	小号时间继电器	40	20	800
20140804004	2014-11-17	1000000000005	能耗机箱把手	50	10	500
20140804004	2014-11-17	1000000000004	能耗机箱顶盖	100	10	1000
20140804004	2014-11-17	1000000000002	能耗机箱前面板	150	10	1500
20140804004	2014-11-17	1000000000001	能耗机箱底座	250	10	2500
20140804004	2014-11-24	1000000000001	能耗机箱底座	250	10	2500
20140804004	2014-11-24	1000000000002	能耗机箱前面板	150	10	1500

图 2.43　原材料采购订单到货确认界面

(4)　单击【确认到货】按钮后，系统自动跳转至原材料到货单，同样选中全选框，单击【保存到货】按钮，如图 2.44 所示。

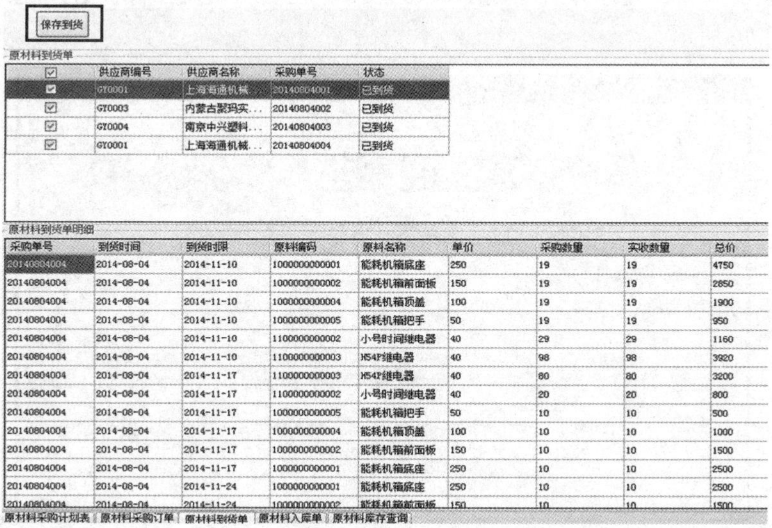

☑	供应商编号	供应商名称	采购单号	状态
☑	GY0001	上海海通机械…	20140804001	已到货
☑	GY0003	内蒙古聚玛实…	20140804002	已到货
☑	GY0004	南京中兴塑料…	20140804003	已到货
☑	GY0001	上海海通机械…	20140804004	已到货

采购单号	到货时间	到货时限	原料编码	原料名称	单价	采购数量	实收数量	总价
20140804004	2014-08-04	2014-11-10	1000000000001	能耗机箱底座	250	19	19	4750
20140804004	2014-08-04	2014-11-10	1000000000002	能耗机箱前面板	150	19	19	2850
20140804004	2014-08-04	2014-11-10	1000000000004	能耗机箱顶盖	100	19	19	1900
20140804004	2014-08-04	2014-11-10	1000000000005	能耗机箱把手	50	19	19	950
20140804004	2014-08-04	2014-11-10	1100000000002	小号时间继电器	40	29	29	1160
20140804004	2014-08-04	2014-11-10	1100000000003	H54P继电器	40	98	98	3920
20140804004	2014-08-04	2014-11-17	1100000000003	H54P继电器	40	80	80	3200
20140804004	2014-08-04	2014-11-17	1100000000002	小号时间继电器	40	20	20	800
20140804004	2014-08-04	2014-11-17	1000000000005	能耗机箱把手	50	10	10	500
20140804004	2014-08-04	2014-11-17	1000000000004	能耗机箱顶盖	100	10	10	1000
20140804004	2014-08-04	2014-11-17	1000000000002	能耗机箱前面板	150	10	10	1500
20140804004	2014-08-04	2014-11-17	1000000000001	能耗机箱底座	250	10	10	2500
20140804004	2014-08-04	2014-11-24	1000000000001	能耗机箱底座	250	10	10	2500
20140804004	2014-08-04	2014-11-24	1000000000002	能耗机箱前面板	150	10	10	1500

图 2.44　原材料确认到货保存界面

(5)　单击【保存到货】按钮后，系统自动跳转至原材料入库单，将到货的原材料生成入库单。单击【新增】按钮，系统自动生成入库单号。选择入库时间和采购单号，单击【保存】按钮，保存成功后系统自动弹出【添加成功】提示框，如图 2.45 所示。

重复操作(1)～(5)步骤，保存所有供应商的采购单。

2)　原料入库

所有采购单生成入库单号后，利用信息化原材料库进行入库操作。

图 2.45 原材料保存表单界面

(1) 在电子标签管理计算机桌面上双击仓库管理系统快捷图标,进入仓库管理系统主界面,如图 2.46 所示。

图 2.46 仓库管理系统主界面

(2) 单击【初始化】按钮,再单击【原料入库】按钮,如图 2.47 所示,进入【原材料入库】界面,如图 2.48 所示。

(3) 进入入库界面后,在【请选择入库单号】下拉列表框中选择入库单号,再单击【开始入库】按钮,然后在【请扫描入库货物条码】下拉列表框中选择货物条码,界面上会显示物料名称、入库库位及入库数量,如图 2.49 所示。

第二章 生产线组态王的操作

图 2.47 仓库管理系统初始化界面

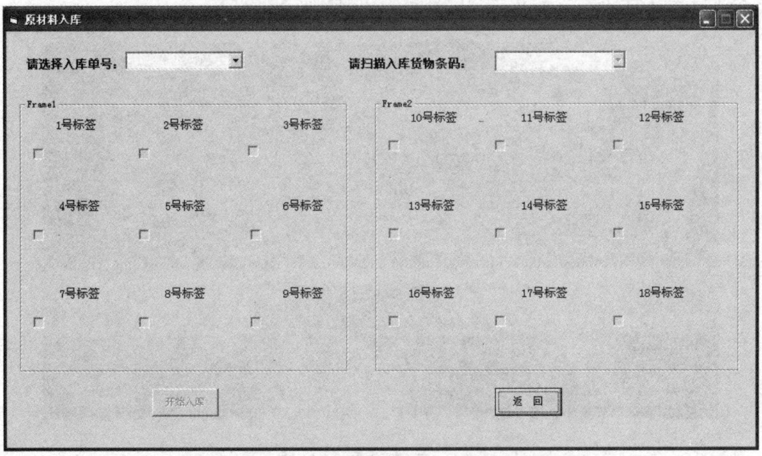

图 2.48 【原材料入库】界面(1)

图 2.49 【原材料入库】界面(2)

(4) 原材料库右上角订单显示器显示入库单号,入库库位显示入库数量,如图 2.50 所示。

图 2.50　原材料库订单显示器

(5) 在原材料信息仓库上按下黑色按钮,如图 2.51 所示。

图 2.51　原材料信息仓库按钮

(6) 每单完成后蜂鸣器会发出蜂鸣声提示,订单显示器绿色提示灯亮起,此时按下订单显示器的黑色按钮,如图 2.52 所示。

图 2.52　订单显示器按钮

(7) 该入库单完成后,原料仓库拣货系统软件会提示"入库完毕",单击【确定】按钮,如图 2.53 所示。在弹出的提示框中单击【是】按钮,执行下一入货单,如图 2.54 所示。

(8) 重复步骤(1)～(7)进行下一单原材料入库作业,直至【请选择入库单号】下拉列表框中的入库单号全部处理完成(即下拉列表框中不再出现入库单号)。

(9) 在系统主界面左侧依次展开【生产控制】【原材料管理】选项,进入原材料管理界面,然后单击界面下方的【原材料库存查询】标签,可以查看此时的库存,如图 2.55 所示。

第二章 生产线组态王的操作

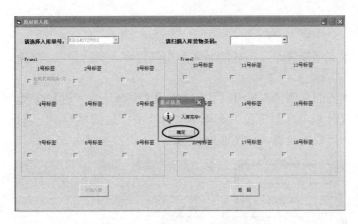

图 2.53 【原材料入库】界面(1)

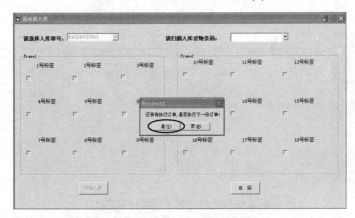

图 2.54 【原材料入库】界面(2)

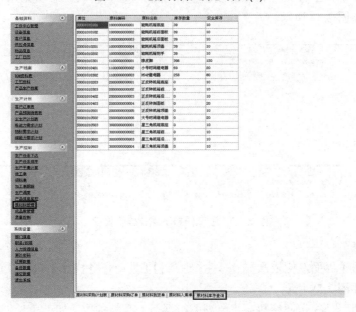

图 2.55 【原材料库存查询】界面

4. 生产控制

学生在进行本实训模块时,担任的是生产车间管理人员的角色,需完成的任务如下。

1) 生产任务下达

(1) 在系统主界面左侧依次展开【生产控制】【生产任务下达】选项,进入生产任务下达操作界面,在【计划单号】下拉列表框中选择将要下达的单号,汇总出当前已确认的计划单的产出时间、产量等信息,如图2.56所示。

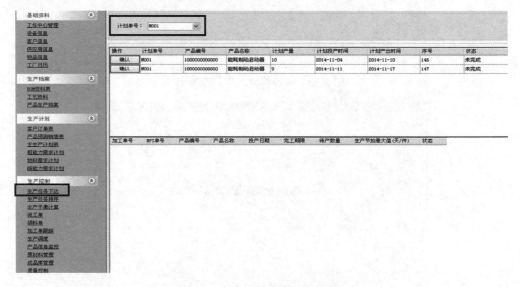

图 2.56　生产任务下达操作界面(1)

(2) 单击【确认】按钮,将信息结转生产加工单,结转后状态变为未排序,不可再操作该条信息,如图2.57所示。

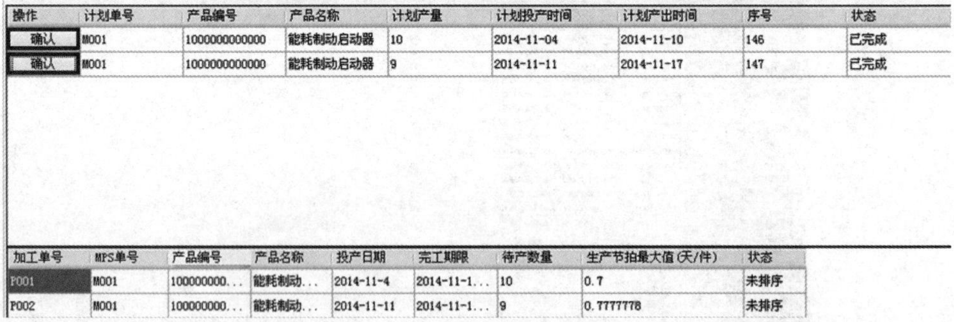

图 2.57　生产任务下达操作界面(2)

2) 生产任务排序

(1) 在系统主界面左侧依次展开【生产控制】【生产任务排序】选项,进入生产任务排序操作界面,如图2.58所示。

(2) 首先填写排序作业参数:要经过的机器数、产品种数、加工单号,如图2.59所示。

(3) 完成上述作业后单击【输入】按钮,然后单击【统计总时间】按钮,系统会输出单位产品加工总时间,如图2.60所示。

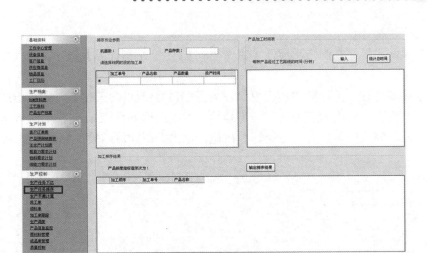

图 2.58　生产任务排序操作界面

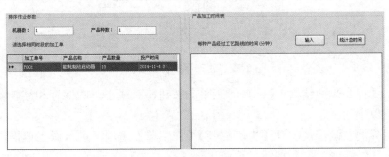

图 2.59　排序作业参数填写界面

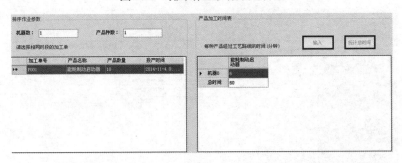

图 2.60　输入每种产品经过工艺路线的时间界面

(4) 单击【输出排序结果】按钮，系统自动输出先后加工顺序，如图 2.61 所示。

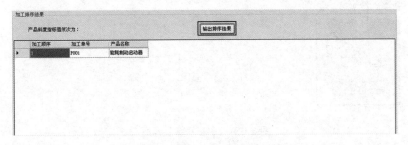

图 2.61　【加工排序结果】界面

3) 生产平衡计算

(1) 在系统主界面左侧依次展开【生产控制】【生产平衡计算】选项，进入生产平衡计算界面。

(2) 选择要进行平衡计算的加工单号，填写工站数(使用的工站数，需小于产品生产的工序总数，同时不大于实训室中真实的工站数，本例选用 6 个工站)，然后录入该加工单中产品的工序号。完成后单击【平衡计算】按钮，输出平衡计算结果，如图 2.62 所示。

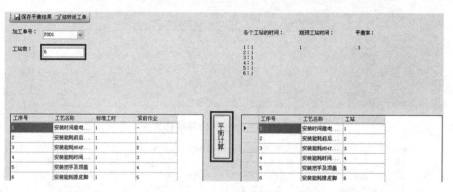

图 2.62　生产平衡计算界面

(3) 单击【保存平衡结果】【结转派工单】按钮，完成工单的保存和结转。

4) 派工单下达

在系统主界面左侧依次展开【生产控制】【派工单】选项，进入派工单操作界面，选中全选框，单击【结转派工单】按钮，系统出现【已结转】提示框，如图 2.63 所示。

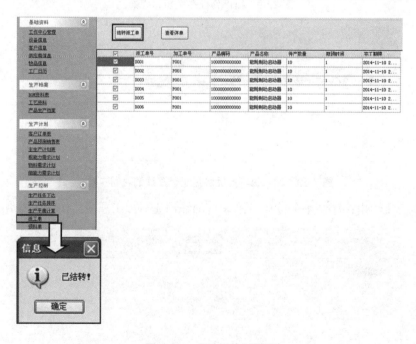

图 2.63　【派工单】界面

5) 创建领料单

(1) 在系统主界面左侧依次展开【生产控制】【领料单】选项，进入领料单管理界面，选中全选框，单击【生成领料单】按钮，系统会自动弹出领料单，如图 2.64 所示。

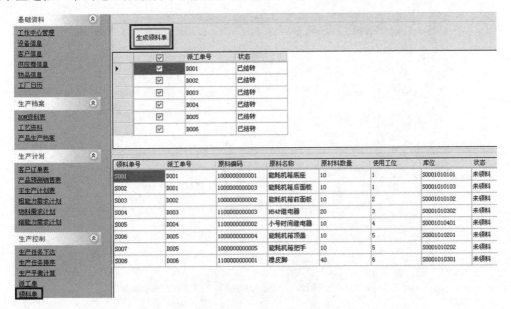

图 2.64 【领料单】界面

(2) 重复操作 2)~5)步骤，同样将加工单 P002 处理完成。

5. 生产执行

学生在进行本实训模块时，需要担任生产车间管理人员和作业工人两种角色。本模块的任务是：装配车间根据中心制订的生产计划和车间作业计划，开启生产线，以流水生产的组织方式在实训时间段内组装 10 套能耗启动器，具体任务如下。

(1) 根据实训背景中规定的当前实训任务向每个生产工位分派具体的生产任务(系统自动下发)。

(2) 制作产品编码标签卡片(产品编码即 MES 软件中产品信息监控中使用的产品序列号)。

(3) 利用工位生产看板获取工作任务信息、工艺指导。

(4) 原材料的领取与发放。

(5) 每个工位的生产装配过程。

具体操作流程如下。

1) 启动生产线

(1) 打开生产线控制软件(软件位于系统管理计算机上)。

(2) 双击桌面上的【生产线控制台】快捷图标，进入主界面，如图 2.65 所示。

(3) 单击【刷新】按钮，然后在【作业单号】下拉列表框中选择待生产的加工单号，如图 2.66 所示。

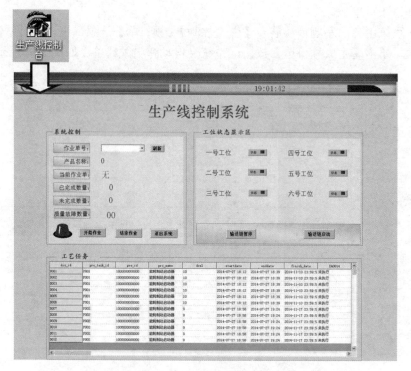

图 2.65 【生产线控制系统】界面

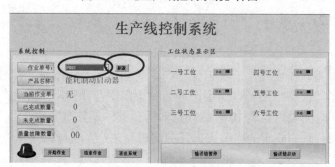

图 2.66 选择加工单号

(4) 单击【开始作业】按钮,警示灯由红色变为绿色,如图 2.67 所示。

图 2.67 生产作业控制系统

(5) 【生产线动态显示看板】界面中的数据更新,作业状态变为"正在工作",如图 2.68 所示。

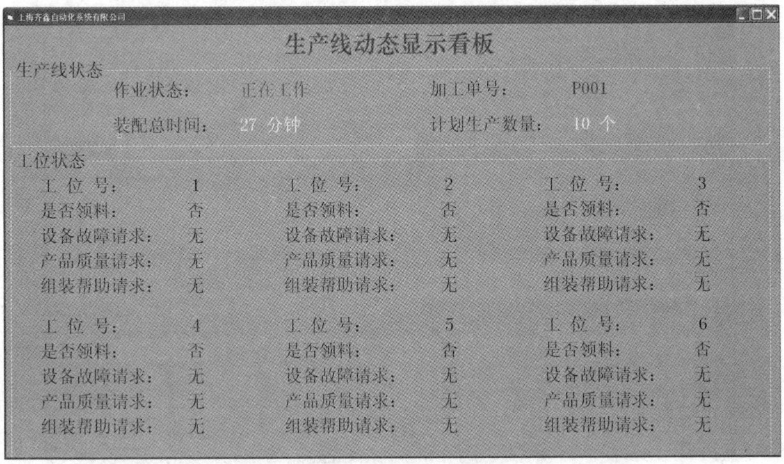

第二章 生产线组态王的操作

图 2.68 【生产线动态显示看板】界面

(6) 把生产管理软件中产品信息监控表中的产品序列号写入标签卡,1 张卡写 1 个号,如图 2.69 所示。将要进行生产的加工单中所有产品的序列号都写入卡片中。

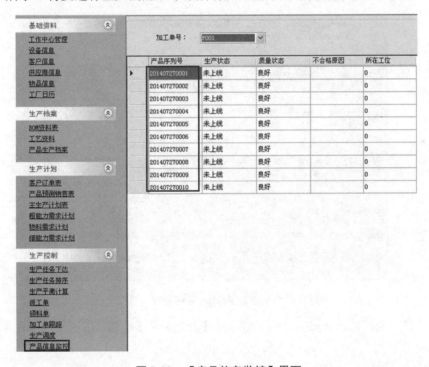

图 2.69 【产品信息监控】界面

(7) 将所有写好的卡片送给 1 号工位的生产员。

2) 登录工位看板并申请领料

生产线动态显示看板的作业状态变为"正在工作"后,所有工位的生产员即可登录 Andon 系统。

(1) 在工位平板电脑上双击桌面上的生产线 Andon 系统快捷图标 。

(2) 登录软件,用户名为 1,密码为 1,如图 2.70 所示。

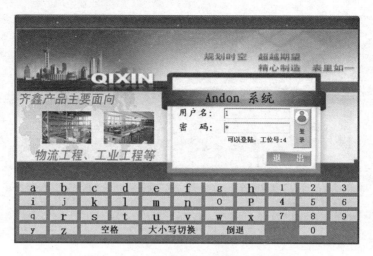

图 2.70　生产线 Andon 系统登录界面(1)

(3) 查看生产信息。

系统登录后，可查看主机信息、工单信息和完成数等，如图 2.71 所示。

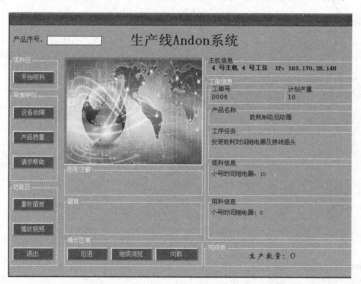

图 2.71　生产线 Andon 系统登录界面(2)

(4) 所有工位都登录 Andon 系统后，单击【开始领料】按钮，按钮变为绿色，如图 2.72 所示。

3) 原材料领料、派发

所有工位生产员都申请领料后，【生产线动态显示看板】界面上所有工位下的【是否领料】都变为【是】。仓库管理员看到看板信息后执行领料操作，原料库操作员准备拣料，如图 2.73 所示。

(1) 仓库管理员在仓库管理系统上先单击【初始化】按钮，再单击【工位领料】按钮，如图 2.74 所示。

第二章　生产线组态王的操作

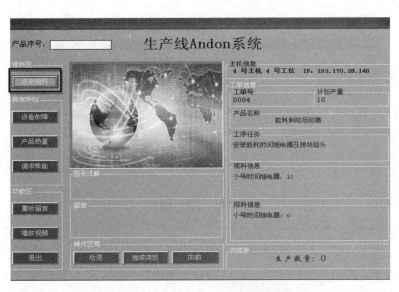

图 2.72　生产线 Andon 系统登录界面(3)

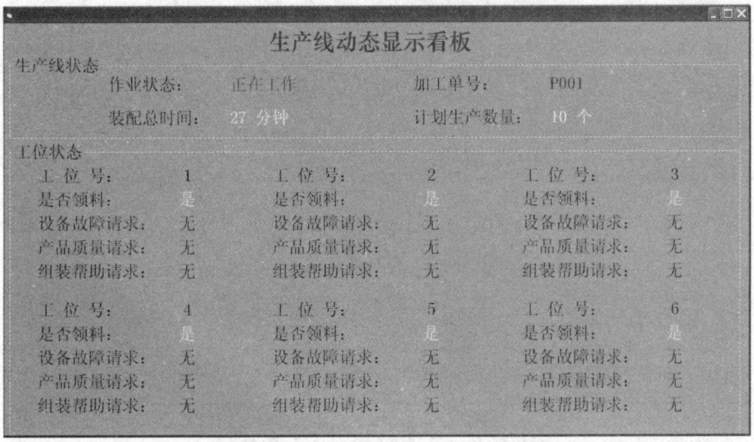

图 2.73　【生产线动态显示看板】界面

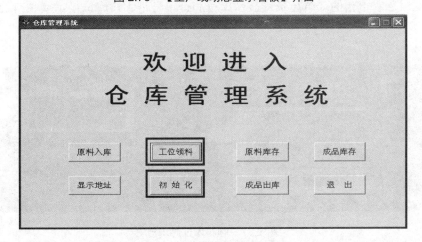

图 2.74　仓库管理系统主界面

(2) 进入【原材料出库】界面后,单击【开始领料】按钮,如图 2.75 所示。

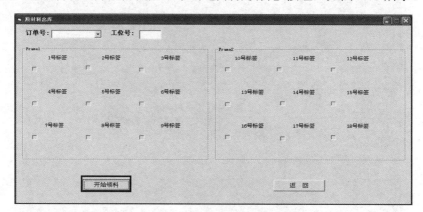

图 2.75 【原材料出库】界面(1)

(3) 单击【开始领料】按钮后,软件会自动搜索订单号、工位号、相应库位要领料的数量,如图 2.76 所示。

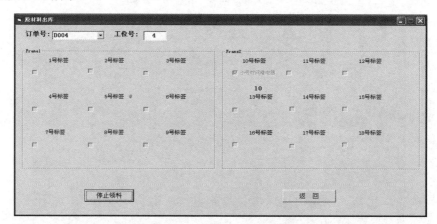

图 2.76 【原材料出库】界面(2)

(4) 原料库右上角的订单显示器显示库位和订单号,领料库位显示要领料的数量,如图 2.77 所示。

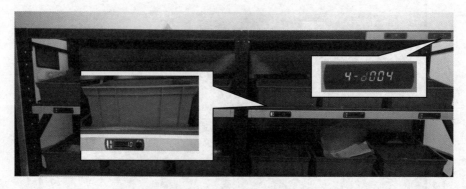

图 2.77 领料库位显示器

(5) 原料库操作员在亮灯库位取出原材料,然后在原材料信息仓库上按下黑色标签按钮(一张订单可能同时包含几种原材料,每取出一种原材料就按下其标签上的黑色按钮,直至蜂鸣器蜂鸣提示),如图 2.78 所示。

图 2.78 按下原材料信息仓库标签按钮

(6) 每张领料单处理完成后,蜂鸣器都会蜂鸣提示,按下订单显示器的黑色按钮,如图 2.79 所示。

图 2.79 按订单显示器按钮

(7) 所有领料单执行完毕后,仓库管理系统会出现【暂时没有领料请求】提示信息,单击【确定】按钮返回主界面即可,如图 2.80 所示。

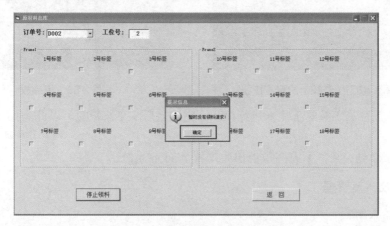

图 2.80 【原材料出库】界面(3)

(8) 原料库操作员将拣取的原材料送到相应的工位,领料任务完成。工位生产员领到原料后,单击【结束领料】按钮,如图 2.81 所示。

4) 开始装配生产

(1) 所有工位都领到原材料后,车间管理人员按下生产线上的启停按钮,输送链开始启动，如图 2.82 所示。

（2）输送链启动后，1 号工位的员工按照工序组装仪器，完成后将一张射频(RF)卡放到工装板上，踩下脚踏板让 RF 卡随仪器一起传到 2 号工位，如图 2.83 所示

图 2.81　单击【结束领料】按钮

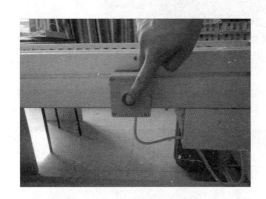

图 2.82　按下生产线上的启停按钮

图 2.83　工装板

（3）2 号工位员工按照工艺卡进行操作，完成之后踩下脚踏板，以此类推，一直到 6 号工位。

（4）该工单结束后，所有工位退出生产线 Andon 系统。

6. 成品出入库管理

1）成品入库

一张工单完成后，成品管理员接收成品，手持入库。

（1）进入手持成品库管理软件主界面，单击【成品入库】按钮，如图 2.84 所示。

（2）进入【成品入库】界面后先选择货物名称，再单击【手动输入】按钮，然后输入要入库的货物数量，最后单击【入库】按钮，如图 2.85 所示。

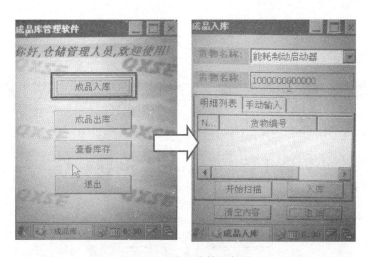

图 2.84 成品库管理软件

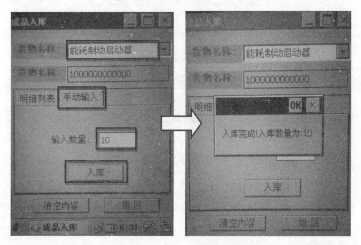

图 2.85 【成品入库】界面

(3) 系统提示入库完成后，进入【成品库管理软件】主界面，单击【查看库存】按钮，可以在【查看库存】界面中看到货物的数量，如图 2.86 所示。

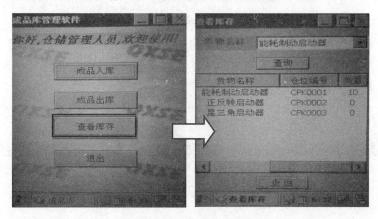

图 2.86 【查看库存】界面

2) 成品出库

(1) 打开仓库管理系统,先单击【初始化】按钮,再单击【成品出库】按钮,进入【成品出库】界面,如图2.87和图2.88所示。

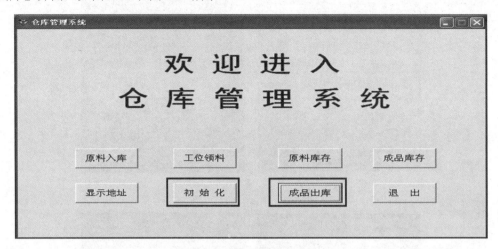

图2.87 【仓库管理系统】界面

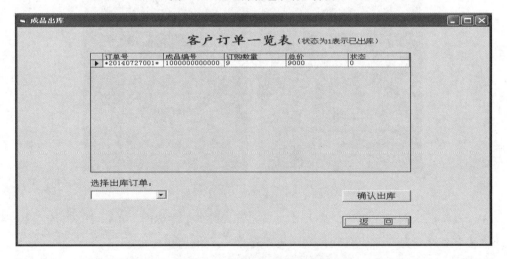

图2.88 【成品出库】界面(1)

(2) 在【选择出库订单】下拉列表框中选择要出库的订单,然后单击【确认出库】按钮。在弹出的提示框中单击【是】按钮,该订单的状态变为1,表示已成功出库,如图2.89所示。

(3) 手持出库。成品管理员进入手持成品库管理软件主界面,单击【成品出库】按钮,如图2.90所示。

(4) 进入成品出库界面后先选择货物名称,再单击【手动输入】按钮,然后输入要出库的数量,最后单击【出库】按钮,如图2.91所示。

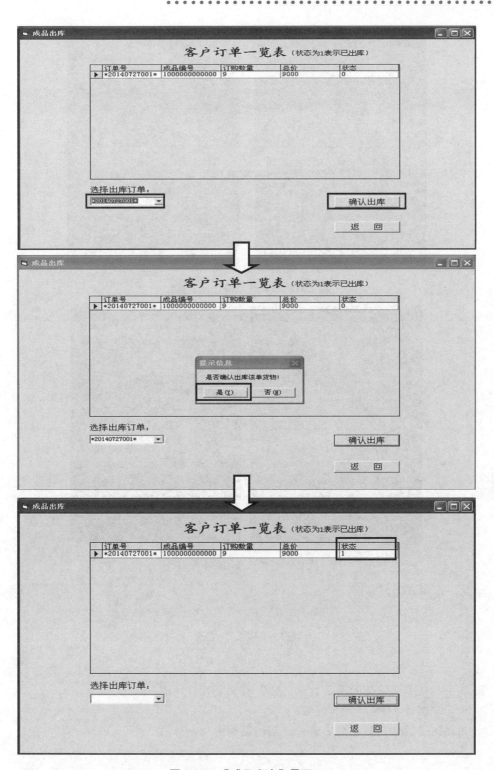

图 2.89 【成品出库】界面(2)

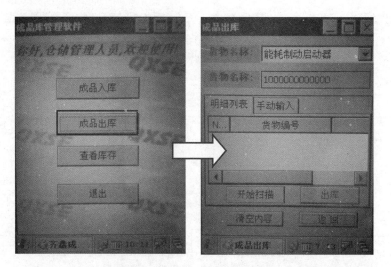

图 2.90　单击【成品出库】按钮

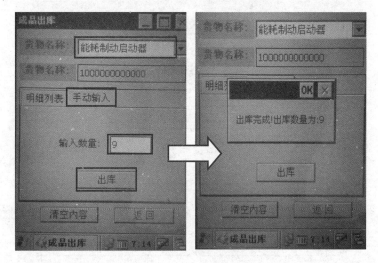

图 2.91　单击【出库】按钮

至此，本实训项目结束。

思 考 题

1. 在实训过程中，你扮演了什么角色？遇到了什么问题？
2. 请简单描述 MPS 的计算过程。
3. 请描述目前常用的粗能力需求计划的编制方法和步骤。

第三章 储配之窗实训指导

随着物流向供应链管理的发展，企业越来越多地将仓储作为供应链中的一个资源提供者的独特角色。仓库再也不仅是存储货物的库房了，而仓储是物流与供应链中的库存控制中心。库存成本是主要的供应链成本之一，在美国，库存成本约占总物流成本的三分之一。因此，管理库存、减少库存、控制库存成本就成为仓储在供应链框架下降低供应链总成本的主要任务。仓储还是现代物流设备与技术的主要应用中心。供应链一体化管理是通过现代管理技术和科技手段的应用而实现的，仓储效率促进了供应链上的一体化运作，而软件技术、互联网技术、自动分拣技术、光导分拣、RFID、声控技术等先进的科技手段和设备的应用，则为提高仓储效率提供了实现的条件。

第一节 系统的熟悉和了解

一、实训目的

掌握储配之窗系统软件操作和系统功能、系统流程。

二、实训内容

本实训的内容主要包括以下几个方面。
(1) 系统启动；
(2) 基本窗体的定义；
(3) 系统框架的操作；
(4) 系统数据的基本查询；
(5) 窗体内的开窗；
(6) PDA 连接电脑。

三、实训步骤

1. 系统启动

直接双击桌面的【储配之窗】快捷方式，系统自动弹出登录界面，如图 3.1 所示。

2. 基本窗体的定义

为了便于理解和说明，在本系统中，我们将一个程式拆分为上、下两个部分。其中上半部分(以文本框形式显示)称之为表头，下半部分(以网格形式显示)称之为表身(注：有些程式只有表身)，如图 3.2 所示。

图 3.1　储配之窗的登录界面

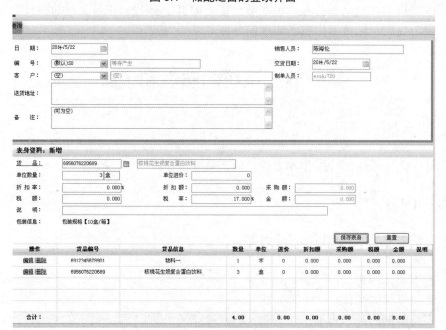

图 3.2　程式说明图

3. 基本数据的查询

快速无刷新地查询文本框是针对数据量比较大的程式或带有表头、表身的程式而设计的，目的是让用户更快更方便地获取其所需要的信息。当用户在文本框内输入相关信息时，系统会进行智能提示，如图 3.3 所示。

4. PDA 与系统数据连接

首先设置好 PDA 的无线连接，保证其与服务器直接的网络通信正常。然后打开 PDA 桌面上的【储配之窗】快捷方式。如果快捷方式丢失，可使用网页浏览器访问服务器的储配之窗网址，类似如下格式：http: //192.168.1.200(服务器电脑名或 IP)/储配之窗(虚拟目录名)/PDA/main.aspx。

第三章 储配之窗实训指导

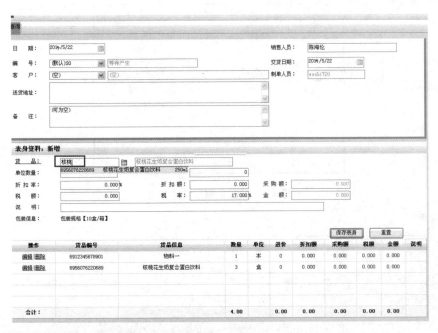

图 3.3 基本数据的查询

第二节 数据化仓库实训

一、设备准备

安装储配之窗系统服务器并启动 IIS 服务、有安装 IE8 浏览器的电脑、条码打印机、托盘，以及实训室现有的仓库货架。

二、实训目的

掌握仓库区域设置、仓库储位管理、仓库设备条码化管理、仓库储位与条码数字化绑定、托盘条码的设置和操作、打印机和打印软件。

三、实训内容

(1) 新增承载器具。在系统主界面中依次选择【系统设置】【承载器具资料】选项，如图 3.4 所示，进入客户订单表界面，如图 3.5 所示。

(2) 定义好托盘编号后用打印软件打印出来并粘贴在托盘上，如图 3.6 所示。

(3) 新增仓库资料及存储区资料。在系统主界面中依次选择【系统设置】【仓库资料或存储区资料】选项，进行仓库资料设置，如图 3.7 所示。

图 3.4 储配之窗系统主界面

图 3.5 【承载器具：新增】界面

图 3.6 托盘编号粘贴界面

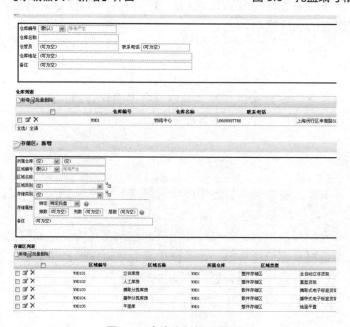

图 3.7 仓库资料设置界面

(4) 新增仓库并划分区域。根据硬件设施设置存储区区域类别及存储类别，对应关系如表 3.1 所示。

表 3.1　库房设置表

序号	库房名称	区域类别	存储类别	存储属性
1	全自动立体库房	整件存储区	全自动立体货架	绑定托盘
2	摘取分拣库房	散件存储区	摘取式电子标签货架	绑定物料
3	播种分拣库房	散件存储区	播种式电子标签货架	绑定单据
4	平面库(SID)	整件存储区	地面平置	绑定托盘
5	其他人工库房	整件存储区	重型货架、中型货架等	绑定托盘

(5) 储位信息维护。在系统主界面中依次选择【系统设置】【储位信息维护】选项，进行储位信息维护，如图 3.8 所示。

图 3.8　储位信息图

第三节　堆垛机入库实训

一、关键设备

堆垛机入库中使用的关键设备如图 3.9 所示。

图 3.9　堆垛机入库关键设备

二、设备准备

安装储配之窗系统的服务器并启动 IIS 服务，有安装 IE8 浏览器的电脑、RFID 读写器、打印机、RF手持扫描器、贴有托盘条码的空托盘、堆垛机、固定式扫描器、入库传送带、手动或半自动液体叉车、电子看板。

三、实训目的

掌握 VMI 入库理论、熟练液体叉车搬运、掌握 RF 入库操作、掌握堆垛机的入库操作、了解 RFID 的入库指引、掌握电子看板的入库指示、掌握入库传送带的操作、掌握垛码信息绑定、掌握储位的自动和手动分配、掌握堆垛机入库流程。堆垛机入库流程如图3.10所示。

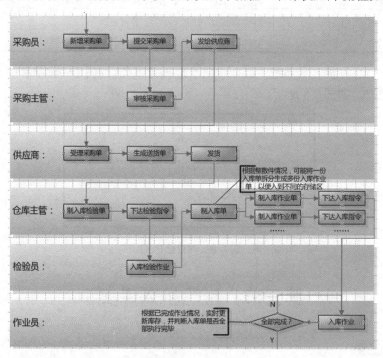

图 3.10　入库流程

四、案例分析

2015年4月1日,物流中心向珠海格力空调有限公司采购200台空调,产品编号:80L000001。同天,格力空调业务经理委托业务部小陈录入空调发货单并发送给珠海凯利物流公司,在收到珠海凯利物流公司的确认后派车出货,车牌号为粤A***R*,跟单员为小林。当空调到达仓库时,仓库主管安排验货员小林进行验货,然后进行入库,指定存放在全自动立体库房。

实训操作步骤如下。

(1) 在主界面左侧依次选择【系统设置】【货品新增】选项,进入货品资料新增界面,录入待采购的货品资料,如图3.11所示。

如果系统没有此种货品,需要预先录入货品资料,进入货品资料新增界面录入并保存,保存成功后可以单击【查询】按钮进入货品列表页面查看。

第三章　储配之窗实训指导

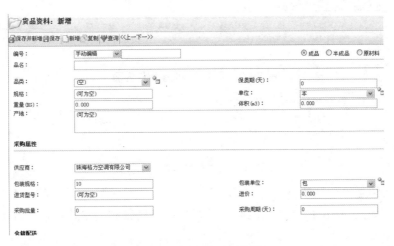

图 3.11　货品资料新增界面

(2) 在系统主界面依次选择【采购】【采购订单：新增】所示，进入采购订单新增界面，如图 3.12 所示，录入相关数据等信息。

录入完成后，单击【查询】按钮回到列表界面，选择刚刚新增的采购单并提交给主管。

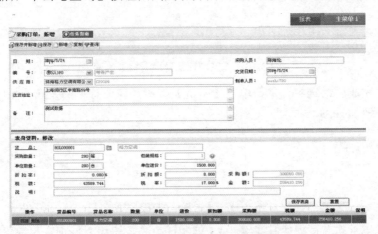

图 3.12　【采购订单：新增】界面

(3) 在系统主界面依次选择【采购】【采购订单列表】选项，进入【采购订单列表】界面，进行采购订单的审核及发送，如图 3.13 所示。

图 3.13　【采购订单列表】界面

选择已提交的采购订单并单击【批量审核】按钮，如图 3.14 所示。然后单击【发给供应商】按钮，如图 3.15 所示。

图 3.14 采购订单批量审核界面

图 3.15 【采购订单发送】界面

(4) 在系统主界面依次选择【采购】【供应商订单看板】选项，进入【采购订单受理看板】界面，如图 3.16 所示。供应商可以查看自己接收到的采购订单，并根据实际情况进行受理。

图 3.16 【采购订单受理看板】界面

(5) 受理完成后，选中订单，单击【发货】按钮，完成订单的发送，如图 3.17 所示。

图 3.17 【送货单列表】界面

(6) 在系统主界面依次选择【采购】【采购订单验收看板】选项，根据采购订单生成入库验收单，如图 3.18 所示。

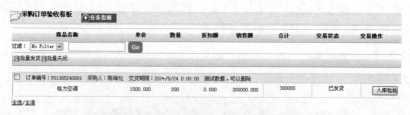

图 3.18 【采购订单验收看板】界面

第三章 储配之窗实训指导

当供应商将货品送到仓库时，验货员根据采购单以及供应商带的送货订单进行验收。在【采购单验收看板】中单击【入库检验】按钮，系统自动生成一张入库验收单。

(7) 在系统主界面依次选择【采购】【采购订单验收】选项，进入【入库检验单】界面，如图 3.19 所示。

图 3.19 【入库检验单】界面

在入库检验单列表中可以看到待检验内容，单击单据右侧的【开始执行】按钮，实际数量以及异常原因两列会出现文本框，此时可以选择在此直接输入内容并单击【验收完毕】按钮，如图 3.20 所示；也可以选择使用 PDA 手持设备进行验收。

图 3.20 采购订单验收完毕界面

PDA 手持设备的【储配之窗】主界面如图 3.21 所示。

单击【入库检验】按钮进入 PDA 入库检验界面，并选择单号，如图 3.22 所示。界面下方列表会显示所有待检验内容，未检验任务行为白色，检验完毕的任务行会变成灰色，正在执行的任务行是绿色，其他 PDA 界面也是如此。当下方所有任务行都变为灰色时，单击【检验完毕】按钮，如图 3.23 所示。最后单击右上角的【返回】按钮，可以返回 PDA 主界面。

(8) 在系统主界面依次选择【存储】【入库单列表】选项。

图 3.21 PDA 手持设备主界面

入库检验完毕后，可以将单据转为入库单。单击单据右侧的【转入库单】按钮即可。转入库单完成后，系统自动跳转到入库单列表界面，如图 3.24 所示。此时我们可以看到转过来的单据，其状态为已提交，单击记录行右侧的【审核】按钮，审核通过后，单击【开始执行】按钮，再单击【确定】按钮，系统根据入库单内容自动生成入库作业单，如图 3.25 所示。如果涉及两个不同区域的作业，如货品有整件也有散件，则需要拆分为不同的单据。

图 3.22　PDA 手持设备采购订单验收界面(1)　　图 3.23　PDA 手持设备采购订单验收界面(2)

图 3.24　入库单生成界面

图 3.25　作业单生成界面

(9) 在系统主界面依次选择【存储】【入库作业单列表】选项,开始入库作业,如图 3.26 所示。

我们可以看到,系统生成了一张入库作业单,作业区域是整件存储区,需要注意的是,单据下方的表格内并没有任何的任务内容，这是因为整件入库作业时需要先对货品进行码垛，在没有码垛的情况下，无法得知具体码垛的托盘编号以及托盘数量，无法安排入库仓位，也就无法作业。此时如果单击【开始执行】按钮，那么系统会按默认排序自动为入库作业单分配托盘以及仓位。如果想手动指定托盘以及仓位的话，必须使用 PDA 上的入库码垛以及入库上架功能。

图 3.26 【入库作业单列表】界面

(10) 单击 PDA 主界面的【入库码垛】按钮，进行 PDA 入库码垛。

单击 PDA 主界面的【入库码垛】按钮，进入其界面，并选择作业单号，界面下方会出现任务内容。扫描或输入托盘号、品号，并输入码垛在该托盘上的货品包装数量，单击绑定按钮，绑定成功后，下方会显示绑定记录，可以解绑并重新作业。码垛完毕后单击【码垛完毕】按钮，如图 3.27 所示。

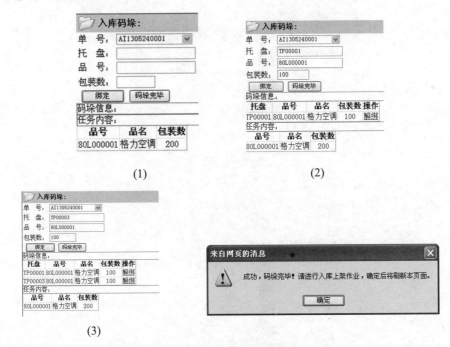

图 3.27 入库码垛界面

(11) 单击 PDA 主界面的【入库上架】按钮，进行 PDA 入库上架。

单击 PDA 主界面的【入库上架】按钮，进入其界面，并选择作业单号，界面下方会出现任务内容。选择仓库以及仓位的分配策略，选择【自动分配】将由系统为您指定入库仓位；选择【手动分配】将由您自由输入仓位。选择好后单击【确认】按钮，如图 3.28 所示。

若选择【自动分配】，系统会自动分配仓位，如果启动了堆垛机及其配套软件，此时将托盘放到入库链上，入库链及堆垛机将自动启动，并将托盘放入指定仓位。若选择【手动分配】，可以自由输入仓位，扫描或输入托盘编号及其指定的入库仓位编号，如果正确的话，该记录将完成。所有记录完成后，单击【返回】按钮。

（12）依次选择【存储】【仓库管理】选项，进行库存查询。

选择【物流中心-全自动立体库房】选项，界面右侧将以图形的方式显示库存情况，具体某一仓位的库存信息可直接单击查看，如图 3.29 所示。堆垛机入库实训到此结束。

图 3.28　PDA 入库上架界面

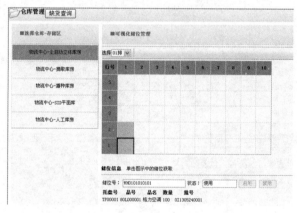

(1)

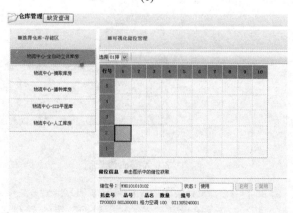

(2)

图 3.29　库存查询界面

第四节　SID 平面库入库实训

一、关键设备

SID 平面库入库关键设备如图 3.30 所示。

图 3.30　SID 平面库入库关键设备

二、设备准备

SID 小车或 AGV 小车、安装储配之窗系统的服务器并启动 IIS 服务、有安装 IE8 浏览器的电脑、RFID 读写器、打印机、RF 手持扫描器、贴有托盘条码的空托盘、堆垛机、固定式扫描器、入库传送带、手动或半自动液体叉车、电子看板。

三、实训目的

掌握 VMI 入库理论、熟练液体叉车搬运、掌握 RF 入库操作、掌握 SID 或 AGV 小车入库指引、掌握电子看板的入库指示、掌握储位的自动和手动分配、掌握 SID 入库流程。

四、入库流程

SID 平面库入库流程如图 3.31 所示。

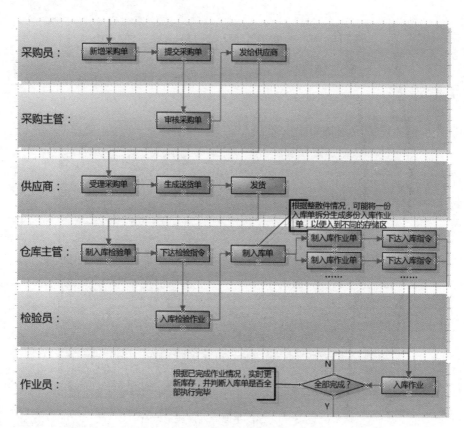

图 3.31 SID 平面库入库流程

五、案例分析

2014 年 5 月 20 日,物流中心向珠海格力空调有限公司采购 600 条内存卡。当天珠海格力空调有限公司业务部受理该采购单,并通知理货员理货。2014 年 5 月 21 日,珠海格力空调有限公司理货部门将 600 条内存打包,包装规格为 10。同时派车送货,车牌号码为粤A**N**,送货员为小陈。

针对以上案例,首先是物流中心先录入采购单,之后珠海格力空调有限公司受理并备货发货,然后通知仓管部门进行入库检验,没有问题则生成入库单以及入库作业单,最后通知仓库员工去入库。由于珠海格力空调有限公司的入库产品是已经打包好的,所以基础资料中该货品的包装规格是 10。实验操作步骤如下。

(1) 在系统主界面依次选择【系统设置】【货品新增】选项,录入待采购的货品资料。

如果系统没有此种货品,需要预先录入货品资料,进入货品新增页面录入并保存,保存成功后可以单击【查询】按钮进入货品列表页面查看,如图 3.32 所示。

(2) 在系统主界面依次选择【采购】【采购单新增】选项,录入采购订单。

进入采购单新增页面录入相关数据,录入完成后单击【查询】按钮回到列表界面,选择刚新增的采购单并提交主管,如图 3.33 所示。

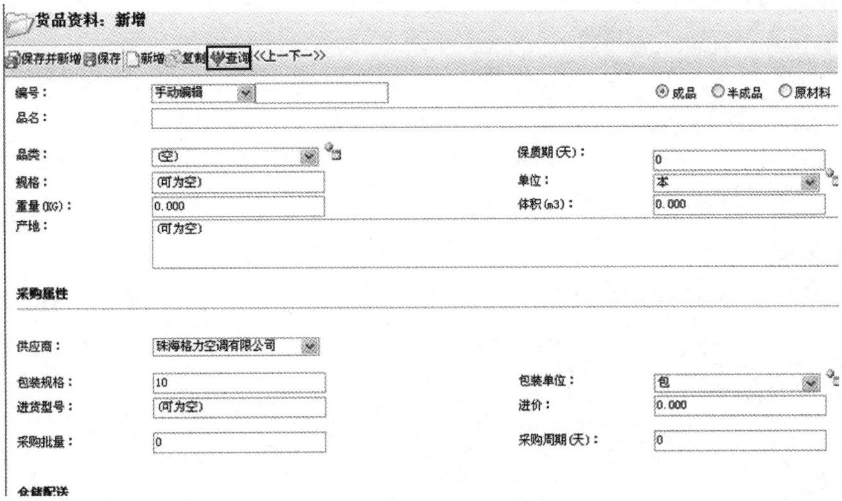

第三章 储配之窗实训指导

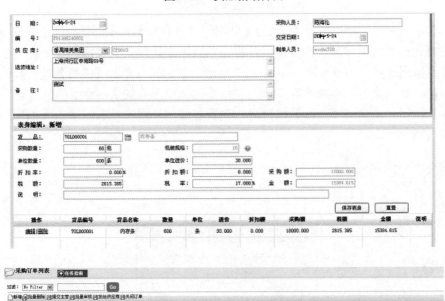

图 3.32 货品新增界面

图 3.33 采购单新增界面

(3) 在系统主界面依次选择【采购】【采购单列表】选项,进行采购的审核以及发送。选择已提交的采购单并单击【批量审核】按钮,如图 3.34 所示。然后选中订单号单击【发给供应商】按钮,如图 3.35 所示。

图 3.34 采购单批量审核界面

图 3.35　采购单发送界面

(4) 在系统主界面依次选择【采购】【供应商订单看板】选项,供应商主管受理来自物流中心的采购订单。

供应商查看自己接收到的采购订单,并根据实际情况进行受理,如图 3.36 所示。

图 3.36　供应商订单查看界面

(5) 在系统主界面依次选择【采购】【供应商订单看板】选项,供应商主管安排发货。

供应商为已受理的订单进行备货,备货完毕后单击【发货】按钮,系统自动生成一张送货单并跳转到送货单列表界面,如图 3.37 所示。这时可以单击【编辑】按钮修改送货单的相关信息,如送货员、车牌号等,但不要修改送货单下方的货品信息。修改完毕后,单击【保存】按钮,再单击【查询】按钮进入列表界面,在送货单右侧单击【执行送货】按钮,如图 3.38 所示。

图 3.37　送货单生成界面

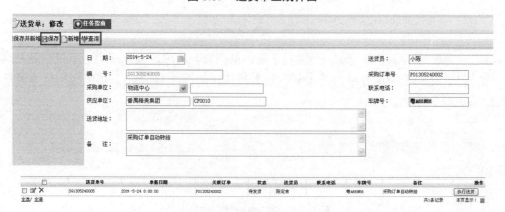

图 3.38　执行送货界面

(6) 在系统主界面依次选择【采购】【采购订单验收】选项,根据采购单生成入库验收单。

当供应商将货品送到仓库后,验货员根据采购订单以及供应商提供的送货单进行验收。在【采购订单验收看板】界面中单击【入库检验】按钮,系统自动生成一张入库验收单。如图 3.39 所示。

图 3.39 入库验收单生成界面

(7) 在系统主界面依次选择【采购】【采购单验收】选项,进行入库验收。

在入库检验单列表可以看到待检验内容,单击单据右侧的【开始执行】按钮,如图 3.40 所示。实际数量以及异常原因两列会出现在文本框内,这时可以选择在此直接输入内容并单击【验收完毕】按钮,如图 3.41 所示;也可以选择使用 PDA 手持设备进行验收。

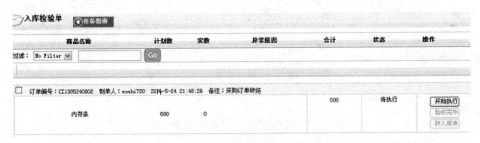

图 3.40 【入库检验单】界面(1)

图 3.41 【入库检验单】界面(2)

PDA 手持设备的【储配之窗】主界面如图 3.42 所示。

单击【入库检验】按钮,进入 PDA 入库检验界面,并选择单号。界面下方列表会显示所有待检验内容,未检验任务行为白色,检验完毕的任务行会变成灰色,正在执行的任务行是绿色,其他 PDA 界面也是如此。当下方所有任务行都变为灰色时,单击【检验完毕】按钮,如图 3.43 所示。最后单击右上角的【返回】按钮,可以返回 PDA 主界面。

(8) 在系统主界面依次选择【存储】【入库单列表】选项,生成入库单以及入库作业单。

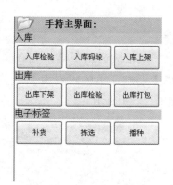

图 3.42 PDA 手持设备的【储配之窗】主界面

入库检验完毕后,可以将单据转为入库单。单击单据右侧的【转入库单】按钮即可,如图 3.44 所示。转入库单后,系统自动跳转到入库单界面,此时我们可以看到转过来的单据,其状态为已提交。我们需要单击记录行右侧的【审核】按钮,审核通过后,单击【开始执行】按钮,系统根据入库单内容为我们自动生成入库作业单,如图 3.45 所示。如果涉及两个不同区域的作业,例如货品有整件也有散件,则需要拆分为不同的单据。

(1)   (2)

图 3.43 PDA 手持设备入库检验界面

图 3.44 入库单生成界面

图 3.45　入库作业单生成界面

(9) 在系统主界面依次选择【存储】【入库作业单列表】选项，开始入库作业。

选择主菜单中的【入库作业单列表】选项后，其界面如图 3.46 所示。我们可以看到，系统生成了一张入库作业单，作业区域是整件存储区。需要注意的是，单据下方的表格内并没有任何的任务内容，这是因为整件入库作业时需要先对货品进行码垛，在没有码垛的情况下，无法得知具体码垛的托盘编号以及托盘数量，无法安排入库仓位，也就无法作业。此时如果单击【开始执行】按钮，那么系统会按默认排序自动为入库作业单分配托盘以及仓位。如果想手动指定托盘以及仓位的话，必须使用 PDA 上的入库码垛以及入库上架功能。平面库入库实训必须使用 PDA 手动选择仓库。

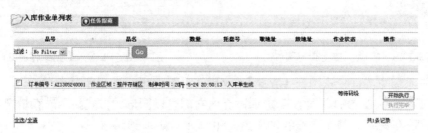

图 3.46　【入库作业单列表】界面

(10) 单击 PDA 主界面的【入库码垛】按钮，进行 PDA 入库码垛。

单击 PDA 主界面的【入库码垛】按钮，进入其界面，并选择作业单号，界面下方会出现任务内容，如图 3.47(1)所示。扫描或输入托盘号、货品编号，并输入码垛在该托盘上的货品包装数量，单击【绑定】按钮。绑定成功后，下方会显示绑定记录，这时可以解绑并重新作业，如图 3.47(2)所示。码垛完毕后单击【码垛完毕】按钮，如图 3.47(3)所示。

(11) 单击 PDA 主界面的【入库上架】按钮，进行 PDA 入库上架。

单击 PDA 主界面的【入库上架】按钮，进入其界面，并选择作业单号，界面下方会出现任务内容，如图 3.48 所示。选择仓库以及仓位的分配策略，选择【自动分配】由系统指定入库仓位；选择【手动分配】可以自由输入仓位，选择好后单击【完成】按钮。如图3.49所示。

系统为我们自动分配了仓位，如果启动了SID小车及其配套软件，此时可以在SID小车界面上看到此条作业任务，然后根据软件的指引将托盘放入指定仓位。您也可以手动完成，扫描或输入托盘编号以及其指定的入库仓位编号，如果正确的话，该记录将完成。所有记录完成后，单击【返回】按钮。

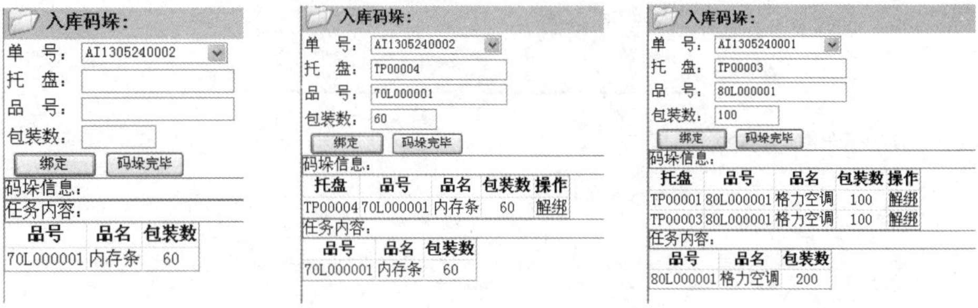

(1)　　　　　　　　　(2)　　　　　　　　　(3)

图3.47　PDA入库码垛界面

图3.48　PDA入库上架界面(1) 　　　　图3.49　PDA入库上架界面(2)

(12) 在系统主界面依次选择【存储】【仓库管理】选项，进行库存查询。

选择【物流中心-SID平面库】选项，界面右侧将以图形的方式显示库存情况，具体某一仓位的库存信息可直接单击查看，如图3.50所示。实训到此结束。

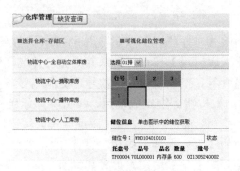

图3.50　库存查询界面

第五节　电子标签仓库补货作业

一、关键设备

电子标签仓库补货作业的关键设备如图3.51所示。

图 3.51　电子标签仓库补货作业的关键设备

二、设备准备

电子标签以及货架、安装储配之窗系统的服务器并启动 IIS 服务、安装 IE8 浏览器的计算机、打印机、RF 手持扫描器、贴有托盘条形码的空托盘、手动或半自动液体叉车、电子看板。

三、实训目的

掌握电子标签使用和操作；掌握散件补货流程；掌握仓库移动。

四、案例分析

2014 年 6 月 2 日，物流中心散件仓库部进行了物料缺料盘点，一次性补充仓库物料所缺的物料。首先要生成补货单，生成需补物料以及数量并发送给相应的仓库，请求整件仓库补货到散件仓库。实训内容及步骤依次如下。

(1) 在系统主界面选择【系统】【仓库管理】选项，进行摘取式电子标签仓库设置。

首先选择【物流中心-摘取库房】，录入相关信息，如图 3.52 所示。安全库存和最大库存遵循货架管理中的"两箱原则"，即安全库存等于 1 个包装规格，最大库存等于 2 个包装规格。

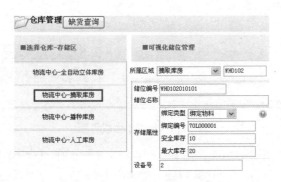

图 3.52　摘取式电子标签仓库设置界面

储位设置后的界面如图 3.53 所示。

图 3.53 储位列表界面

(2) 数据准备，如果设置的物料在整件存储区缺货，请先入库。

(3) 在系统主界面依次选择【存储】【仓库管理】选项，缺货查询并生成补货单。

单击仓库管理顶部的【缺货查询】按钮，如图 3.54 所示。将弹出【缺货情况一览】界面，如果该界面有记录，说明摘取式电子标签库存在缺货的情况。单击【自动生成补货单】按钮，系统将自动生成一张补货单，如图 3.55 所示。

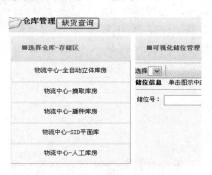

图 3.54 【缺货查询】界面

图 3.55 补货单生成界面

(4) 在系统主界面依次单击【存储】【补货单列表】选项，提交审核补货单并开始作业。

选择补货单并单击【提交主管】按钮，当补货单状态变为"已提交"后，可以对该单据进行审核，审核通过后，选择【开始作业】按钮，系统自动生成两种单据，第一是出库作业单，第二是入库作业单，您需要先执行出库作业单，将整件存储区的货物拿下，然后执行入库作业单,将货物补货到电子标签库。如图 3.56 所示。

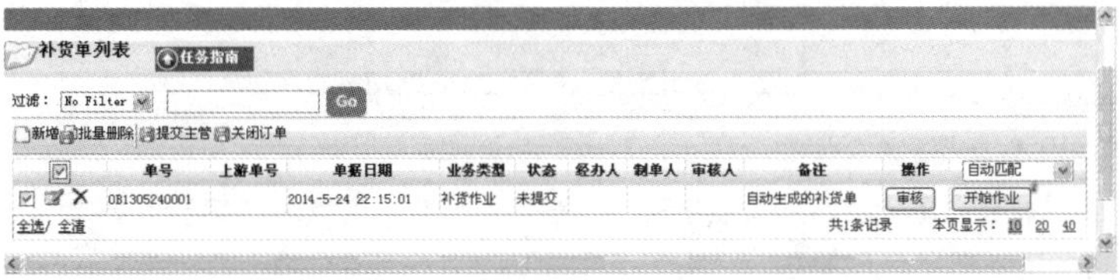

(1)

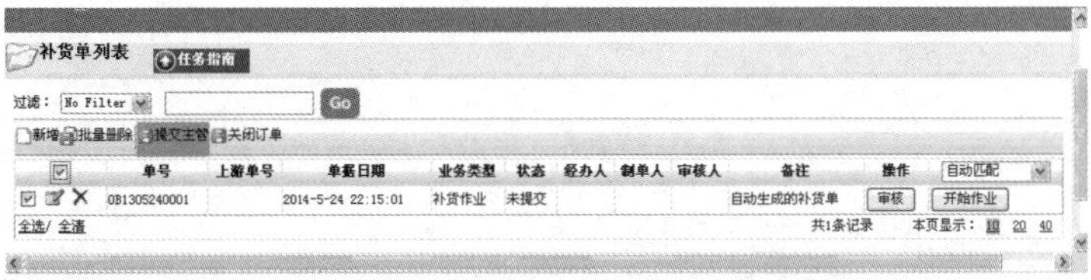

(2)

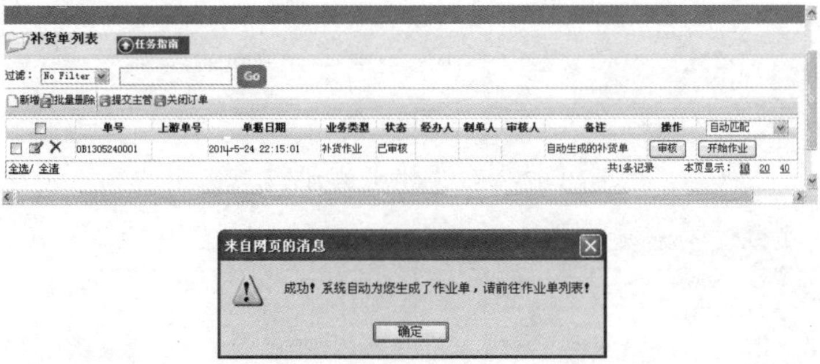

(3)

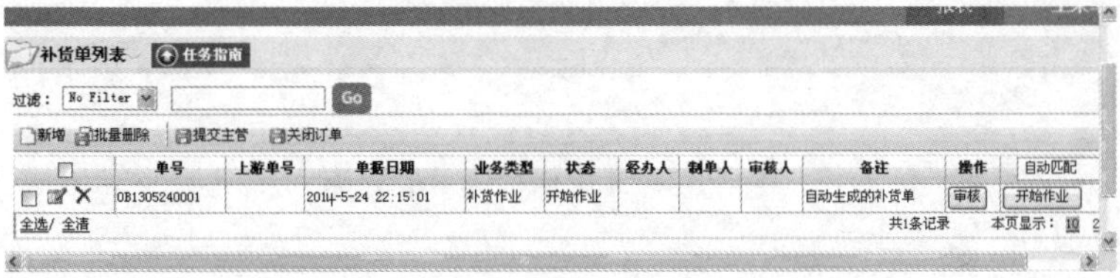

(4)

图 3.56　提交审核补货单并开始作业界面

(5)　在系统主界面依次选择【存储】【出库作业单列表】选项,进行补货的出库作业。

打开出库作业单界面后,您会发现补货单转过来的出库作业任务,单击【开始执行】按钮,如图 3.57 所示。如果该整件区域是全自动立体库房,堆垛机会自动将货物拿下,如果是其他库房,需要使用 PDA 进行出库下架作业。

(6)　在系统主界面依次选择【存储】【出库检验单】选项,进行补货的出库检验。

需要注意的是,本系统的每一次出库作业结束都有出库检验的流程。出库检验的步骤和入库检验类似。

在出库检验单列表可以看到待检验内容,单击单据右侧的【开始执行】按钮,如图 3.58 所示。实际数量以及异常原因两列会出现文本框,您可以选择在此直接输入内容并验收完毕,如图 3.59 所示;也可以选择使用 PDA 手持设备进行验收。

(1)

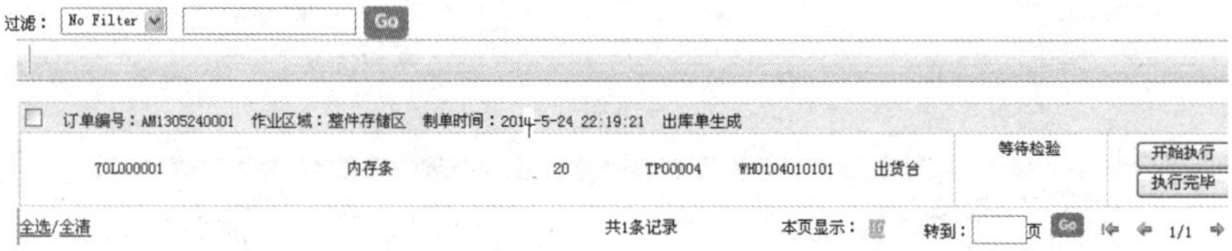

(2)

图 3.57 【出库作业单列表】界面

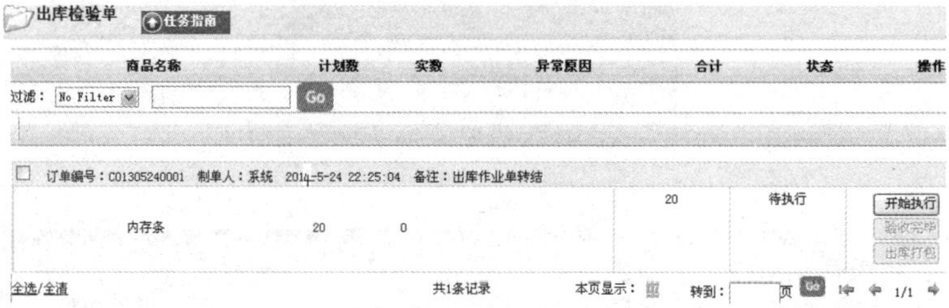

图 3.58 【出库检验单】界面

图 3.59 出库检验完毕界面

PDA 手持设备的储配之窗主界面如图 3.60 所示。

单击【出库检验】按钮进入 PDA 出库检验界面，并选择单号，如图 3.61(1)所示。界面下方列表会显示所有待检验内容，未检验任务行为白色，检验完毕的任务行会变成灰色，正在执行的任务行为绿色，其他 PDA 界面也是如此。当下方所有任务行都变为灰色时，单击【检验完毕】按钮，如图 3.61(2)所示。最后单击右上角的【返回】按钮，即返回 PDA 主界面。

图 3.60　PDA 手持设备的储配之窗主界面

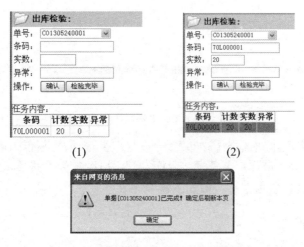

图 3.61　PDA 手持设备的出库检验界面

（7）在系统主界面依次选择【存储】【入库作业单列表】选项，进行补货作业。

打开入库作业单界面后，您会发现补货单转过来的入库作业任务，单击【开始执行】按钮，如图 3.62 所示。

然后进入 PDA 主界面，单击电子标签栏下的【补货】按钮，进入补货界面后选择作业单号，扫描或输入待补货的货品编码，单击【开始补货】按钮，如图 3.63 所示。电子标签将自动点亮要补货的仓位以及数量。将货品按标签显示数量放入仓位后，拍下电子标签上的完成键，所有任务执行完毕后单击【执行完毕】按钮，返回 PDA 主界面。

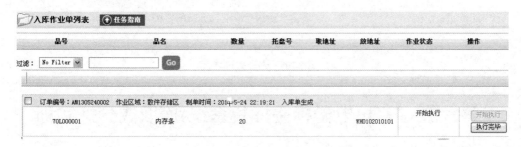

图 3.62　【入库作业单列表】界面

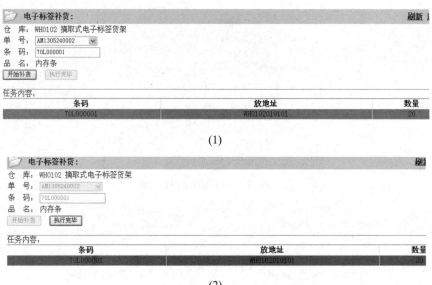

(1)

(2)

图 3.63 【电子标签补货】界面

(8) 在系统主界面依次选择【存储】【仓库管理】选项，进行库存查询。

选择【物流中心-摘取库房】选项，界面右侧将以图形的方式显示库存情况，具体某一仓位的库存信息可直接单击查看，如图 3.64 所示。

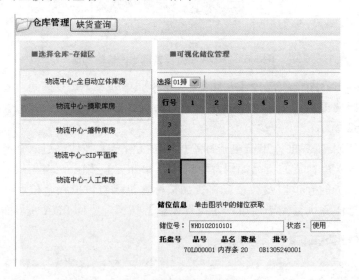

图 3.64 库存查询界面

第六节 PTL(电子标签拣货系统)摘取式分拣实训

一、实训目的

使学生了解 PTL 的软硬件系统，增强学生对 PTL 的认识和操作能力。

二、相关知识点

1. 电子标签概述

电子标签除了可以利用按键组设定元件位址、起分位特性,亦可通过软体设定该标签的位址号码,在使用者更换元件时,能更便捷地设定指定内容。因此,次软体的主要目的是让人员在更换元件后,能更快设定好元件应付应得位址,以使系统正常运作。

2. 硬件架构

电子系统主控电脑与外接的控制器,是以 Ethernet(以太网)为主要的网络构架,采用 TCP/IP 通信协定,传输速度可达 10/100 Mbps。如图 3.65 所示。

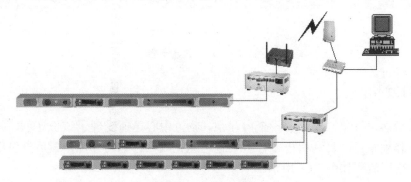

图 3.65 硬件架构

在 Win 95/98/2000/NT 作业系统下,一部 PC 之间只可用 IP 数来决定可接多少个电子标签系统元件,系统架构中每一个 TCP/IP 控制器可连接约 120 个电子元件(含电子标签、显示器、完成器等)。

三、硬体介绍

1. 五位数电子标签

在标签的面板设计上,除了灯号与按键外,尚有一可显示数量的五位数 LCD 显示设计。可利用标签的按键组设定硬件对应的位址。五位数电子标签如图 3.66 所示。

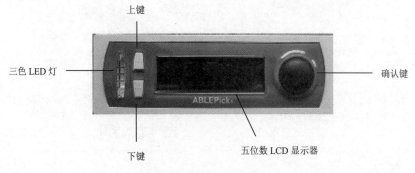

图 3.66 五位数电子标签

2. 六位数显示器

标签上有六位 7-segment 的 LCD 显示,此元件的作用是当作订单显示器。由于面板上没有按键可以调整位址,需要通过软件以及元件的确认键来设定位址。六位数显示器如图 3.67 所示。

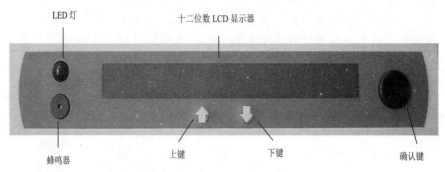

图 3.67　六位数显示器

四、案例分析

录入一份客户订单,仅需要一个内存条。物流中心迅速受理了该份订单,并生成出库单以及出库作业单,然后利用电子标签设备迅速完成该订单的分拣,最后打包出库并进行配送。销售出库流程如图 3.68 所示。

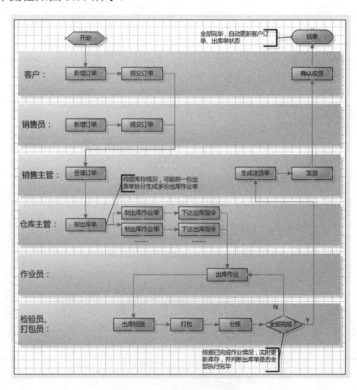

图 3.68　销售出库流程

(1) 在系统主界面依次选择【存储】【客户订单新增】选项,进入客户订单新增界面。

打开主菜单下的客户订单新增界面,选择客户,并在表身录入数据,最后单击【保存表身】按钮,如图 3.69 所示。

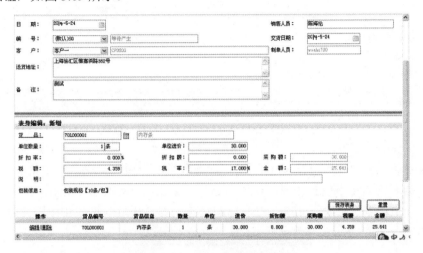

图 3.69 客户订单新增界面

(2) 在系统主界面依次选择【存储】【客户订单列表】选项,进行客户订单提交。

通过客户订单新增界面的【查询】按钮或主菜单下的【客户订单列表】按钮均可进入客户订单列表页面,选择订单并单击【提交订单】按钮,如图 3.70 所示。

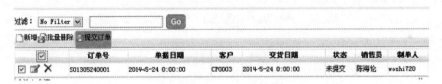

图 3.70 客户订单提交界面

(3) 在系统主界面依次选择【存储】【客户订单受理看板】选项,进入受理客户订单的界面。

在订单右侧单击【受理】按钮,如图 3.71 所示。

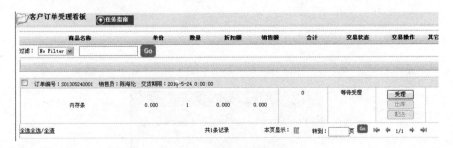

图 3.71 客户订单受理界面

(4) 在系统主界面依次选【存储】【客户订单受理看板】选项,进行订单转出库单。

在订单右侧单击【出库】按钮,系统将自动生成一份出库单,在提示框上单击【确定】按钮,跳转到出库单列表界面。如图 3.72 所示。

图 3.72　出库单生成界面

(5) 在系统主界面依次选择【存储】【出库单列表】选项，生成出库作业单。

单击单据右侧的【审核】按钮，审核通过后，单击【开始作业】按钮，系统根据出库单内容生成一份或多份出库作业单。出库单的状态变为"开始作业"，如图 3.73 所示。

图 3.73　出库作业单生成界面

打开出库作业单界面，单击【开始执行】按钮，如图 3.74(1)所示；完毕后，单击【执行完毕】按钮，如图 3.74(2)所示。

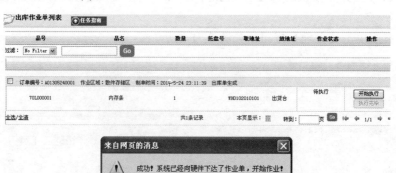

(1)

图 3.74　出库作业单执行界面

(2)

图 3.74　出库作业单执行界面(续)

(6) 在系统主界面,单击 PDA 主界面的【拣选】按钮,进行电子标签拣选。

单击【拣选】按钮,进入电子标签拣选界面。选择单号,下方将出现任务信息,单击【开始拣选】按钮,电子标签将自动点亮,根据标签提示进行拣选,完毕后单击【执行完毕】按钮,如图 3.75 所示。

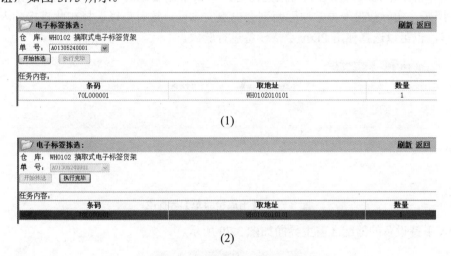

(1)

(2)

图 3.75　【电子标签拣选】界面

(7) 在系统主界面依次选择【存储】【仓库管理】选项,进行库存查询。

选择【物流中心-摘取库房】选项,界面右侧将以图形的方式显示库存情况,具体某一仓位的库存信息可以直接单击查看,如图 3.76 所示。

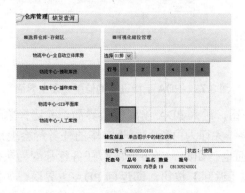

图 3.76　【库房管理】界面

(8) 在系统主界面依次选择【存储】【出库检验单】选项，进行出库检验。

需要注意的是，本系统的每一次出库作业结束都有出库检验的流程。出库检验的步骤和入库检验类似，如图 3.77 所示。

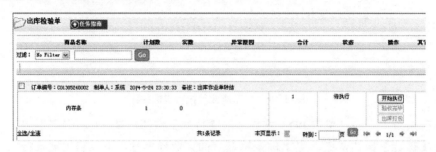

图 3.77 【出库检验单】界面(1)

在出库检验单列表可以看到待检验内容，单击单据右侧的【开始执行】按钮，结果如图 3.78 所示。实际数量及异常原因两列会出现文本框，这时可以选择在此直接输入内容并验收完毕，也可以选择使用 PDA 手持设备进行验收。

图 3.78 【出库检验单】界面(2)

PDA 手持设备的储配之窗主界面如图 3.79 所示。

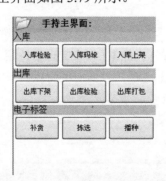

图 3.79 PDA 手持设备的储配之窗主界面

单击【出库检验】按钮，进入 PDA 出库检验界面，并选择单号。界面下方列表会显示所有待检验内容，未检验任务行为白色，检验完毕的任务行会变成灰色，正在执行的任务行为绿色，其他 PDA 界面也是如此。当下方所有任务行都变为灰色时，单击【检验完毕】按钮。最后单击右上角的【返回】按钮，即返回 PDA 主界面，如图 3.80 所示。

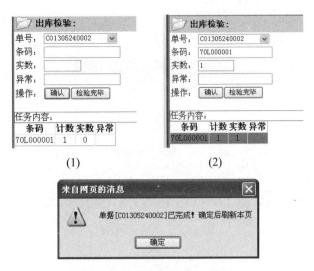

图 3.80 【出库检验】界面

(9) 在系统主界面依次选择【存储】【出库检验单列表】选项，进行出库打包。

在出库检验单界面的单据右侧单击【出库打包】按钮，系统自动弹出一个对话框，输入包装数量即可，下方灰色的记录是出库检验的任务信息，仅供打包参考，如图 3.81 所示。

(10) 在系统主界面依次选择【销售】【订单受理看板】选项，生成送货单并配送。

打开订单受理看板界面，单击单据右侧的【配送】按钮，系统自动生成一份送货单。单击【确定】按钮后，系统跳转到送货单列表界面。单击送货单列表右侧的【执行送货】按钮，如图 3.82 所示。

图 3.81 【出库打包】界面

图 3.82 执行送货界面

(11) 在系统主界面依次选择【销售】【客户订单列表】选项，客户确认收货。打开客户订单列表界面，单击【确定】按钮。如图 3.83 所示。

图 3.83　客户确认收货界面

第七节　汇总出库(播种式)

一、关键设备

汇总出库的关键设备如图 3.84 所示。

图 3.84　关键设备

二、设备准备

电子标签以及货架、安装储配之窗系统的服务器以及启动 IIS 服务、安装 IE8 浏览器的计算机、打印机、RF 手持扫描器、手动或半自动液体叉车、电子看板、堆垛机、条码打印机等。

三、实训目的

掌握订单录入、订单汇总、堆垛机出库、电子标签播种,熟练叉车搬运、RF 手持终端,掌握汇总出库流程、出库方式、单据处理和库存查询。

四、汇总出库流程

汇总出库流程如图 3.85 所示。

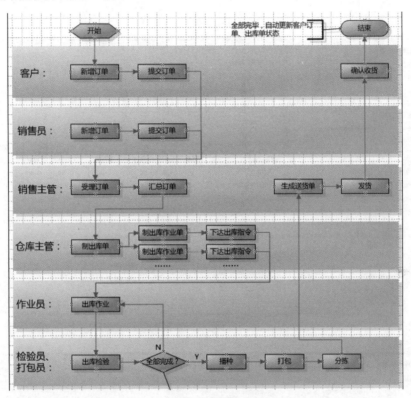

图 3.85 汇总出库流程

五、案例分析

2014 年 5 月 24 日,客户一向物流中心订购了 15 个 2G 的内存条以及 10 盒核桃花生奶复合蛋白饮料,客户二向物流中心订购了 5 个 2G 的内存条以及 3 盒核桃花生奶复合蛋白饮料。物流中心决定采用汇总出库的方式来完成订单出库。

首先需要录入两份客户订单,然后物流中心销售部受理此两份客户订单,仓储部选择要播种的仓库并汇总订单,然后出库、出库检验、播种、打包、分拣。

数据分析:两份订单共 20 个 2G 内存条,规格为 10 个/包,那么就会直接从整件仓出库,如堆垛机或平置库。共 13 盒核桃花生奶复合蛋白饮料,规格为 10 盒/箱,还须从拣货仓拣货。例如,整件存储区出 10 盒、摘取式电子标签库出 3 盒。

实训内容及步骤依次如下。

(1) 在系统主界面依次选择【存储】【客户订单新增】选项，进行客户订单新增。

打开主菜单下的客户订单新增界面，选择客户，并在表身录入数据，最后单击【保存表身】按钮，如图 3.86 所示。

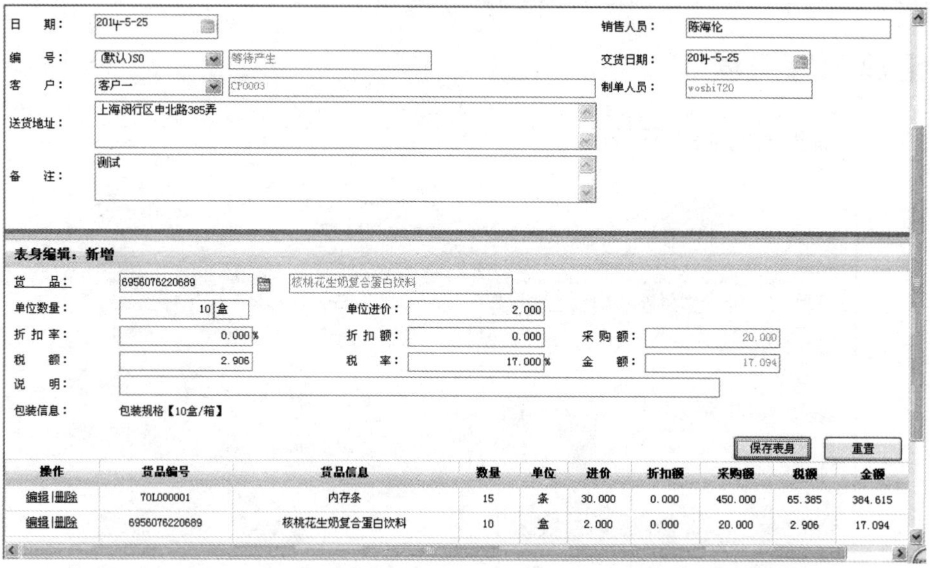

(1)

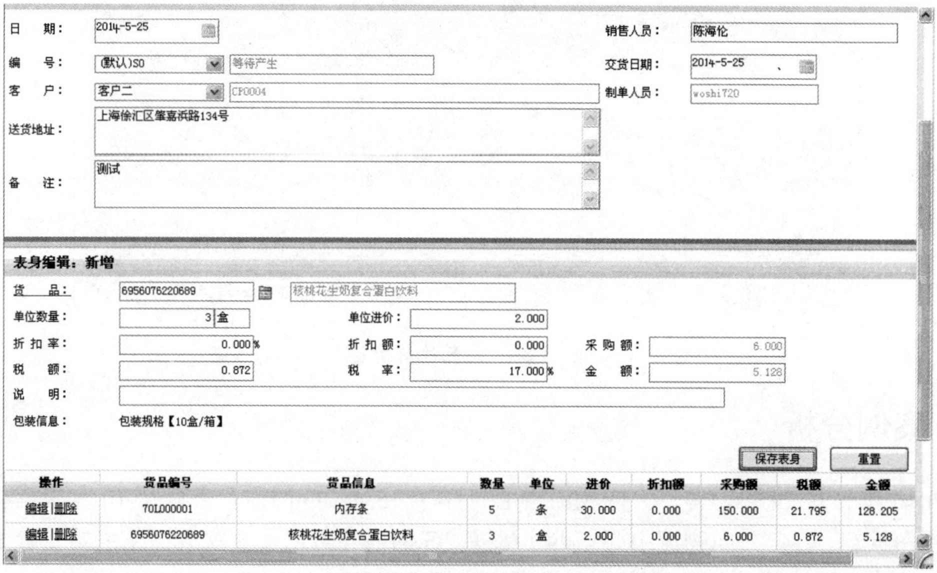

(2)

图 3.86　客户订单新增界面

(2) 在系统主界面依次选择【存储】【客户订单列表】选项，进行客户订单提交。

通过客户订单新增界面的【查询】按钮或主菜单下的【客户订单列表】按钮均可进入客户订单列表界面，选择订单并单击【提交订单】按钮，如图 3.87 所示。

第三章 储配之窗实训指导

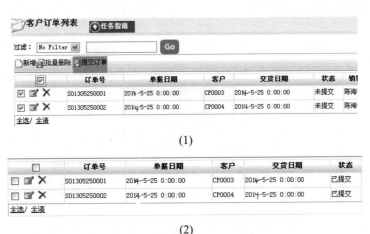

(1)

(2)

图 3.87 客户订单提交界面

(3) 在系统主界面依次选择【存储】【客户订单受理看板】选项,进入受理客户订单界面。在订单右侧单击【受理】按钮,然后单击【出库】按钮。如图 3.88 所示。

(1)

(2)

图 3.88 【客户订单受理看板】界面

(4) 在系统主界面依次选择【存储】【汇总出库】选项,进入汇总订单界面。

进入汇总出库界面,选择待播种的库房,单击【生成汇总单】按钮,界面会出现已汇总的单据。如图 3.89 所示。

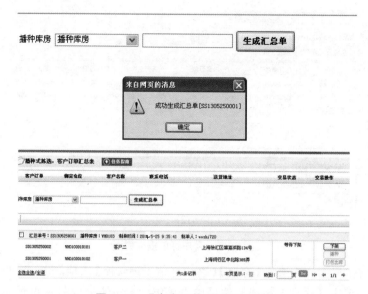

图 3.89 【客户订单汇总表】界面

(5) 在系统主界面依次选择【存储】【汇总出库】选项,进行汇总单下架。

在汇总单右侧单击【下架】按钮,系统将自动生成一份出库单,在提示框上单击【确定】按钮后,跳转到出库单列表界面,如图 3.90 所示。

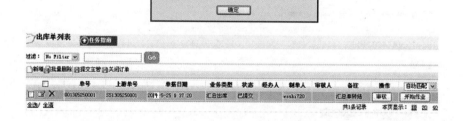

图 3.90 汇总出库单生成界面

(6) 在系统主界面依次选择【存储】【出库单列表】选项,生成出库作业单。

单击单据右侧的【审核】按钮,审核通过后,单击【开始作业】按钮,系统根据出库单内容生成一份或多份出库作业单。出库单的状态变为"开始作业",如图 3.91 所示。

图 3.91 出库作业单生成界面

打开出库作业单列表界面,单击【开始执行】按钮,如图 3.92 所示。

图 3.92 出库作业单执行界面

此处有 3 条出库下架任务,分别为平面库、摘取库房、全自动立体库,其中平面库以及摘取库房需要 PDA 作业,全自动立体库需要堆垛机作业。

(7) 单击 PDA 主界面的【出库下架】按钮,进行平面库出库下架。

在 PDA 主界面单击【出库下架】按钮,然后选择平面库出库作业单,根据作业单提示,扫描指定出库仓位,并单击【完成】按钮。全部任务执行完毕后单击【返回】按钮,如图 3.93 所示。

(1)　　　　　　　　　　　　(2)

图 3.93 平面库出库下架界面

(3)　　　　　　　　　　　　　　　(4)

图 3.93　平面库出库下架界面(续)

需要注意的是,此处的出库类型为【散件出库】,说明该仓位没有全部出库。

(8) 单击 PDA 主界面的【拣选】按钮,进行电子标签拣选。

单击【拣选】按钮,进入电子标签拣选界面,选择单号,下方将出现任务信息,单击【开始拣选】按钮,电子标签将自动点亮,根据标签提示进行拣选,完毕后单击【执行完毕】按钮,如图 3.94 所示。

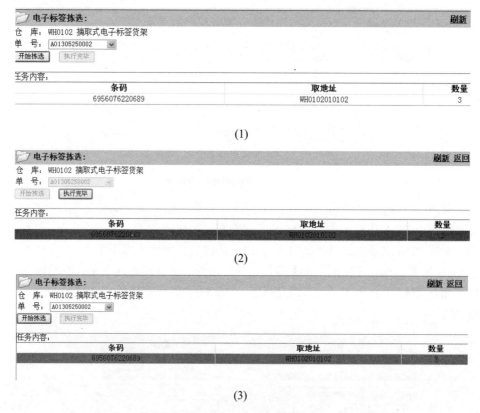

(1)

(2)

(3)

图 3.94　【电子标签拣选】界面

(9) 堆垛机作业。

开启堆垛机以及配套组态软件,堆垛机将自动执行相应的任务,在储配之窗上无须额外操作。

(10) 在系统主界面依次选择【存储】【出库检验单列表】选项,进行出库检验。

需要注意的是,该系统的每一次出库作业结束都有出库检验的流程。出库检验的步骤

第三章 储配之窗实训指导

和入库检验类似。

在出库检验单列表可以看到待检验内容，单击单据右侧的【开始执行】按钮，如图 3.95 所示。实际数量以及异常原因两列会出现文本框，这时可以选择在此直接输入内容并单击【验收完毕】按钮，如图 3.96 所示；也可以选择使用 PDA 手持设备进行验收。

PDA 手持设备的储配之窗主界面如图 3.97 所示。

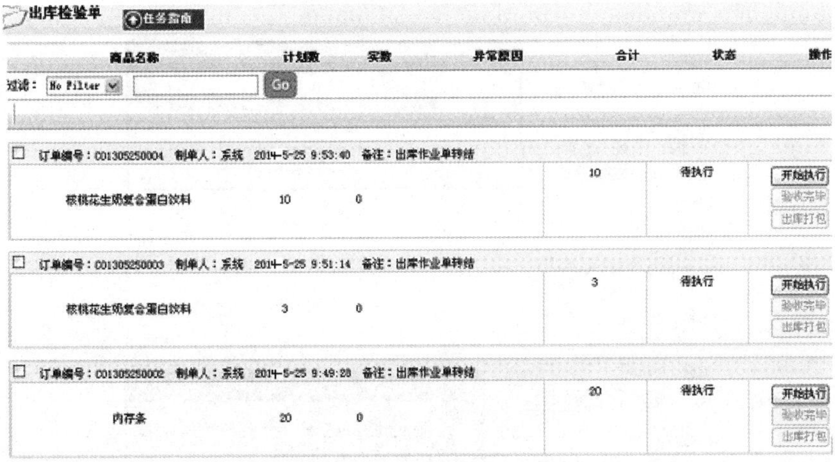

图 3.95　出库检验界面(1)

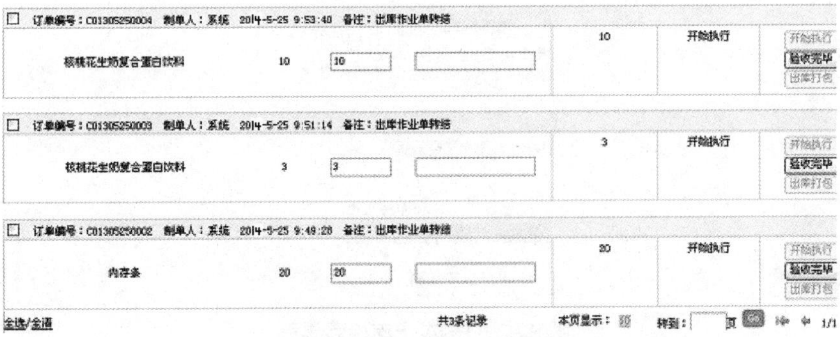

图 3.96　出库检验界面(2)

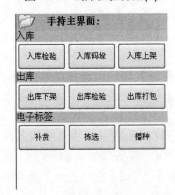

图 3.97　PDA 手持设备的储配之窗主界面

单击【出库检验】按钮，进入 PDA 出库检验界面，并选择单号。界面下方列表会显示所有待检验内容，未检验任务行为白色，检验完毕的任务行会变成灰色，正在执行的任务行为绿色，其他 PDA 界面也是如此。当下方所有任务行都变为灰色时，单击【检验完毕】按钮。最后单击右上角的【返回】按钮，即返回 PDA 主界面，如图 3.98 所示。

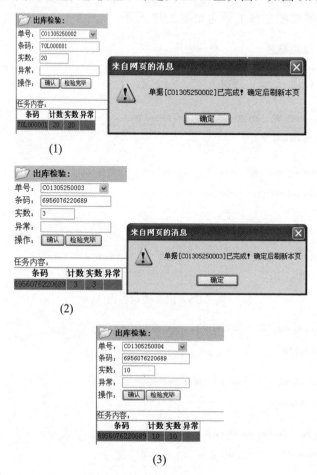

图 3.98　PDA 出库检验界面

(11) 在系统主界面依次选择【存储】【汇总出库】选项，生成播种作业单。

在汇总单右侧单击【播种】按钮，系统自动生成播种作业单，单击【确定】按钮后跳转到播种作业单列表界面。单击【开始执行】按钮，在弹出的对话框单击【确定】按钮，然后在返回的页面中单击【执行完毕】按钮。如图 3.99 所示。

(12) 单击 PDA 主界面的【播种】按钮，进行播种作业。

单击 PDA 主界面的【播种】按钮，进入电子标签播种界面，并选择播种单号。界面下方出现所有待播种的任务信息。扫描或输入一种货品编号，并单击【开始播种】按钮，电子标签自动点亮需要该货品的仓位以及数量。将货物放入相应仓位后，拍下电子标签的完成键，在此界面单击【刷新】按钮，任务状态被刷新，如图 3.100 所示。

(13) 在系统主界面依次选择【存储】【汇总出库】选项，进行汇总打包出库。

进入汇总出库界面，单击【打包出库】按钮，系统自动跳转到出库检验单界面，如图 3.101 所示。

第三章　储配之窗实训指导

(1)

(2)

(3)

图 3.99　【播种作业单列表】界面

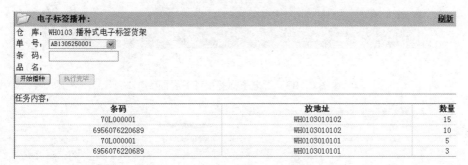

(1)

图 3.100　【电子标签播种】界面

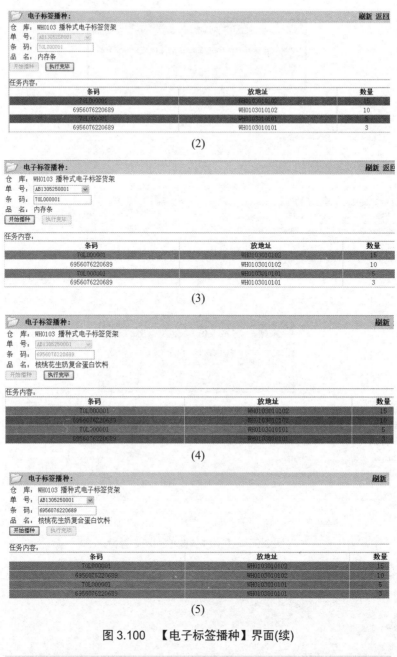

(2)

(3)

(4)

(5)

图 3.100 【电子标签播种】界面(续)

图 3.101 汇总打包出库完成界面

(14) 在系统主界面依次选择【存储】【出库检验单】选项，进行出库检验。

需要注意的是，该系统的每一次出库作业结束都有出库检验的流程。出库检验的步骤和入库检验类似。

在出库检验单列表可以看到待检验内容，单击单据右侧的【开始执行】按钮，如图 3.102 所示。实际数量以及异常原因两列会出现文本框，这时可以选择在此直接输入内容并单击【验收完毕】按钮，如图 3.103 所示；也可以选择使用 PDA 手持设备进行验收。

图 3.102 【出库检验单】界面(1)

图 3.103 【出库检验单】界面(2)

PDA 手持设备的储配之窗主界面如图 3.104 所示。

图 3.104 PDA 手持设备的储配之窗主界面

单击【出库检验】按钮进入 PDA 出库检验界面，并选择单号。界面下方列表会显示所有待检验内容，未检验任务行为白色，检验完毕的任务行会变成灰色，正在执行的任务行为绿色，其他 PDA 界面也是如此。当下方所有任务行都变为灰色时，单击【检验完毕】按钮，最后单击右上角的【返回】按钮，即返回 PDA 主界面。如图 3.105 所示。

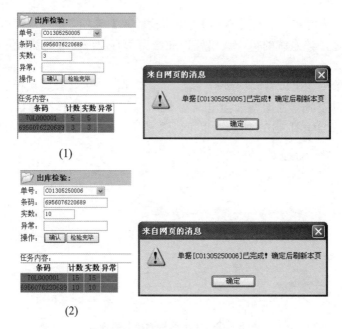

图 3.105 PDA 出库检验界面

(15) 在系统主界面依次选择【存储】【出库检验单列表】选项，进行出库打包。

在出库检验单列表界面的单据右侧单击【出库打包】按钮，系统自动弹出一个对话框，输入包装数量即可，下方灰色的记录是出库检验的任务信息，仅供打包参考。每打包完毕一次，即关闭此窗口，如图 3.106 所示。

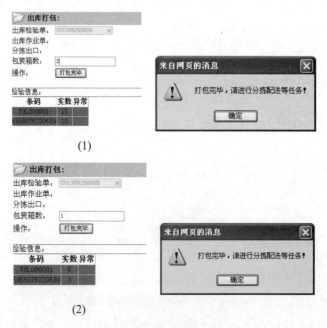

图 3.106 出库打包完成界面

(16) 在系统主界面依次单击【销售】【客户订单受理看板】选项，生成送货单并配送。

打开客户订单受理看板界面，单击单据右侧的【配送】按钮，系统自动生成一份送货单。单击【确定】按钮，系统跳转到送货单列表界面。单击送货单列表右侧的【执行送货】按钮，如图 3.107 所示。

(1)

(2)

(3)

图 3.107　生成送货单及配送界面

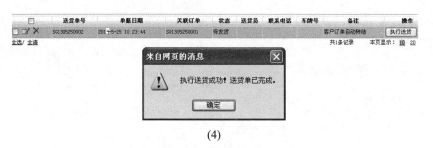

(4)

图 3.107　生成送货单及配送界面(续)

(17) 在系统主界面依次选择【销售】【客户订单列表】选项，进行客户确认收货。打开客户订单列表界面，单击【确认收货】按钮，如图 3.108 所示。

图 3.108　客户确认收货界面

第八节　仓　库　盘　点

一、关键设备

仓库盘点的关键设备如图 3.109 所示。

图 3.109　仓库盘点的关键设备

二、设备准备

货架、安装储配之窗系统的服务器以及启动 IIS 服务、安装 IE8 浏览器的计算机、打印机、RF 手持扫描器、条码打印机等。

三、实验目的

掌握盘点理论、盘点流程、盘盈盘亏数据分析、仓库的数据调整。

四、实训背景

盘点立体仓库，实训内容及步骤依次如下。

(1) 在系统主界面依次选择【存储】【盘点单新增】选项，进入新增盘点单界面。

盘点单分为两部分，一是表头部分，二是表身部分，其中表身部分无须录入，由系统自动生成。进入盘点单新增界面，选择业务类型以及存储区，单击【保存】按钮，系统自动生成表身部分。如图 3.110 所示。

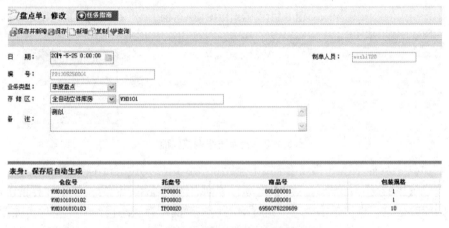

图 3.110　盘点单新增界面

(2) 在系统主界面依次选择【存储】【盘点单新增】选项，打印盘点单并作业。

单击浏览器的打印功能，将此界面进行打印，并交与盘点作业人员，由其进行盘点作业，并将数据抄写在打印的盘点单上。

(3) 在系统主界面依次选择【存储】【盘点单列表】选项，录入盘点数据。

进入盘点单列表界面，单击【开始盘点】按钮，盘点数量变为可输入的文本框，盘点数量默认为现有数量。请根据最新盘点结果进行录入，录入完毕后单击【盘点完毕】按钮，在弹出的对话框单击【确定】按钮。如图 3.111 所示。

(4) 在系统主界面依次选择【存储】【盘点单列表】选项，进行仓库数据调整。

如果需要调整库存，单击【调整库存】按钮；如果需要重新盘点，单击【放弃调整】按钮。单击【调整库存】按钮会弹出一个对话框，列表显示待调整的库存信息。单击该窗口的【确认调整库存】按钮，库存将发生变化，关闭此窗口，如图 3.112 所示。

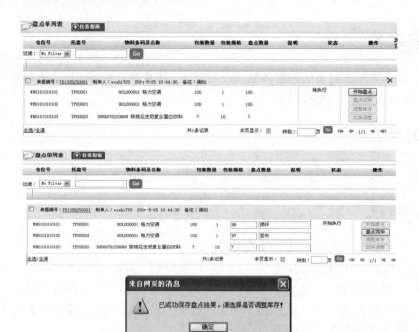

图 3.111　盘点数据录入界面

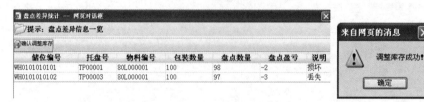

图 3.112　仓库数据调整界面

(5) 在系统主界面依次选择【存储】【仓库管理】选项,进行库存查询。

选择【物流中心-全自动立体库房】选项,界面右侧将以图形的方式显示库存情况,具体某一仓位的库存信息可直接单击查看,可以看到调整后的库存状态已经发生变化,如图 3.113 所示。

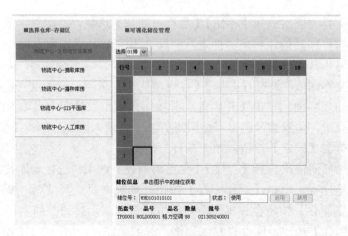

图 3.113　库存查询界面

第九节　DPR 配送需求计划

一、设备准备

货架、安装储配之窗系统的服务器以及启动 IIS 服务、安装 IE8 浏览器的计算机。

二、实训目的

掌握 DRP 理论、DRP 计算方法、DRP 软件操作。

三、实训背景

配送需求计划(Distribution Requirement Planning，DRP)，是一种既保证有效地满足市场需要，又使得物流资源配置费用最少的计划方法，是 MRP(物资需求计划)原理与方法在物品配送中的运用。它是流通领域中的一种物流技术，是 MRP 在流通领域应用的直接结果。DRP 主要解决分销物资的供应计划和调度问题，达到保证有效地满足市场需要又使得配置费用最省的目的，如图 3.114 所示。

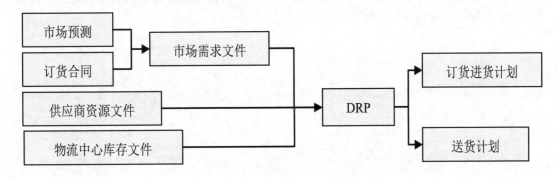

图 3.114　配送需求计划流程

1. 输入参数：3 个文件

(1) 市场需求文件。市场需求文件是指所有的客户订货单、提货单或供货合同，也包括下属各子公司、各地区物流中心的订货单。将这些按品种、需求日期进行统计构成一个文件，制定出市场需求文件。如果市场需求没有这些预先的订货单、供货合同等，那么市场需求量就需要靠预测来确定。市场需求文件是进行 DRP 处理的依据，是 DRP 处理最重要的文件，没有这一文件就不可能进行 DRP 处理。

(2) 库存文件。库存文件是物流中心仓库里所有库存物品量的列表。物流中心需要根据库存文件确定什么物品可以从仓库里提货送货、送多少，什么物品需要订货进货。仓库里有的物品可以提货送货，但是送货的量不能超过现有的库存量；仓库里没有的，可以订货，但是订货量不要超过仓库里对该物品的容量。所以，这部分值应根据运筹学存储论的有关知识来确定采购批量、安全库存量等参数。

(3) 供应商资源文件。供应商资源文件是物资供应商的可供资源文件,包括可供物品品种,也包括供应商地理位置等情况用于 DRP 制订订货计划。

2. 输出参数:2 个计划

(1) 送货计划。对于客户需求的物品,如果仓库里有,则从仓库直接提货送货。由于仓库与客户、下属子公司、子物流中心(统称需求者)有一定距离,所以提货送货需要确定一个提前时间,才可以保证货物能按需求时间及时送达。送货分直送和配送。对于大批量需求的需求者实行直送;对于小批量的需求者实行配送。所谓配送,是对成片小批量用户的依次循环送货,配送方式在保证客户需求的同时,也应减少车次、节省费用。

(2) 订货进货计划。对于客户需求的物品,如仓库没有库存量,则需要供应商订货进货。因为订货进货也需要花时间,所以也应设定订货提前期。要根据具体的供应商来设定提前期,这由供应商资源文件提供。

四、实训内容及步骤

(1) 依次选择【系统】【DRP 新增】选项,新增 DRP 需求计划。

打开 DRP 新增界面,可以看到 DRP 计划分为表头和表身两个部分,必须先录入表头部分,蓝色字段必须输入。选择供应商、货品编号,其中现有库存、安全库存、采购批量、货品单价等信息由系统自动获取,这时可以对其进行修改以保证计划的合理性,然后单击【下一步】按钮,如图 3.115 所示。

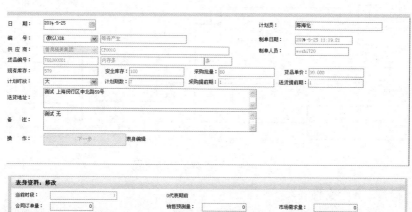
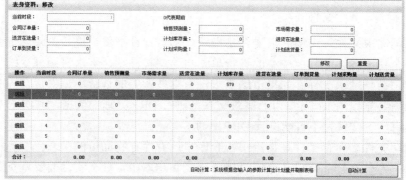

图 3.115 DRP 计划新增示意

(2) 依次选择【系统】【DRP 新增】选项,录入 DRP 表身,如图 3.116 所示。

操作	当前时段	合同订单量	销售预测量	市场需求量	送货在途量	计划库存量	进货在途量	订单到货量	计划采购量	计划送货量
编辑	0	0	0	0	0	579	0	0	0	0
编辑	1	120	130	0	0	0	0	0	0	0
编辑	2	79	56	0	0	0	0	0	0	0
编辑	3	45	98	0	0	0	0	0	0	0
编辑	4	123	33	0	0	0	0	0	0	0
编辑	5	67	7	0	0	0	0	0	0	0
编辑	6	123	32	0	0	0	0	0	0	0
合计:		557.00	356.00	0.00	0.00		0.00	0.00	0.00	0.00

图 3.116　DRP 录入示意

DRP 录入结果如图 3.117 所示。

操作	当前时段	合同订单量	销售预测量	市场需求量	送货在途量	计划库存量	进货在途量	订单到货量	计划采购量	计划送货量
编辑	0	0	0	0	0	579	0	0	0	0
编辑	1	120	130	130	0	449	0	0	0	79
编辑	2	79	56	79	0	370	0	0	0	98
编辑	3	45	98	98	0	272	0	0	0	123
编辑	4	123	33	123	0	149	0	0	60	67
编辑	5	67	7	67	0	142	0	60	120	123
编辑	6	123	32	123	0	139	0	120	0	0
合计:		557.00	356.00	620.00	0.00		0.00	180.00	180.00	490.00

自动计算：系统根据您输入的参数计算出计划量并刷新表格　　　[自动计算]

图 3.117　DRP 录入结果

0 时段代表计划期前，默认从 1 时段开始录入，可以自动计算结果并录入全部参数，也可以只录入合同订单量以及销售预测量两个参数，全部录入完毕后单击【自动计算】按钮，由系统给出计划结果。操作方法：单击表格某一行，进行编辑状态，在表格上方的文本框内录入数据，然后单击【修改】按钮，将数据保存到表格中。

计算方法如下。

① 市场需求量等于合同订单量及销售预测量中较大的一个数值，这样可以确保在那个时段不会低于安全库存。

② 送货在途量代表计划期前已经安排送货，将在与"送货提前期"同样长的时段后抵达客户手中的货品数量。

③ 送货在途量代表计划期前已经安排采购，将在与"采购提前期"同样长的时段后抵达物流中心的货品数量。

④ 计划库存量=上一时段的计划库存量-当前时段的市场需求量-当前时段的进货在途量-当前时段的送货在途量+当前时段的订单到货量。

⑤ 如果当前时段的计划库存低于安全库存，需要提前与"采购提前期"同样长的时段进行采购，采购数量必须是采购批量的整数倍。

⑥ 计划送货量等于后"送货提前期"这么长时段的市场需求量。

(3) 依次选择【系统】【DRP 新增】选项，保存 DRP 需求计划。

单击界面上方的【保存】按钮，如图 3.118 所示。保存成功后可单击【查询】按钮，对 DRP 需求计划进行列表查询，如图 3.119 所示。

(4) 依次选择【系统】【DRP 新增】选项，分析 DRP 需求计划结果，如图 3.120 所示。

如果是手动计算的参数，也可以新增一份 DRP 需求计划进行自动计算，对比两者之间的差异，查看是否有错误，并改正。

图 3.118　DRP 需求计划保存示意

图 3.119　DRP 需求计划查询界面

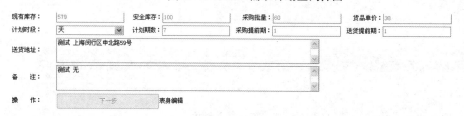

图 3.120　DRP 需求计划分析界面

思 考 题

1. SID 入库流程包括哪些？
2. 储配之窗系统软件中"基本数据的查询"操作的目的是什么？
3. 简述 DRP 配送需求计划理论的内涵。

第四章 实时供应链系统

当企业的物流业务发展到一定规模之后,随着订单数量的增加,客户需求不断呈现个性化,运输线路不断呈现多样化,执行效率就成为物流发展的关键点,单纯依靠人力资源的增加已不能提升出入库执行的速度,反而带来成本的大幅度上升与差错频频,对此根本的解决之道是改造现有业务与流程,通过科学的分析、规划、设计,根据不同企业各自的物流特点设计出合理的仓储、布局及配送方案,实时供应链系统就可以提供很好的解决方案。

第一节 基 础 资 料

一、仓库资料

(1) 功能说明:列出物流公司仓库的详细信息,如库房代号、库房名称、货架类型、库房管理员、货主。

(2) 用途:记录仓库的信息。

(3) 【仓库资料】界面如图 4.1 所示。

图 4.1 【仓库资料】界面

二、仓管资料

(1) 功能说明:记录物流公司仓库的管理人员信息,如仓管代号、名称、经办人。

(2) 用途:用于记录仓库管理人员相关信息。

(3) 【仓管资料】界面如图 4.2 所示。

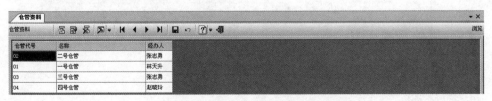

图 4.2 【仓管资料】界面

三、制造商资料

(1) 功能说明：列出物流公司所有制造商的详细信息，如制造商代号、制造商名称、法人代表、联系人、联系电话、公司地址。

(2) 用途：用于记录物流公司的制造商信息。

(3) 【制造商资料】界面如图 4.3 所示。

图 4.3　【制造商资料】界面

四、客户资料

(1) 功能说明：列出物流公司所有客户的详细信息，如客户代号、客户名称、法人代表、联系人、联系电话和公司地址。

(2) 用途：用于记录物流公司的客户信息。

(3) 【客户资料】界面如图 4.4 所示。

图 4.4　【客户资料】界面

五、供应商资料

(1) 功能说明：列出物流公司所有供应商的详细信息，如供应商代号、供应商名称、法人代表、联系人、联系电话、公司地址。

(2) 用途：用于记录物流公司的供应商信息。

(3) 【供应商资料】界面如图 4.5 所示。

图 4.5　【供应商资料】界面

六、货架资料

(1) 功能说明：列出物流公司仓库的货架信息，如货架分类、货架名称。

(2) 用途：用于记录物流公司仓库的货架信息。

(3)【货架资料】界面如图 4.6 所示。

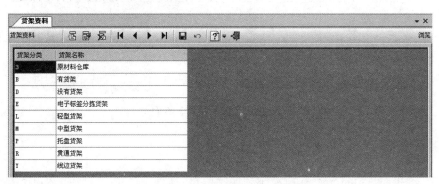

图 4.6 【货架资料】界面

七、托盘资料

(1) 功能说明：列出仓库的托盘信息，如托盘编码、托盘名称、物料编码、数量、储位编码。

(2) 用途：用于记录托盘的详细信息。

(3)【托盘资料】界面如图 4.7 所示。

图 4.7 【托盘资料】界面

八、车辆类型

(1) 功能说明：记录车辆的类型信息，如车辆类型、说明、吨位、座位、车厢容积。

(2) 用途：用于记录车辆的类型信息。

(3)【车辆类型】界面如图 4.8 所示。

图 4.8 【车辆类型】界面

九、车辆信息

(1) 功能说明：记录物流公司车辆的详细信息，如车牌号码、司机、GPRS 号码、发动机号等。

(2) 用途：用于记录物流公司车辆的详细信息。

(3) 【车辆信息】界面如图 4.9 所示。

图 4.9 【车辆信息】界面

十、料品分类

(1) 功能说明：记录料品的分类信息，如物料类别、类别名称。

(2) 用途：用于设置并记录以区别料品分类的信息。

(3) 【料品分类】界面如图 4.10 所示。

图 4.10 【料品分类】界面

十一、料品资料

(1) 功能说明：记录料品的详细信息，如料品分类、物料编码、物料名称、规格、单位等。

(2) 用途：用于记录料品的详细信息。

(3) 【料品资料】界面如图 4.11 所示。

料品资料
料品资料　浏览

料品分类	物料编码	物料名称	规　格	单位	物料科目	安全存量	单箱重量	平均进仓次	平均出仓次	储位ABC值	COI值
电器件	000001	灯光追逐器	4X4	个	成品	100.0000	10	10.00	10.00	1	
牛皮	101203	橡皮脚		个	原材料	100.0000	100	27.00	27.00	9	
其他	103252	支撑脚		个	半成品	100.0000	14	14.00	14.00	6	
电器件	112501	机盖	R05	个	半成品	100.0000	11	11.00	11.00	2	
电器件	112602	机盒	1.1	个	半成品	100.0000	12	12.00	12.00	3	
其他	200101	螺杆（Φ3×12	3X12	个	原材料	100.0000	100	29.00	29.00	9	
其他	200201	垫片（Φ3）		个	原材料	100.0000	100	28.00	28.00	6	
其他	200301	螺帽（Φ3）		个	原材料	100.0000	100	26.00	26.00	8	
电器件	202201	封盖螺丝（Φ4×20）		个	半成品	100.0000	23	11.00	12.00	6	
其他	203205	固定件		个	半成品	100.0000	15	15.00	15.00	7	
其他	203424	紧固螺帽		个	原材料	100.0000	100	21.00	21.00	3	
其他	600101	发光二极管		个	原材料	100.0000	100	24.00	24.00	6	
其他	601203	外罩		个	原材料	100.0000	100	25.00	7.00	7	
其他	602104	按钮		个	半成品	100.0000	12	12.00	12.00	7	
电器件	602201	转换开关	K	个	半成品	100.0000	9	9.00	9.00	9	

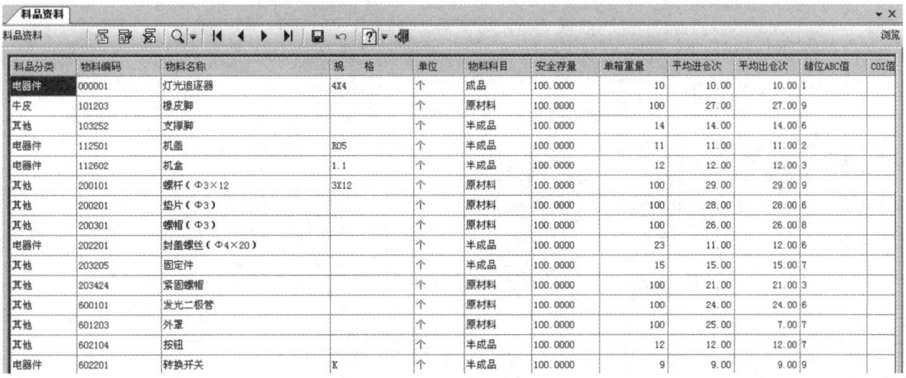

图 4.11　【料品资料】界面

第二节　入库操作流程

一、制造商委托物流中心入库

(1) 实时供应链界面如图 4.12 所示。

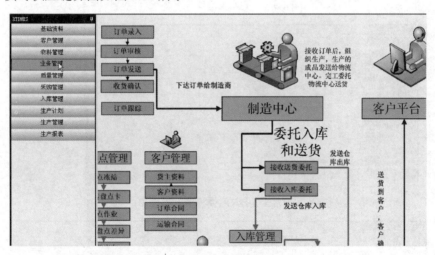

图 4.12　实时供应链界面(1)

(2) 单击【业务管理】按钮，如图 4.12 所示。

(3) 单击【入库委托单】按钮，如图 4.13 所示。进入【入库委托单】界面，如图 4.14 所示。

(4) 单击【整张新增】按钮，如图 4.15 所示。

(5) 单击【整张新增】按钮后，设置制造商信息，单击【存档】按钮，如图 4.16 所示。

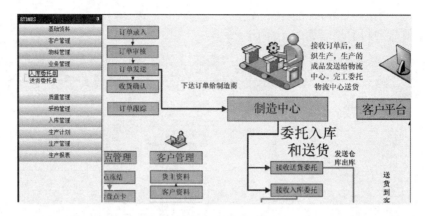

图 4.13 实时供应链界面(2)

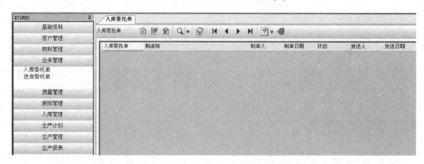

图 4.14 【入库委托单】界面(1)

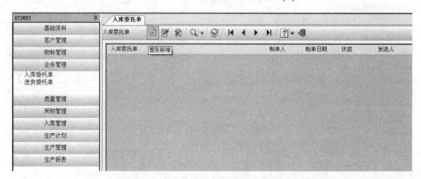

图 4.15 【入库委托单】界面(2)

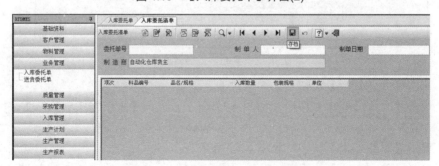

图 4.16 【入库委托清单】界面(1)

(6) 单击【表身新增】按钮,如图 4.17 所示。

图 4.17 【入库委托清单】界面(2)

(7) 设置料品编号、入库数量、包装规格等信息,单击【存档】按钮,然后单击【关闭按钮】,如图 4.18 所示。

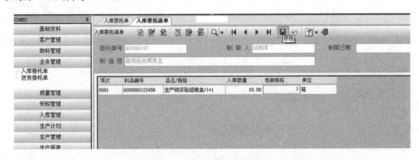

图 4.18 【入库委托清单】界面(3)

(8) 返回【入库委托单】界面,单击【首笔】按钮,如图 4.19 所示。

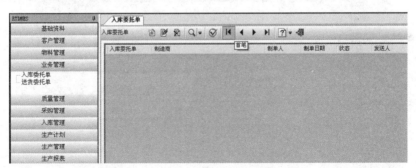

图 4.19 【入库委托单】界面(3)

(9) 选择相应的入库委托单,单击【确认】按钮,如图 4.20 所示。

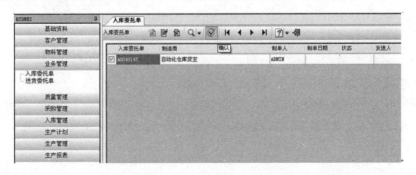

图 4.20 【入库委托单】界面(4)

(10) 单击【确定】按钮后，入库委托单处理完毕，如图 4.21 所示。

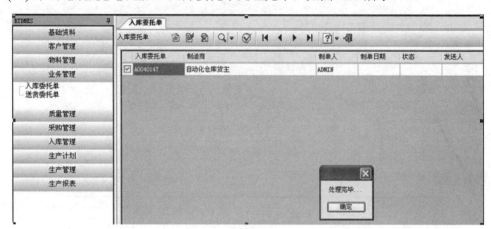

图 4.21　入库委托单处理完毕界面

二、物流中心接收入库委托

(1) 进入物流中心程序界面，单击【物流中心】按钮，如图 4.22 所示。

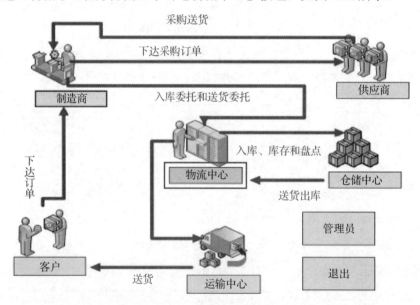

图 4.22　物流中心程序界面

(2) 单击【业务管理】按钮，如图 4.23 所示。
(3) 单击【入库委托单处理】按钮，如图 4.24 所示。
(4) 选择相应的入库委托单(双击，查看详细信息)，单击【确认】按钮，如图 4.25 所示。
(5) 单击【确定】按钮，接收入库委托单处理完毕，如图 4.26 所示。

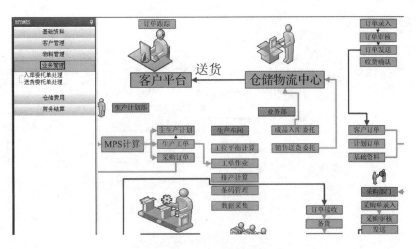

图 4.23 【业务管理】界面

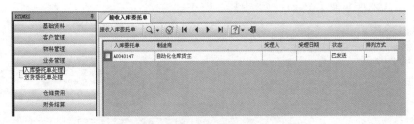

图 4.24 【接收入库委托单】界面(1)

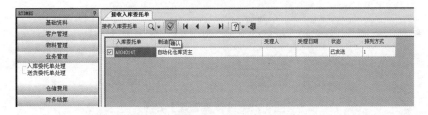

图 4.25 【接收入库委托单】界面(2)

图 4.26 接收入库委托单处理完毕界面

三、仓储中心进行入库作业

(1) 仓储中心程序界面如图 4.27 所示。

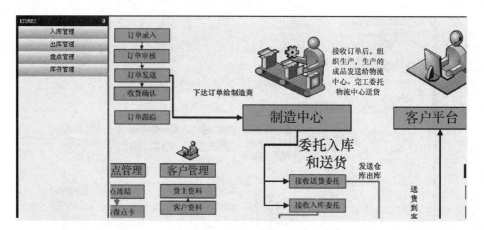

图 4.27　仓储中心程序界面

(2) 单击【入库管理】按钮，如图 4.28 所示。

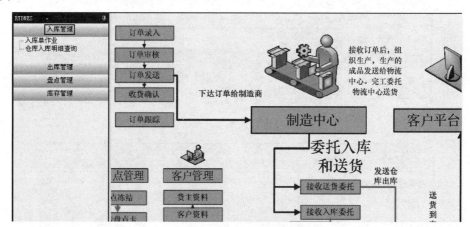

图 4.28　【入库管理】界面

(3) 单击【入库单作业】按钮，如图 4.29 所示。

图 4.29　【入库单作业】界面

(4) 单击【表身新增】按钮，如图 4.30 所示。
(5) 单击【整张新增】按钮，如图 4.31 所示。
(6) 设置"入库委托单号"信息，单击【存档】按钮，如图 4.32 所示。
(7) 存档完毕，显示入库信息，如图 4.33 所示。
(8) 选择【打印标签】选项，如图 4.34 所示。

图 4.30 【入库单管理】界面

图 4.31 【入库指令清单】界面(1)

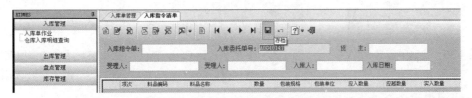

图 4.32 【入库指令清单】界面(2)

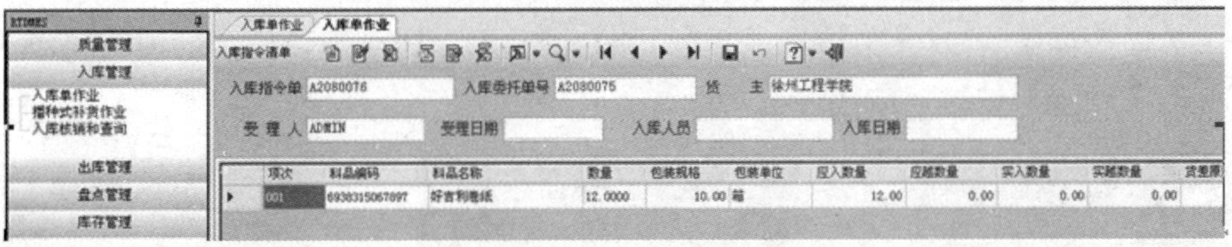

图 4.33 【入库单作业】界面

图 4.34 【入库指令清单】界面(3)

(9) 打印生成入库单，如图 4.35 所示。

图 4.35 入库单打印

(10) 操作人员持入库单和手持 PDA 到现场进行入库操作。

(11) 在 PDA 上，输入用户名、密码，单击【登录】按钮，如图 4.36 所示。

(12) 单击【入库作业】按钮，如图 4.37 所示。

(13) 扫描入库单号(或者人工填写入库单号+Enter 键)，如图 4.38 所示。

图 4.36 实时供应链 PDA 界面(1)　　图 4.37 实时供应链 PDA 界面(2)　　图 4.38 【收货码垛信息绑定】界面(1)

(14) 输入运输单号、车牌号和送货员信息，如图 4.39 所示。

(15) 单击【确定】按钮，进入码垛界面，如图 4.40 所示。

(16) 扫描托盘条码(或人工填写托盘条码+Enter 键)，托盘确认后，扫描物料条码，修改数量，单击【确定】按钮，如图 4.41 所示。

图 4.39 【收货码垛信息绑定】界面(2)　　图 4.40 【码垛界面】(1)　　图 4.41 【码垛界面】(2)

(17) 返回入库主界面，单击【入库上架】按钮，如图 4.42 所示。

(18) 选择入库仓库及库位算法，如果是【手工选择方法】，扫描托盘条码(或人工填写托盘条码+Enter 键)，扫描库位条码(或者人工填写库位条码+Enter 键)，如图 4.43 和图 4.44 所示。

需要注意的是，在货物没有实际入库之前，不要单击【完成】按钮，如单击则代表实际入库完成。

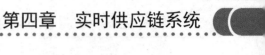

图 4.42 【收货码垛信息绑定】　　图 4.43 【库位计算】界面(1)　　图 4.44 【库位计算】界面(2)
界面(3)

(19) 将对应托盘用叉车或者液压车推到入库门禁处,进行入库校验,如图 4.45 和图 4.46 所示。

图 4.45 【入库门禁】
快捷方式

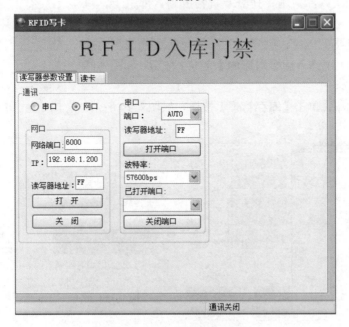

图 4.46　RFID 入库门禁界面(1)

(20) 单击【打开】按钮,进入 RFID 入库门禁系统界面,如图 4.47 所示。

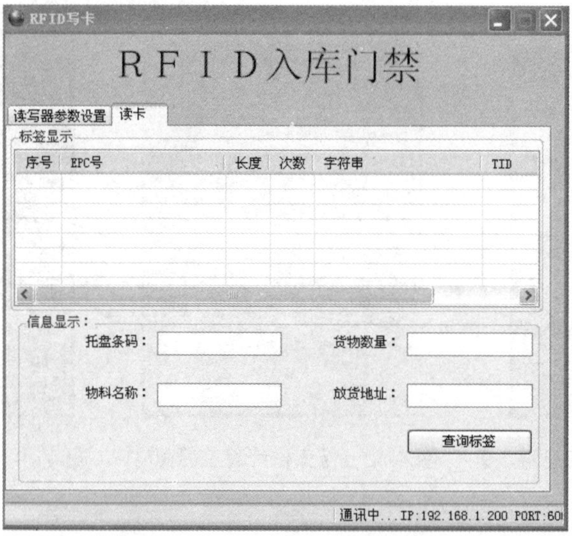

图4.47　RFID入库门禁界面(2)

单击【查询标签】按钮,开始入库校验,扫描托盘条码,如果是入库的托盘,在入库门禁的 LED 显示屏上将显示"货物入库校验成功"和实际入库地址等信息;如果是不被允许入库的托盘,则提示"入库校验不成功"等信息。

校验成功后,根据 LED 显示屏信息的提示,将货物运送到对应位置执行入库。

如使用堆垛机入库,则将托盘及货物放到入库链上,执行入库(见堆垛机出入库操作)。

如使用托盘货架入库,则当用叉车将对应货物放到对应库位后,在手持上单击入库单对应的【完成】按钮,如图4.48所示。

(21) 入库完毕,单击【库存管理】按钮,如图4.49所示。

图4.48　【库位计算】界面(3)

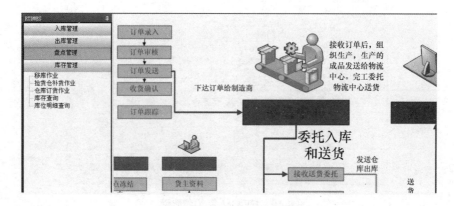

图4.49　【库存管理】界面

(22) 单击【库位明细查询】按钮,进入【库存现况查询】界面,如图4.50所示。

图 4.50 【库存现况查询】界面(1)

(23) 单击【占料库位】按钮，如图 4.51 所示；显示最新一次入库托盘的具体信息，如图 4.52 所示。

图 4.51 【库存现况查询】界面(2)

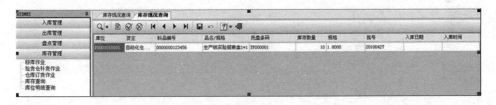

图 4.52 【库存现况查询】界面(3)

第三节　出库操作流程

一、客户中心下单

客户界面如图 4.53 所示。

(1) 依次展开【客户管理】【订单合同】选项，进入【订单合同】界面，如图 4.54 所示。

需要明确的是，请确保有订单合同，如果没有需要新建，然后在订单合同中输入各项内容。

(2) 客户订单录入界面，如图 4.55 所示。

(3) 单击【整张新增】按钮，如图 4.56 所示。

(4) 单击【整张新增】按钮，可显示必填项目(黄色框)，如图 4.57 所示。

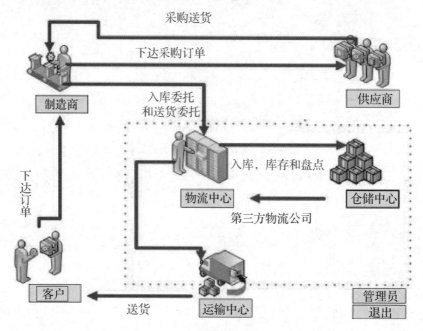

图 4.53　客户界面

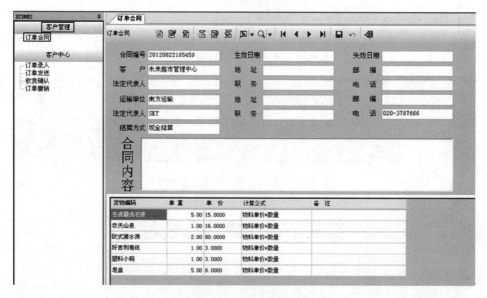

图 4.54　【订单合同】界面

图 4.55　【客户订单】界面(1)

图 4.56 【客户订单】界面(2)

图 4.57 【客户订单】界面(3)

(5) 填写表头信息,黄色框为必填项目。填写完毕,单击【存档】按钮,如图 4.58 所示。

图 4.58 【客户订单】界面(4)

(6) 新增表身,填写自己需要的货物信息。填写完毕,单击【存档】按钮,关闭当前界面,如图 4.59 所示。

图 4.59 【客户订单】界面(5)

(7) 选择订单序号,单击小锤头图标下拉菜单里的【订单转接】按钮,如图 4.60 所示。

图 4.60 【客户订单发送】界面

(8) 进入订单发送选项,选中须发送的订单,单击小锤头图标下拉菜单里的【发送给制造商】按钮。

二、制造商送货委托

(1) 进入制造商主界面，依次展开【生产计划】【订单确认】选项，进入【客户订单确认】界面，选中订单序号，单击小锤头下拉菜单里的【订单确认】按钮，如图4.61所示。

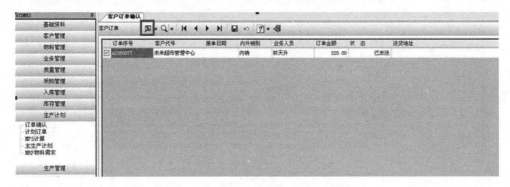

图4.61　【客户订单确认】界面

(2) 单击【业务管理】按钮，进入【业务管理】界面，如图4.62所示。

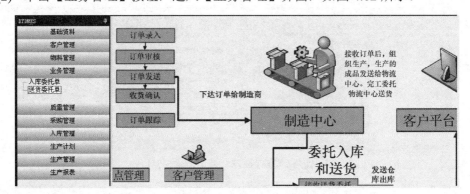

图4.62　【业务管理】界面

(3) 单击【送货委托单】按钮，进入送货委托单界面，如图4.63所示。

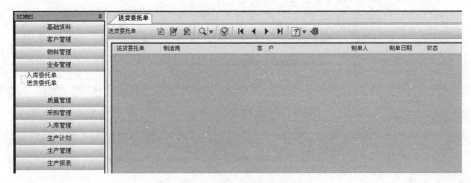

图4.63　【送货委托单】界面(1)

(4) 单击【整张新增】按钮，如图 4.64 所示。

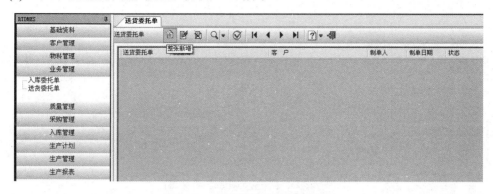

图 4.64　【送货委托单】界面(2)

(5) 再次单击【整张新增】按钮，如图 4.65 所示。

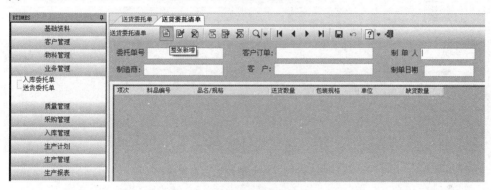

图 4.65　【送货委托清单】界面(1)

(6) 设置客户订单、制造商信息，单击【存档】按钮，然后单击【关闭】按钮，如图 4.66 所示。

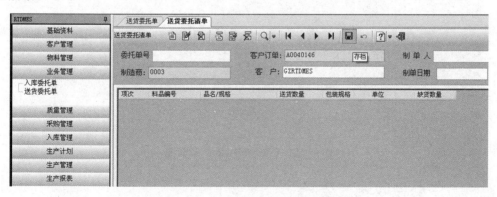

图 4.66　【送货委托清单】界面(2)

(7) 单击【首笔】按钮，如图 4.67 所示。
(8) 选择相应的送货委托单，单击【确认】按钮，如图 4.68 所示。
(9) 单击【确定】按钮，送货委托处理完毕，如图 4.69 所示。

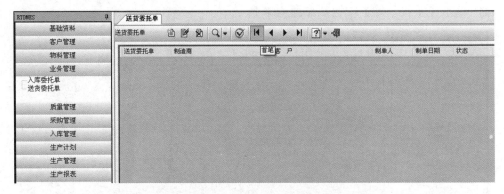

图 4.67 【送货委托单】界面(3)

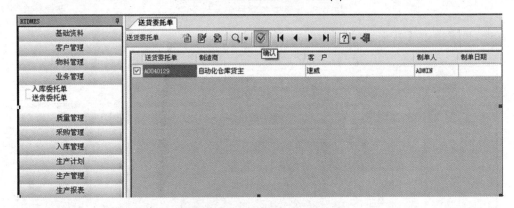

图 4.68 【送货委托单】界面(4)

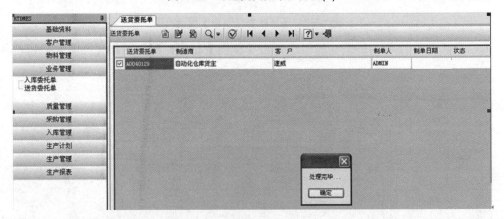

图 4.69 【送货委托单】界面(5)

三、物流中心接收送货委托

(1) 单击【物流中心】按钮，如图 4.70 所示。
(2) 单击【业务管理】按钮，进入业务管理处理界面，如图 4.71 所示。

第四章 实时供应链系统

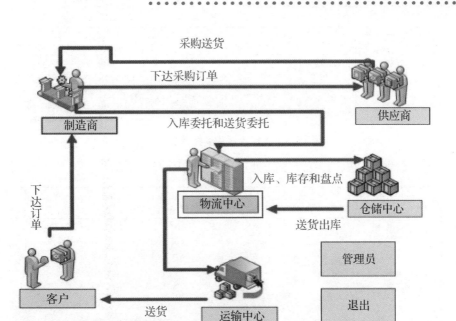

图 4.70 实时供应链界面

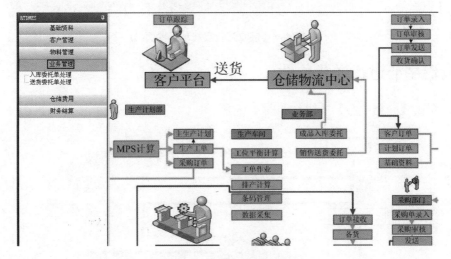

图 4.71 【业务管理】界面

(3) 单击【送货委托单处理】按钮,进入【接收送货委托单】界面,如图 4.72 所示。

图 4.72 【接收送货委托单】界面(1)

(4) 选择相应的入库委托单,单击【确认】按钮,如图 4.73 所示。

图 4.73 【接收送货委托单】界面(2)

(5) 单击【确定】按钮，送货委托处理完毕，如图 4.74 所示。

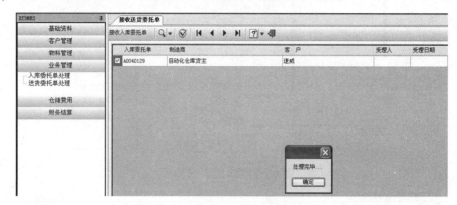

图 4.74 【接收送货委托单】界面(3)

四、仓储中心进行送货作业

(1) 单击【仓储中心】按钮，如图 4.75 所示。

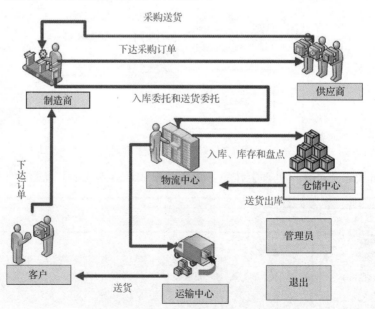

图 4.75 仓储中心界面

(2) 单击【出库管理】按钮，进入【出库管理】界面，如图 4.76 所示。

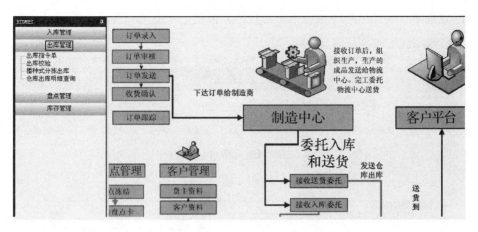

图 4.76 【出库管理】界面

1. 出库指令单的设置

(1) 单击【出库指令单】按钮，如图 4.77 所示。

图 4.77 【出库指令单】界面(1)

(2) 单击【表身新增】按钮，如图 4.78 所示。

图 4.78 【出库指令单】界面(2)

(3) 单击【整张新增】按钮，如图 4.79 所示。

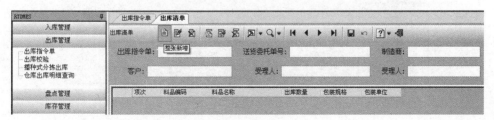

图 4.79 【出库清单】界面(1)

(4) 设置送货委托单号信息,单击【存档】按钮,如图4.80所示。

图4.80 【出库清单】界面(2)

(5) 单击【结转仓库计算】按钮,如图4.81所示。

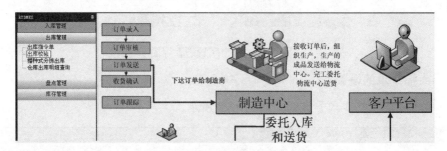

图4.81 【出库清单】界面(3)

(6) 单击【确定】按钮,结转完成,如图4.82所示。

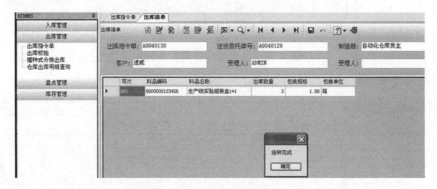

图4.82 出库清单结转完成界面

2. 出库校验的设置

(1) 单击【出库校验】按钮,如图4.83所示。

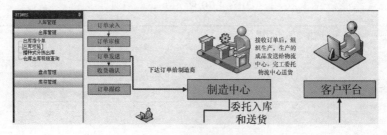

图4.83 【出库校验】界面(1)

(2) 双击相应的出库单号，如图 4.84 所示。

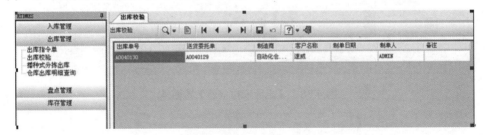

图 4.84 【出库校验】界面(2)

(3) 双击后，显示的详细信息如图 4.85 所示。

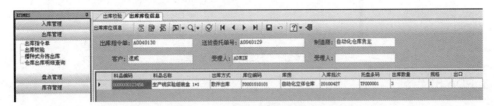

图 4.85 【出库库位信息】界面(1)

(4) 单击【确认】按钮，如图 4.86 所示。

图 4.86 【出库库位信息】界面(2)

(5) 单击【确定】按钮，出库校验完成，如图 4.87 所示。

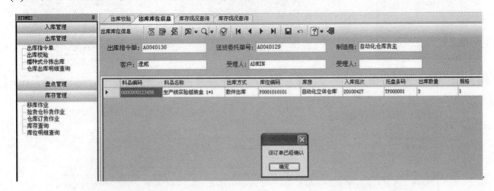

图 4.87 【出库库位信息】界面(3)

(6) 单击【打印标签】按钮，如图 4.88 所示。
(7) 打印生成出库单，如图 4.89 所示。

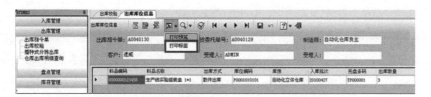

图 4.88 【出库库位信息】界面(4)

图 4.89 打印客户出库单

3. PDA 出库

(1) 操作人员持出库单和 PDA 到现场进行出库操作(立体库堆垛机会自动作业,不需要 PDA)。

(2) 在 PDA 上,输入用户名:ADMIN、密码:admin,单击【登录】按钮,如图 4.90 所示。

(3) 单击【出库作业】按钮,如图 4.91 所示。

(4) 扫描出库单号(或者人工填写出库单号+Enter 键)显示详细信息,如图 4.92 所示。

(5) 扫描库位编码(或者人工填写库位编码+Enter 键),如图 4.93 所示。

(6) 扫描物料编码(或者人工填写物料编码+Enter 键),如图 4.94 所示。

图 4.90 PDA 登录界面   图 4.91 PDA 主界面   图 4.92 【PDA 出库】界面(1)

图 4.93 【PDA 出库】界面(2)   图 4.94 【PDA 出库】界面(3)

第四章 实时供应链系统

4. 库存管理

(1) PDA 出库完毕，在实时供应链系统主界面单击【库存管理】按钮，进入库存管理界面，如图 4.95 所示。

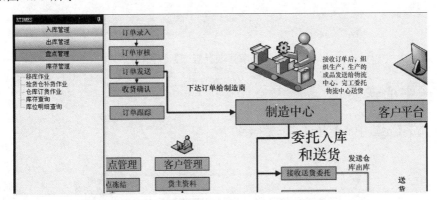

图 4.95 库存管理界面

(2) 单击【库位明细查询】按钮，进入库存现况查询界面，如图 4.96 所示。

图 4.96 【库存现况查询】界面(1)

(3) 单击【占料库位】按钮，如图 4.97 所示。

图 4.97 【库存现况查询】界面(2)

(4) 显示出库完毕后的库存信息，如图 4.98 所示。

图 4.98 【库存现况查询】界面(3)

五、运输中心送货

(1) 单击【运输中心】按钮,如图 4.99 所示。

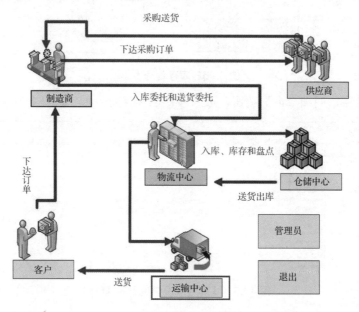

图 4.99 运输中心界面

(2) 单击【运输业务】按钮,进入【运输业务】界面,如图 4.100 所示。

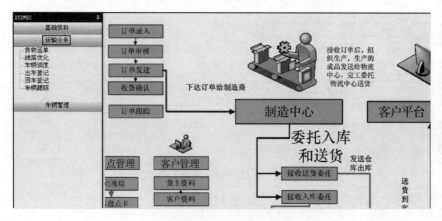

图 4.100 【运输业务】界面

1. 货物运单的设置

(1) 单击【货物运单】按钮，如图4.101所示。

图4.101 【货运单作业】界面(1)

(2) 单击【整张新增】按钮，如图4.102所示。

图4.102 【货运单作业】界面(2)

(3) 单击【整张新增】按钮，进入货物运单界面，如图4.103所示。

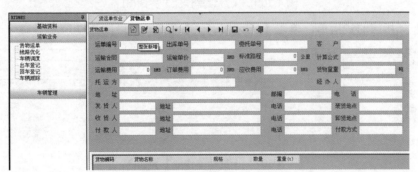

图4.103 【货物运单】界面(1)

(4) 设置出库单号、运输合同、发货人、收货人、付款人等信息，单击【存档】按钮，如图4.104所示。

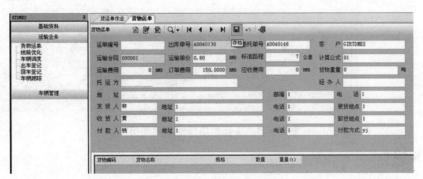

图4.104 【货物运单】界面(2)

(5) 存档完毕界面如图 4.105 所示。

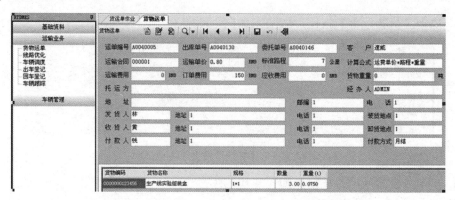

图 4.105 【货物运单】界面(3)

(6) 单击【关闭】按钮,再次单击【首笔】按钮,如图 4.106 所示。

图 4.106 【货运单作业】界面(3)

(7) 选择相应的货运单,单击【货运单确认】按钮,如图 4.107 所示。

图 4.107 【货运单作业】界面(4)

(8) 单击【确定】按钮,货运单处理完毕,如图 4.108 所示。

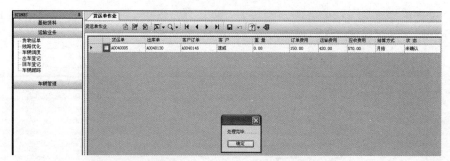

图 4.108 【货运单作业】界面(5)

2. 车辆调度

(1) 单击【车辆调度】按钮,如图 4.109 所示。

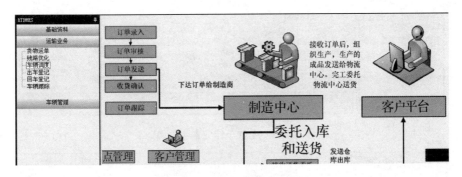

图 4.109 【车辆调度】界面

(2) 单击【整张新增】按钮,进入【派车作业】界面,如图 4.110 所示。

图 4.110 【派车作业】界面(1)

(3) 单击【整张新增】按钮,设置车牌号码、要求吨位、跟车司机、车辆类型等信息,单击【存档】按钮,如图 4.111 所示。

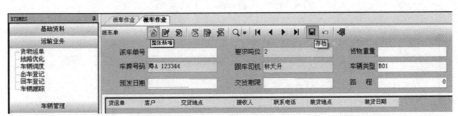

图 4.111 【派车作业】界面(2)

(4) 单击【表身新增】按钮,如图 4.112 所示。

图 4.112 【派车作业】界面(3)

(5) 设置货运单、装货日期等信息,单击【存档】按钮,如图 4.113 所示。
(6) 单击【首笔】按钮,如图 4.114 所示。
(7) 选择相应的派车单,单击【车辆确认】按钮,如图 4.115 所示。
(8) 单击【确定】按钮,派车处理完毕,如图 4.116 所示。

图 4.113 【派车作业】界面(4)

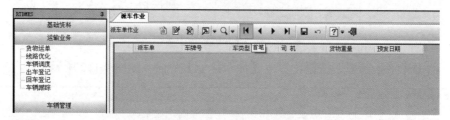

图 4.114 【派车作业】界面(5)

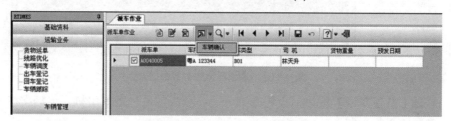

图 4.115 【派车作业】界面(6)

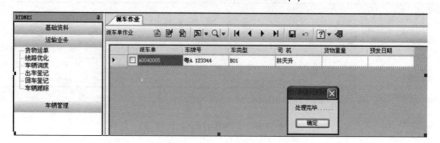

图 4.116 派车作业完毕界面

3. 出车登记

(1) 单击【出车登记】按钮，如图 4.117 所示。

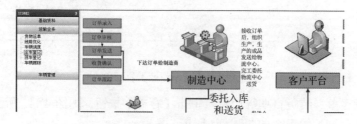

图 4.117 【出车登记】界面(1)

第四章 实时供应链系统

(2) 选择相应的派车单，单击【发送出车指令】按钮，如图 4.118 所示。

图 4.118 【出车登记】界面(2)

(3) 单击【确定】按钮，出车登记处理完毕，如图 4.119 所示。

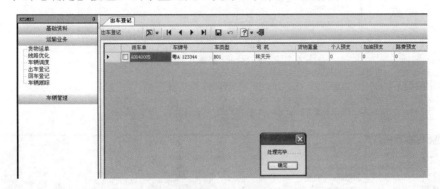

图 4.119 出车登记完毕界面

4. 出库门禁的设置

(1) 用写卡器写一张内容为出库单号的 RFID 卡。

(2) 双击【出库门禁】快捷方式，如图 4.120 所示，打开 RFID 出库门禁界面如图 4.121 所示。

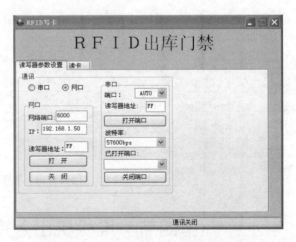

图 4.120 【出库门禁】快捷方式　　　图 4.121 【RFID 出库门禁】界面(1)

(3) 核对通信方式(网口)和网口通信信息，单击【打开】按钮，在弹出的界面中单击【查询标签】按钮，开始出库校验。校验信息将在出库门禁的 LED 显示屏上显示，如图 4.122 所示。

图 4.122 【RFID 出库门禁】界面(2)

5. 回车登记

(1) 货物运回后,单击【回车登记】按钮,如图 4.123 所示。

图 4.123 【回车登记】界面

(2) 选择相应的派车单,单击【回车登记确认】按钮,回车登记处理完毕,如图 4.124 所示。

图 4.124 【回车登记】界面

第四节 堆垛机出入库操作

一、堆垛机入库操作

(1) 下达入库订单(见本章第二节 入库操作流程)。

(2) 打开入库门禁，进行入库校验(见本章第二节　入库操作流程)。

(3) 在仓储管理计算机上双击【信息看板】快捷方式，如图 4.125 所示。

图 4.125　【信息看板】快捷方式

(4) 双击该快捷方式后，其界面如图 4.126 所示。

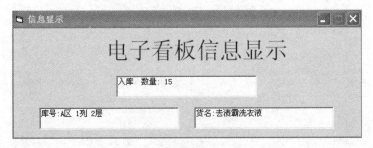

图 4.126　【电子看板信息显示】界面

(5) 在仓储管理计算机上双击【RFID 入库扫描】快捷方式，如图 4.127 所示。

图 4.127　【RFID 入库扫描】快捷方式

(6) 双击该快捷方式后，其界面如图 4.128 所示。

图 4.128　【立库入库 RFID 扫描软件】界面

(7) 在仓储管理计算机上双击【仓储监控管理软件】快捷方式，如图 4.129 所示。

图 4.129 【仓储监控管理软件】快捷方式

(8) 双击该快捷方式后,其界面如图 4.130 所示。

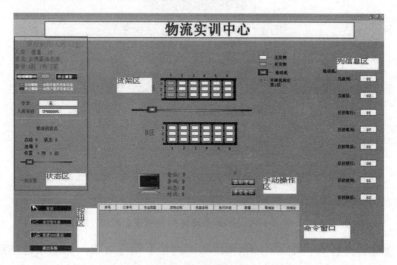

图 4.130 【仓储监控管理软件】界面

① 状态区:显示堆垛机状态和电子看板显示信息。
② 货架区:显示货架上的货物有无状态。
③ 列信息区:显示堆垛机的当前列和操作列信息。
④ 手动操作区:在因误操作或者紧急事件造成的货架信息更新不及时的情况下,手动更改所选仓位的信息。
⑤ 命令窗口:显示操作命令。
⑥ 【复位】按钮:用于堆垛机复位。
⑦ 【清空指令】按钮:清空命令窗口中的命令(注意:此操作只在命令紊乱的情况下进行,切勿随意操作)。
⑧ 【重建 DDE 通讯】按钮:在与信息看板软件失去通信的情况下,重新建立通信。
⑨ 【退出系统】按钮:用于退出仓储管理软件。
(9) 将通过入库校验的托盘及货物放到入库台上。
(10) 在堆垛机有电无报警且处于自动运行状态下,堆垛机系统会感知入库台是否有入库请求。如果有,堆垛机会自动获取托盘,并将托盘放到匹配的库位。
(11) 入库作业完毕,要在实时供应链管理软件上进行库存查询(见本章第二节 入库操作流程)。

二、堆垛机出库操作

(1) 客户下订单(见本章第三节 出库操作流程)。

(2) 制造商接受订单并下发送货委托单(见本章第三节 出库操作流程)。
(3) 物流中心接收送货委托(见本章第三节 出库操作流程)。
(4) 仓储中心下达出库指令单(见本章第三节 出库操作流程)。
(5) 在仓储管理计算机上双击【信息看板】快捷方式，如图 4.131 所示。

图 4.131　【信息看板】快捷方式

(6) 双击该快捷方式后，其界面如图 4.132 所示。

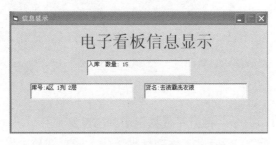

图 4.132　【电子看板信息显示】界面

(7) 在仓储管理计算机上双击【RFID 出库扫描】快捷方式，如图 4.133 所示。

图 4.133　【RFID 出库扫描】快捷方式

(8) 双击该快捷方式后，其界面如图 4.134 所示。

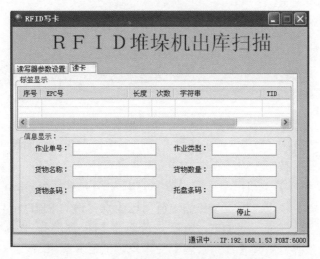

图 4.134　【RFID 堆垛机出库扫描】界面

(9) 在仓储管理计算机上双击【仓储监控管理软件】快捷方式，打开界面如图 4.135

所示。

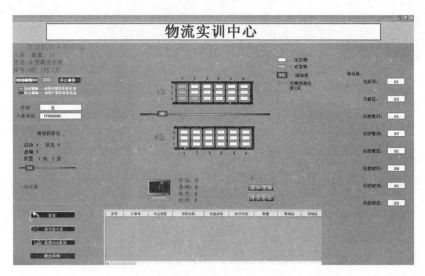

图4.135 【RFID出库扫描】界面

(10) 堆垛机根据出库指令,将出库货物搬运到出库链上。

(11) RFID 出库扫描软件扫描出库货物托盘条码,并查询显示出库货物信息。

(12) 打开读写卡软件,其界面如图4.136 所示。

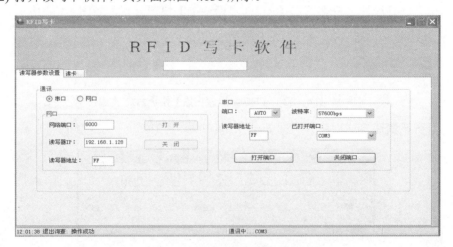

图4.136 【RFID写卡软件】界面(1)

(13) 核对通信方式(串口)后,单击【打开端口】按钮,其界面如图4.137所示。

① 【查询标签】按钮:用于查询 RFID 标签内容。

② 【写 EPC 内容】按钮:用于写一般字符串内容(包括托盘条码)。

③ 【写投放卡】按钮:用于写在输送链用以识别身份的 RFID 卡。

(14) 打开读写卡软件,将 RFID 出库扫描软件扫描到的作业单号复制到【作业单号】文本框,货物条码复制到【货物条码】文本框,然后分配出口。

(15) 信息填写完毕后,将一张 RFID 标签卡放到读写器上,单击【写投放卡】按钮,进行写卡操作。写卡数量等于扫描软件扫描出的货物数量。

第四章　实时供应链系统

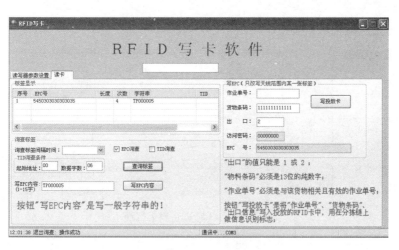

图 4.137　【RFID 写卡软件】界面(2)

(16) 写卡完成后，启动输送链，打开出货口对应的分拣识别系统。

(17) 将投放卡平放到物流盒左侧(注意不要有太多货物压放，尤其是金属或者液体)。然后将带有投放卡的物料盒放到输送链上进行分拣(注意保持间距)。

(18) 货物从分拣口输出，放到配送区，经过打包后进行出库配送。

(19) 在经过出库门禁前，要下达货物运输订单(见本章第三节　出库操作流程)。

第五节　电子标签补货流程

1. 仓库资料的设置

(1) 单击【物流中心】按钮，如图 4.138 所示。

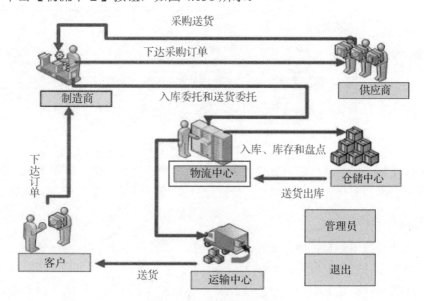

图 4.138　物流中心界面

(2) 单击【基础资料】按钮，如图 4.139 所示。

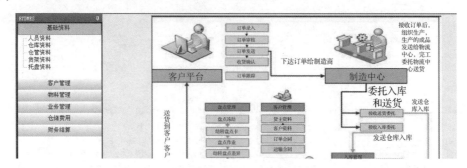

图 4.139 【基础资料】界面

(3) 单击【仓库资料】按钮，如图 4.140 所示。

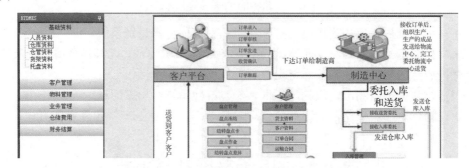

图 4.140 【仓库资料】界面

(4) 进入【仓库资料】界面，双击某一库房代号，如图 4.141 所示。

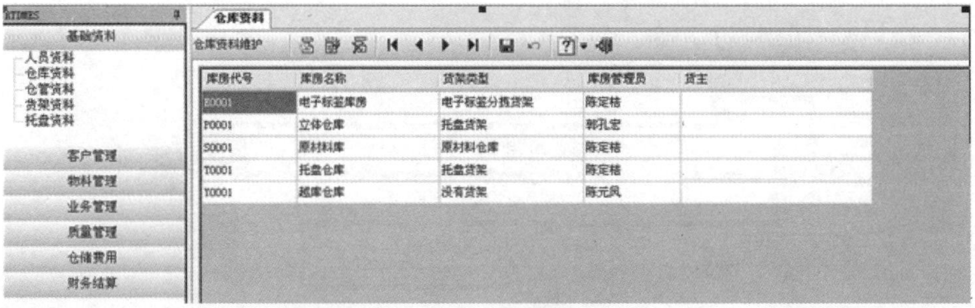

图 4.141 【仓库资料】界面

(5) 进入【电子标签储位资料】界面，单击【表身修改】按钮，如图 4.142 所示。
(6) 设置仓库的安全数量、物料/客户等信息后，单击【存档】按钮，如图 4.143 所示。

2. 拣货仓补货作业

(1) 单击【仓储中心】按钮，如图 4.144 所示。
(2) 单击【库存管理】按钮，如图 4.145 所示。
(3) 进入【库存管理】界面，单击【拣货仓补货作业】按钮，如图 4.146 所示。

图 4.142 【电子标签储位资料】界面(1)

图 4.143 【电子标签储位资料】界面(2)

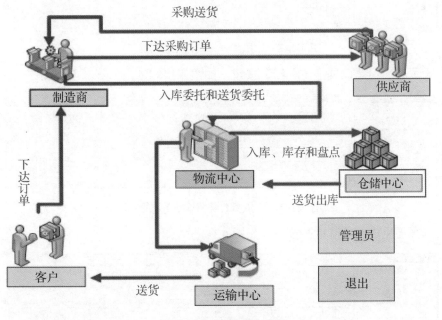

图 4.144 仓储中心界面

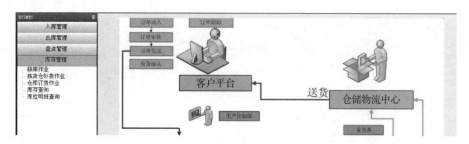

图 4.145 库存管理界面

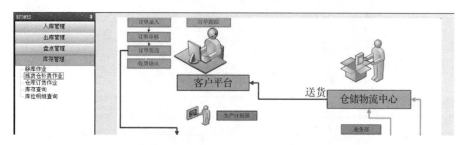

图 4.146 【拣货仓补货作业】界面(1)

(4) 单击【整张新增】按钮,如图 4.147 所示。

图 4.147 【拣货仓补货作业】界面(2)

(5) 设置仓库信息,单击【存档】按钮,如图 4.148 所示。

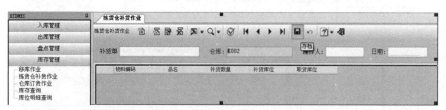

图 4.148 【拣货仓补货作业】界面(3)

(6) 单击【生成补货清单】按钮,如图 4.149 所示。

图 4.149 【拣货仓补货作业】界面(4)

(7) 单击【确定】按钮，结转完毕，如图 4.150 所示。

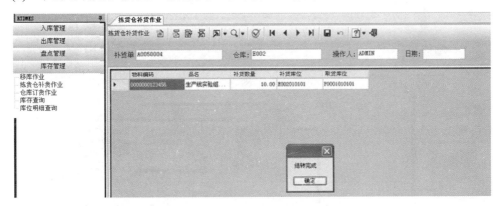

图 4.150　【拣货仓补货作业】界面(5)

3. RFID 出库

(1) 依次打开信息看板软件、RFID 出库扫描软件、仓储监控管理软件、读写卡软件。

(2) 堆垛机执行补货操作，将相关货物从立体库中取出，放到出库链上。

(3) RFID 出库扫描软件扫描出库货物信息。

(4) 用读写卡软件将出库货物信息写入卡中。

(5) 然后投卡(注意卡要平放到物流盒左侧且没有金属或者液体等具有屏蔽性质的物体遮挡)。

(6) 将货物放到输送链上，输送到电子标签口，执行补货作业。

现场完成电子标签库的补货作业，完成后，在主界面依次展开【库存管理】【库位明细查询】选项，如图 4.151 所示。

图 4.151　【库存现况查询】界面

第六节　电子标签分拣流程

1. 订单合同的设置

(1) 单击【客户】按钮，如图 4.152 所示。

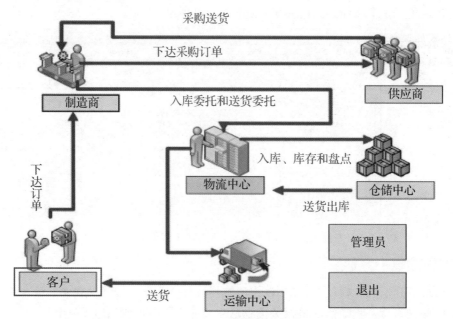

图 4.152 【客户】界面

(2) 单击【客户管理】按钮,如图 4.153 所示。

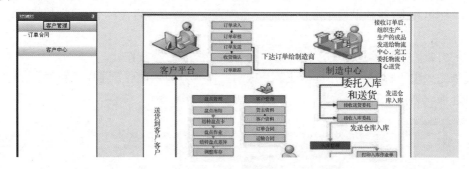

图 4.153 【客户管理】界面

(3) 单击【订单合同】按钮,如图 4.154 所示。

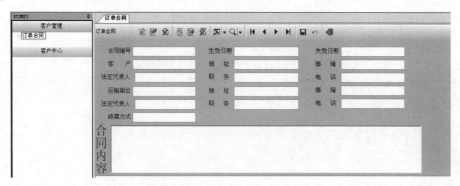

图 4.154 【订单合同】界面(1)

(4) 单击【整张新增】按钮,如图 4.155 所示。

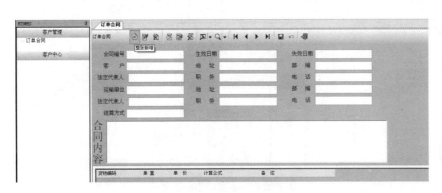

图 4.155　【订单合同】界面(2)

(5) 设置合同编号、客户、运输单位、结算方式、生效日期、失效日期等信息，单击【存档】按钮，如图 4.156 所示。

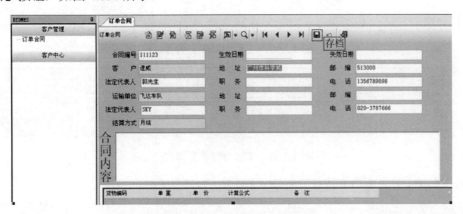

图 4.156　【订单合同】界面(3)

(6) 单击【表身新增】按钮，如图 4.157 所示。

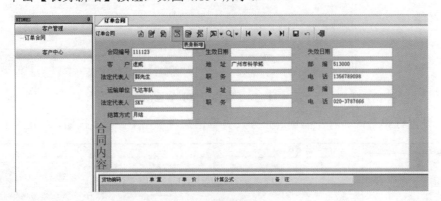

图 4.157　【订单合同】界面(4)

2. 订单录入

(1) 单击【客户中心】按钮，如图 4.158 所示。

(2) 单击【订单录入】按钮，如图 4.159 所示。

(3) 单击【整张新增】按钮，如图 4.160 所示。

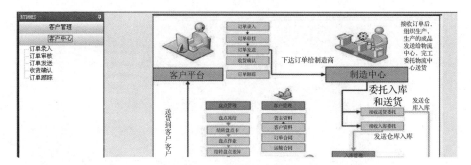

图 4.158 【客户中心】界面

图 4.159 【客户订单】界面(1)

图 4.160 【客户订单】界面(2)

(4) 单击【整张新增】按钮,如图 4.161 所示。

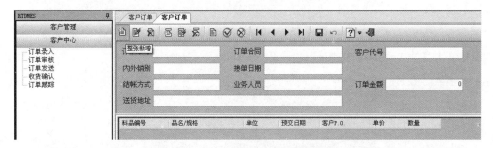

图 4.161 【客户订单】界面(3)

(5) 设置订单合同、内外销别、业务人员等信息,单击【存档】按钮,如图 4.162 所示。

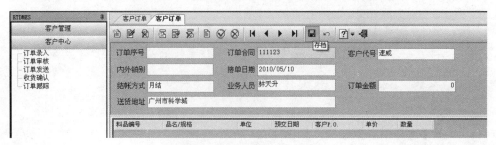

图 4.162 【客户订单】界面(4)

(6) 单击【表身新增】按钮，如图 4.163 所示。

图 4.163　【客户订单】界面(5)

(7) 设置料品编号、预交日期、数量(数量要包含个位数，这样确保能从电子标签库分拣)等信息后，如图 4.164 所示。

图 4.164　【客户订单】界面(6)

(8) 单击【存档】按钮，然后单击【关闭】按钮，结果如图 4.165 所示。

图 4.165　【客户订单】界面(7)

(9) 选择相应的订单序号，单击小锤头下拉菜单里的【订单结转】按钮，如图 4.166 所示。

图 4.166　【客户订单】界面(8)

(10) 单击【确定】按钮，订单录入完毕，如图 4.167 所示。
(11) 选择订单序号，单击小锤头图标下拉菜单里的【订单结转】按钮，如图 4.168 所示。
(12) 进入【客户订单发送】界面，选中要发送的订单，单击小锤头图标下拉菜单里的【发送给制造商】按钮，如图 4.169 所示。

图 4.167 【客户订单】界面(9)

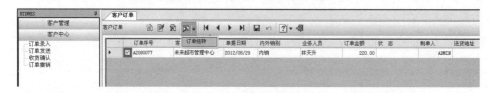

图 4.168 【客户订单】界面(10)

图 4.169 【客户订单发送】界面

(13) 进入制造商角色,在主界面依次展开【生产计划】【订单确认】选项,如图 4.170 所示。

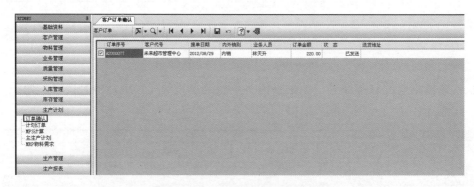

图 4.170 【客户订单确认】界面

3. 送货委托单的设置

选中订单号,单击小锤头下拉菜单里的【订单确认】按钮。

(1) 单击【业务管理】按钮,如图 4.171 所示。

(2) 单击【送货委托单】按钮,如图 4.172 所示。

(3) 单击【整张新增】按钮,如图 4.173 所示。

第四章　实时供应链系统

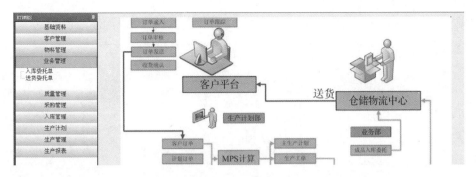

图 4.171　业务管理界面

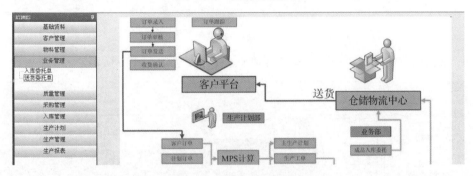

图 4.172　送货委托单界面(1)

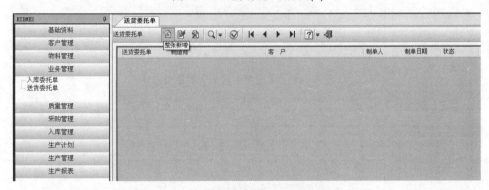

图 4.173　【送货委托单】界面(2)

(4) 单击【整张新增】按钮，进入【送货委托清单】界面，如图 4.174 所示。

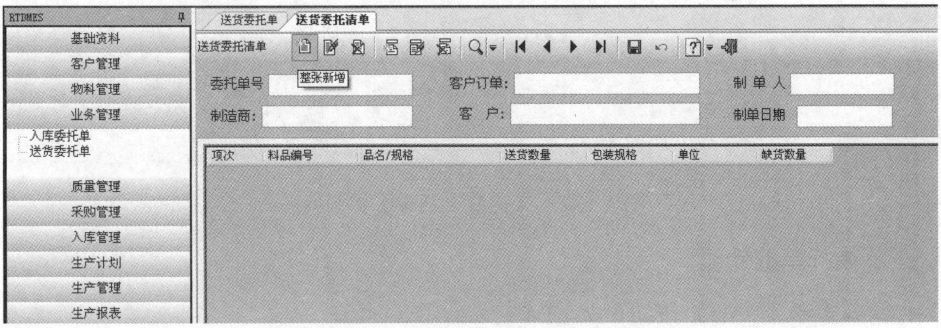

图 4.174　【送货委托清单】界面(1)

(5) 设置客户订单、制造商等信息,单击【存档】按钮,如图 4.175 所示。

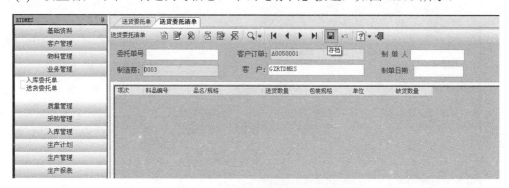

图 4.175 【送货委托清单】界面(2)

(6) 选择相应的送货委托单,单击【确认】按钮,如图 4.176 所示。

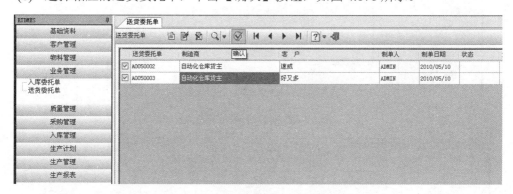

图 4.176 【送货委托单】界面(3)

(7) 单击【确定】按钮,送货委托单处理完毕,如图 4.177 所示。

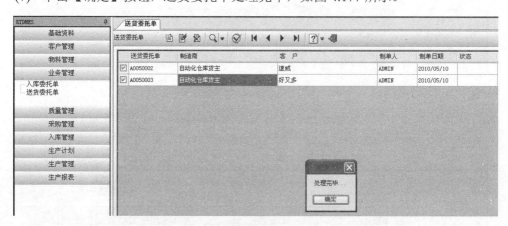

图 4.177 【送货委托单】界面(4)

4. 送货委托单的处理

(1) 单击【物流中心】按钮,如图 4.178 所示。
(2) 单击【业务管理】按钮,如图 4.179 所示。

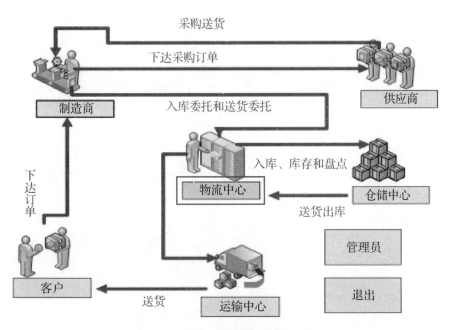

图 4.178 送货委托单界面

图 4.179 业务管理界面

(3) 单击【送货委托单处理】按钮,如图 4.180 所示。

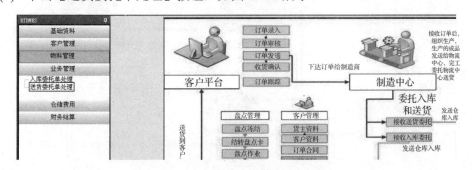

图 4.180 送货委托单处理界面

(4) 选择相应的送货委托单,单击【确认】按钮,如图 4.181 所示。

(5) 单击【确定】按钮,处理完毕,如图 4.182 所示。

图 4.181 【接收送货委托单】界面(1)

图 4.182 【接收送货委托单】界面(2)

5. 出库指令单的设置

(1) 单击【仓储中心】按钮，如图 4.183 所示。

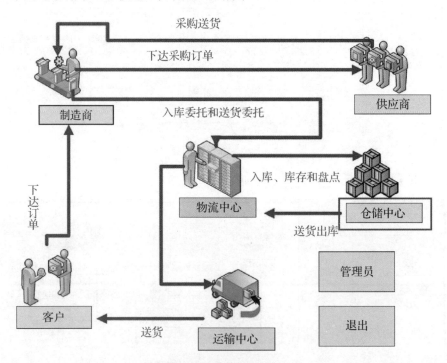

图 4.183 仓储中心界面

(2) 单击【出库管理】按钮，如图 4.184 所示。

(3) 单击【出库指令单】按钮，进入【出库指令单】界面，如图 4.185 所示。

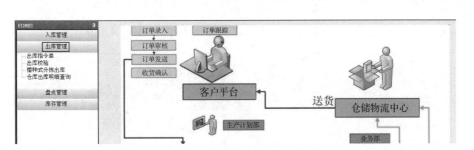

图 4.184 【出库管理】界面

图 4.185 【出库指令单】界面(1)

(4) 单击【表身新增】按钮,如图 4.186 所示。

图 4.186 【出库指令单】界面(2)

(5) 单击【整张新增】按钮,如图 4.187 所示。

图 4.187 【出库清单】界面(1)

(6) 设置送货委托单号信息,单击【存档】按钮,如图 4.188 所示。

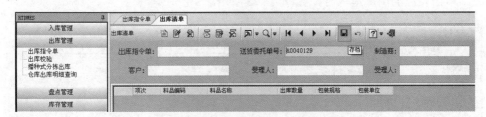

图 4.188 【出库清单】界面(2)

(7) 单击小锤头下拉菜单里的【结转仓库计算】按钮，如图 4.189 所示。

图 4.189　【出库清单】界面(3)

(8) 单击【确定】按钮，结转完成，如图 4.190 所示。

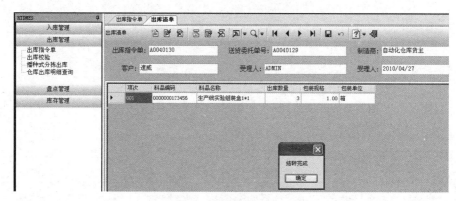

图 4.190　【出库清单】界面(4)

6. 出库校验

(1) 单击【出库校验】按钮，如图 4.191 所示。

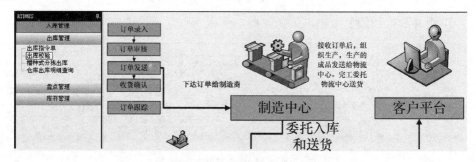

图 4.191　【出库管理】界面

(2) 双击相应的出库单单号，如图 4.192 所示。

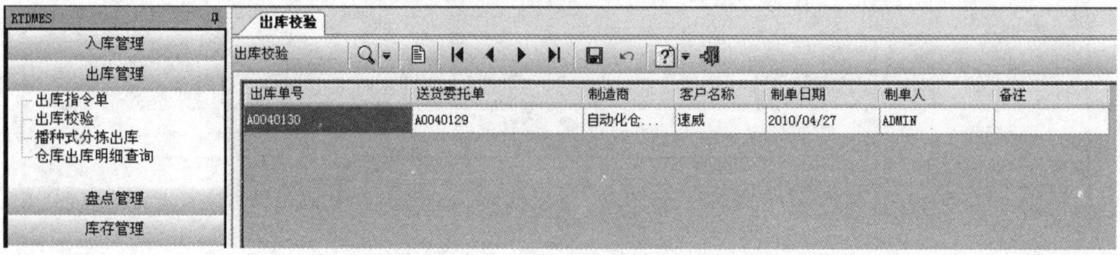

图 4.192　【出库校验】界面

(3) 双击后,显示的详细信息如图 4.193 所示。

图 4.193 【出库库位信息】界面(1)

(4) 单击【确认】按钮,如图 4.194 所示。

图 4.194 【出库库位信息】界面(2)

(5) 单击【确定】按钮,出库校验完成,如图 4.195 所示。

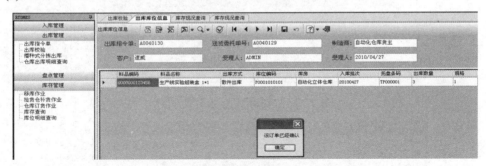

图 4.195 【出库库位信息】界面(3)

7. 进入电子标签拣货系统

(1) 打开写卡软件,将分拣单号(即作业单号)、货物条码和出口信息写到投放卡。

(2) 在电子标签管理计算机上双击【电子标签拣货系统】快捷方式,如图 4.196 所示。

图 4.196 【电子标签拣货系统】快捷方式

(3) 双击该快捷方式后,进入【电子标签拣货系统】界面,单击【分拣】按钮,如图 4.197 所示。

(4) 进入【摘取式分拣】界面,如图 4.198 所示。

(5) 选择订单号,单击【开始分拣】按钮,如图 4.199 所示。

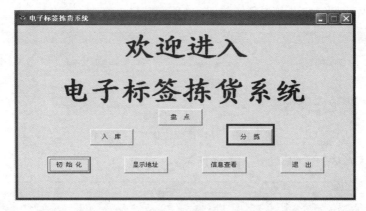

图4.197 【电子标签拣货系统】界面

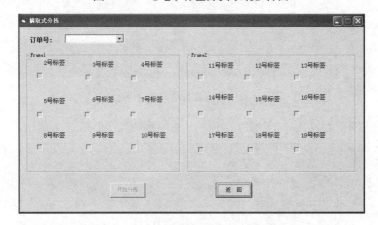

图4.198 【摘取式分拣】界面(1)

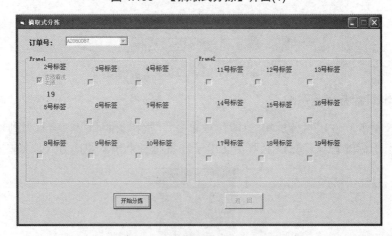

图4.199 【摘取式分拣】界面(2)

(6) 对应的电子标签会亮起,并显示分拣数量,如图4.200所示。从对应库位取出对应数量的货物,按下该电子标签的确认按钮(黑色大圆形按钮)。

(7) 将投放卡放到对应的物流盒里,启动输送链,进行分拣。

(8) 所有货物出库完成,订单完成器指示灯将会亮起并发出蜂鸣提示,按下订单完成器按钮，订单完成。

图 4.200　电子标签

8. 库位明细查询

现场进行出库操作，出库完毕，单击【库位明细查询】按钮，如图 4.201 所示。

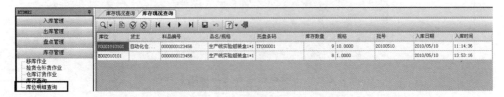

图 4.201　【库存现况查询】界面

第七节　仓库盘点作业

1. 盘点管理的设置

(1) 单击【仓储中心】按钮，如图 4.202 所示。

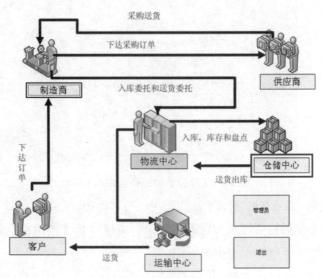

图 4.202　【仓储中心】界面

(2) 依次展开【盘点管理】【盘点库存冻结作业】选项后，填写盘点类别、盘点年月、盘点仓库、料品编码等信息，单击【存档】按钮，再单击【关闭】按钮，如图 4.203 所示。

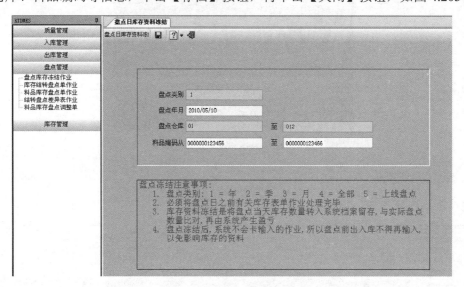

图 4.203 【盘点日库存资料冻结】界面

(3) 单击【库存结转盘点单作业】按钮，填写盘点仓库、盘点类别、盘点年月、卡/单数等信息，单击【存档】按钮，再单击【关闭】按钮，如图 4.204 所示。

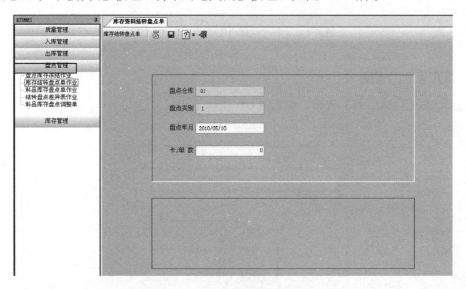

图 4.204 【库存资料结转盘点单】界面

(4) 单击【料品库存盘点单作业】按钮，选择盘点货物，单击小锤头下拉菜单里的【转接盘点】按钮，然后使用箭头图标按钮翻查记录，继续执行【转接盘点】按钮，直至完成所有需盘点货物的转接盘点，如图 4.205 所示。

第四章 实时供应链系统

图 4.205 【料品库存盘点单】界面

2. 现场执行盘点操作

(1) 若是堆垛机盘点，则要打开信息看板软件和仓储监控管理软件，堆垛机执行盘点出库，盘点人员清点货物数量后，将仓储监控管理软件的命令窗口中对应的数量修改为盘点后的数据。

(2) 若是电子标签库的盘点，则要打开电子标签拣货系统，如图 4.206 所示。

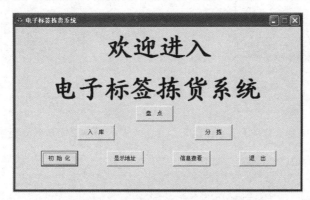

图 4.206 【电子标签拣货系统】界面

(3) 单击【盘点】按钮，进入盘点作业界面，选择盘点单号，单击【开始盘点】按钮。

(4) 在被点亮的电子标签上使用上下键以及确认键修改盘点数量，当所有需盘点库位的数据修改完毕后，完成器会发出声光提示，将完成器的确认按钮拍按 7 次，盘点作业完成。

(5) 若是托盘货架盘点，则需要手持 PDA，并到托盘货架上操作。首先，在手持上打开 PDA 软件，如图 4.207 所示。

(6) 单击【盘点作业】按钮，其界面如图 4.208 所示。

(7) 在【盘点单】选项卡里选择盘点单(单击记录前的黑色小三角)，如图 4.209 所示。

(8) 切换至【盘点卡】选项卡，使用同样方式选择盘点卡，如图 4.210 所示。

(9) 将正在盘点的货物托盘号输入后按 Enter 键，然后输入盘点数量，单击【确定】按钮，一项货物盘点结束。

(10) 当所有货物都盘点结束后，单击【完成】按钮，完成盘点作业。

3. 料品库存盘点单

盘点现场操作结束后，返回【料品库存盘点单作业】界面，将每一条盘点信息进行刷新(小锤头下拉菜单里的【刷新数据】按钮)，单击【确认】按钮，如图 4.211 所示。

图4.207 PDA操作系统界面

图4.208 【PDA盘点作业】界面(1)

图4.209 【PDA盘点作业】界面(2)

图4.210 PDA盘点作业界面

图4.211 【料品库存盘点单】界面

4. 结转盘点差异表

单击【结转盘点差异表作业】按钮，进入【结转盘点差异表】界面，如图4.212所示。

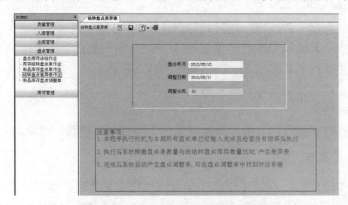
图4.212 【结转盘点差异表】界面

5. 料品库存盘点调整作业

单击【料品库存盘点调整单】按钮,然后单击小锤头下拉菜单里的【调整库存】按钮,如图 4.213 所示。

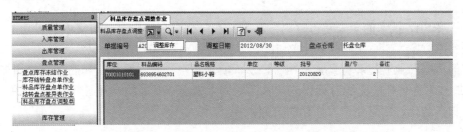

图 4.213 【料品库存盘点调整作业】界面

思 考 题

1. 出入库操作流程主要包括哪几个环节?
2. 简述堆垛机出入库操作的重点环节。
3. 手持 PDA 的具体操作方法是什么?

第五章　未来超市管理系统

基于 RFID 技术的未来超市解决方案是一套符合当今和未来超市需求的多功能高效率的系统实施方案。该系统充分利用 RFID 技术读写距离远、速度快、灵活可靠等优点，将它与超市的典型商业流程和特点紧密结合，从而实现了自动化、网络化和高效化的超市管理。以 RFID 技术为依托的无线射频管理技术已成为未来超市发展的一种必然趋势，将引导超市朝着更加自动化、信息化、人性化的方向发展。

第一节　硬件简介与基础资料的维护

一、硬件简介

1. 电子标签

电子标签可以接收系统的数字信号，标记货物价格；系统商品价格更新后，只要更新电子标签的数字信号即可，无须重新打印粘贴标签，环保快捷，如图 5.1 和图 5.2 所示。

图 5.1　电子标签(1)

图 5.2　电子标签(2)

2. 标价签无线控制器

标价签无线控制器的主要功能是给标价签发送数据，如图 5.3 所示。

图 5.3　标价签无线控制器

3. RFID 标签

RFID 标签主要用于存储信息，可无限重写，用来做会员卡和唯一标识商品，如图 5.4 和图 5.5 所示。

 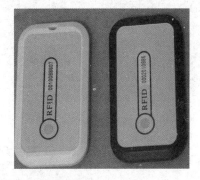

图 5.4　RFID 标签(1)　　　　　　　　图 5.5　RFID 标签(2)

4. RFID 读写器

RFID 读写器主要用于对 RFID 标签进行读写操作，如图 5.6 所示。

图 5.6　RFID 读写器

5. 智能导购车

智能导购车主要用于指示导购车当前位置，显示会员订单信息，支持会员自动结账，如图 5.7 至图 5.11 所示。

图 5.7　智能导购车(1)　　　　　　　　图 5.8　智能导购车(2)

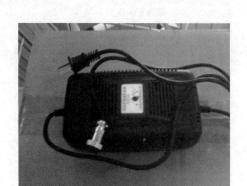
图5.9 智能导购车充电器

图5.10 智能导购车充电接口

图5.11 智能导购车控制面板

6. POS 机

POS 机主要用于安装收银软件，执行收银任务，如图5.12所示。

图5.12 POS 机

二、基础资料维护

(1) 双击【未来超市管理软件】快捷方式，在服务器上打开未来超市后台软件，如图5.13所示。

(2) 登录类型包括【管理员登录】和【会员登录】，如图5.14所示。选择登录类型，其中，会员登录只能看到会员相关信息。

第五章 未来超市管理系统

图 5.13 【未来超市管理软件】快捷方式

图 5.14 登录类型

(3) 用户登录界面须填写用户名、密码等信息，其中，管理员用户名为 admin，密码为 admin；会员用户名为会员编号，初始密码为 000000，如图 5.15 所示。

图 5.15 用户登录界面

(4) 用户使用界面包括员工管理、会员管理、班级管理、商品管理、业务管理、报表管理、权限管理及数据初始化、库存查询等操作，如图 5.16 所示。

图 5.16 用户使用界面

1. 员工管理

在主界面左侧展开【员工管理】，可以设置部门、职位和职工信息，如图 5.17 所示。

2. 会员管理

在主界面左侧展开【会员管理】，可以管理会员类型和会员资料，如图 5.18 所示。

3. 班级管理

在主界面左侧展开【班级管理】，可以管理班级和年级/系别等信息，如图 5.19 所示。

图 5.17　员工管理设置　　　图 5.18　会员管理设置　　　图 5.19　班级管理设置

4. 商品管理

在主界面左侧展开【商品管理】，可以对商品类别、商品信息和供应商信息进行管理，如图 5.20 所示。

5. 业务管理

在主界面左侧展开【业务管理】，可以管理供货合同、商品采购和工资结算等信息，如图 5.21 所示，商品采购单在商品采购选项内制作。

6. 报表管理

在主界面左侧展开【报表管理】，可以查询相关报表信息，如图 5.22 所示。

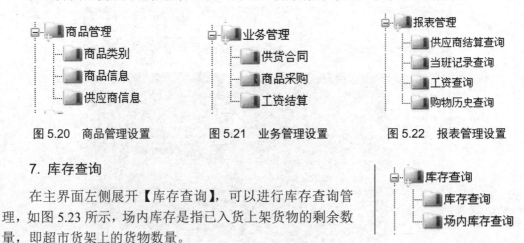

图 5.20　商品管理设置　　　图 5.21　业务管理设置　　　图 5.22　报表管理设置

7. 库存查询

在主界面左侧展开【库存查询】，可以进行库存查询管理，如图 5.23 所示，场内库存是指已入货上架货物的剩余数量，即超市货架上的货物数量。

图 5.23　库存查询设置

8. 权限管理及数据初始化

在主界面左侧展开【权限管理及数据初始化】【权限管理】，可以进行权限管理，如图

5.24 所示。

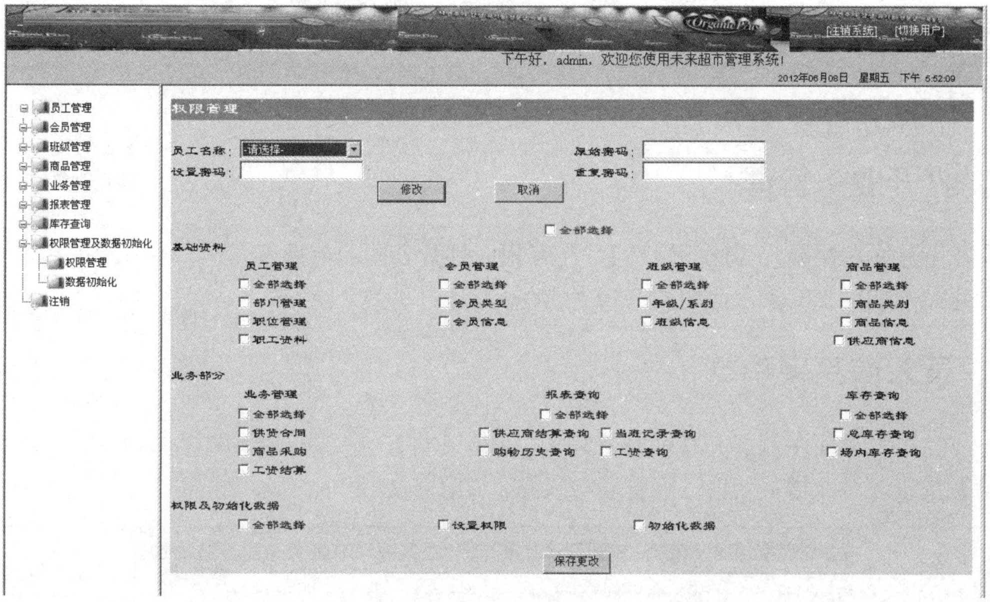

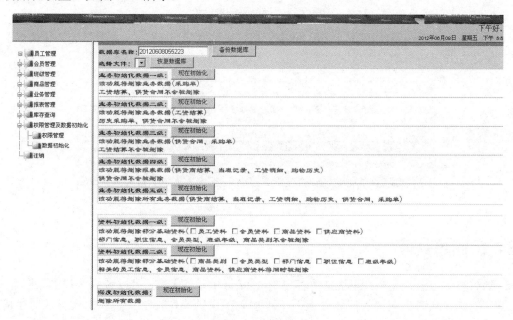

图 5.24　权限管理设置

在主界面左侧展开【权限管理及数据初始化】【数据初始化】，可以对权限管理数据进行初始化设置，如图 5.25 所示。

图 5.25　数据初始化设置

第二节 商品采购流程

商品采购的流程如下。

一、打开业务管理

在主界面左侧展开【业务管理】,在有相应供货合同的前提下,进行商品采购信息的录入,如图 5.26 所示。

图 5.26 业务管理设置

二、录入商品采购单

(1) 在主界面左侧展开【业务管理】【商品采购】,进入商品采购界面,单击【新增采购单】按钮,对新增采购单进行管理与设置,如图 5.27 所示。

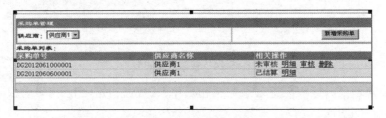

图 5.27 商品采购单设置

(2) 填写采购信息(如商品名称、供应价格、采购数量),然后单击【发送补货请求】按钮,如图 5.28 所示。

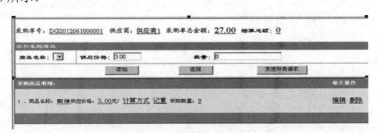

图 5.28 采购信息设置

三、采购单处理

到实时供应链管理软件里面的【客户中心】【订单录入】里,可以看到客户的采购订单。接下来就是在实时供应链管理软件上面下单直到配送的操作环节,具体操作见实时供应链管理软件的操作流程。

四、收货入库

回到商品采购界面,单击【审核】按钮,对采购单进行审核管理,如图 5.29 所示。

图 5.29　收货入库设置(1)

输入实际收货数量，依次单击【保存】【审核】按钮，对实际收货数量进行审核，如图 5.30 所示。

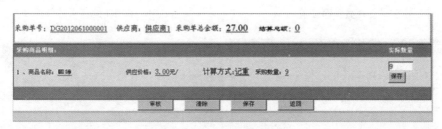

图 5.30　收货入库设置(2)

五、采购完成

回到商品采购界面，单击【结算】按钮进行结算，采购完成，如图 5.31 所示。

图 5.31　结算设置

第三节　会员卡、入货上架、商品标价

一、会员卡制作

1. 打开会员管理

在主界面左侧展开【会员管理】【会员资料】，录入会员资料，其中，会员编号必须以 H 打头，如 H001，如图 5.32 所示。

2. 写会员卡信息

(1) 双击会员卡信息设置快捷方式【REID 读写卡】，对会员卡信息进行设置，如图 5.33 所示。

(2) 在 RFID 读写卡软件界面，通信方式选择【串口】，然后单击【打开端口】按钮，如图 5.34 所示。

(3) 先单击【查询标签】按钮，查询到标签后，在【写 EPC 内容】文本框里写入会员编号，然后单击【写 EPC】按钮，听到"嘀"的一声，说明写卡完成，再次查询标签，就可以看到写入的内容了，如图 5.35 所示。

图 5.32 会员管理设置

图 5.33 RFID 读写卡软件快捷方式

图 5.34 RFID 写卡软件(1)　　　　图 5.35 RFID 写卡软件(2)

3. 入货上架

(1) 在 POS 机上双击【超市收银】软件的快捷方式，如图 5.36 所示。

(2) 在超市收银用户登录界面中，用户名为 001，密码为空，单击【确定】按钮，进行登录，如图 5.37 所示。

(3) 用大键盘的数字键或者方向导航键控制选项，用大键盘的 Enter 键确定选项。在此我们选择【入货上架】功能项，如图 5.38 所示。

图 5.36 超市收银软件快捷方式

(4) 此处主要是将每一个货物分别与唯一的 RFID 标签绑定，作为结算时的查询依据。选择要绑定的货物，取出一张 RFID 标签卡放到 RFID 读写器上，单击【获取标签号】按钮获取标签号，然后单击【登记上架】按钮，至此一个货物就与一个 RFID 标签绑定了，如图 5.39 所示。

第五章　未来超市管理系统

图 5.37　【用户登录】界面

图 5.38　【POS 前台销售】界面

图 5.39　【入货上架】界面

二、商品标价

(1) 在服务器上双击【电子标价签】软件快捷方式，对电子标价签进行管理，如图 5.40 所示。

(2) 控制器的连接情况对话框提示控制器的连接情况，只有连接成功，才可以发送，如图 5.41 所示。

图 5.40　电子标价签软件快捷方式

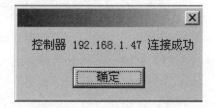

图 5.41　控制器的连接情况

(3) 进入【电子标价签管理】界面后，单击【未发送】按钮，选择要发布价格的选项，单击【发送】按钮，发布价格。发送成功后，对应货架的电子标价签会有相应内容的显示，如图 5.42 所示。

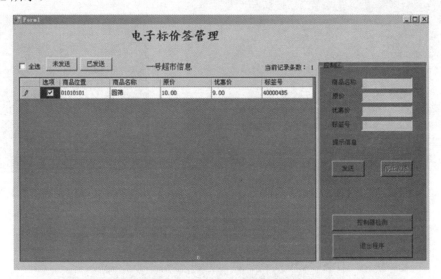

图 5.42 　【电子标价签管理】界面

第四节　购 物 收 银

一、会员登录网站预购商品

(1) 在用户登录界面选择【会员登录】按钮，输入登录信息(用户名为会员编号，密码默认为 000000)，如图 5.43 所示。

图 5.43　用户登录界面

(2) 在用户使用界面，会员登录可以下采购订单，修改密码，查询订单，查询消费记录，查询会员信息等，如图 5.44 所示。

(3) 在采购订单内可以选择查找商品类型，然后再选择自己想要的商品，单击对应的商品，如图 5.45 所示。

第五章 未来超市管理系统

图 5.44 【用户使用】界面

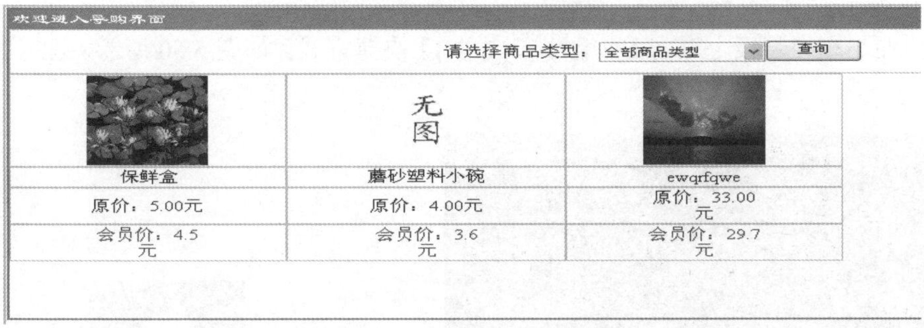

图 5.45 【商品类型选择】界面

(4) 输入要购买的数量，依次单击【查询总价】【确定购买】按钮，如图 5.46 和图 5.47 所示。

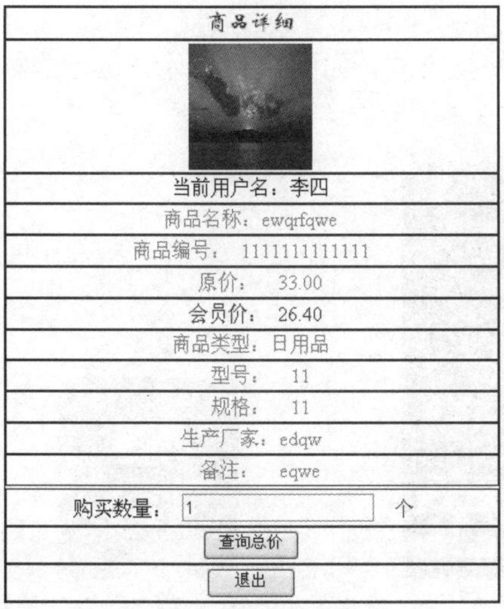

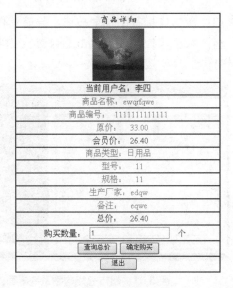

图 5.46 商品信息(1)　　　　　　　　　图 5.47 商品信息(2)

(5) 购买信息录入完成后，在"订单查询"里面就可以看到自己的订单了。将来到超市购买时，在导购车上就可以看到自己想要的东西的清单，该清单只做参考备忘用，实际结算按实际购得物品计算，如图 5.48 所示。

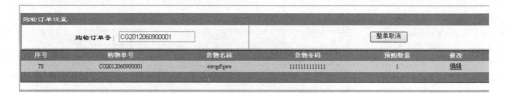

图 5.48　商品订单信息

二、超市购物流程

(1) 给智能导购车供电(钥匙和旋钮开关均向右旋转 90°，黑色小开关要打到"I"档)，如图 5.49 所示。

(2) 在小车控制板上双击【购物小车(导航)】快捷方式，如图 5.50 所示，运行智能导购车软件。

图 5.49　智能导购车的供电

图 5.50　【购物小车(导航)】快捷方式

(3) 单击【标签扫描】按钮，导航软件开始工作，如图 5.51 所示。

(4) 在小车控制板上双击【购物小车(收银)】快捷方式，如图 5.52 所示，运行购物小车(收银)软件。

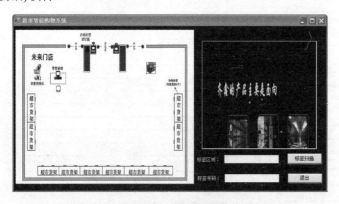
图 5.51　超市智能购物系统界面(1)

图 5.52　购物小车(收银)快捷方式

(5) 将会员卡放到小车里的 RFID 读写器前，单击【扫描会员卡】按钮，或者直接在会员卡号文本框里面写入会员卡号，然后单击【登录】按钮。如果该会员之前做过采购单，那么在会员采购清单明细里会有之前该会员所做的采购明细，用于提示会员要购买什么物品。

(6) 购物完成后，该会员可直接在智能导购车上单击【扫描商品】按钮，开始扫描商品，在选择清单明细里有该会员实际购物信息，然后单击【结算】按钮，开始结算，或者将小车放到结账处，用 POS 机结算，如图 5.53 和图 5.54 所示。

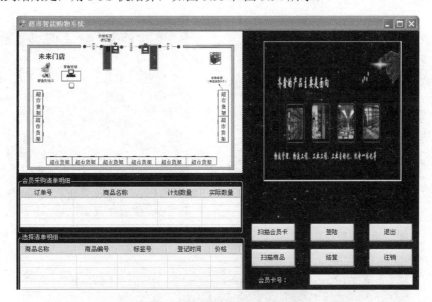

图 5.53　超市智能购物系统界面(2)

图 5.54　POS 机结算

三、POS 结算

（1）在 POS 机上双击【超市收银】快捷方式，如图 5.55 所示，运行超市收银软件。

（2）在用户登录界面，输入登录信息登录(用户名为 001，密码为空)，如图 5.56 所示。

（3）进入【POS 前台销售】界面，开始前台收银，如图 5.57 所示。

图 5.55　【超市收银】快捷方式

（4）若是会员，则先按 F2 键开始扫描会员卡，然后按 Enter 键，然后按 F3 键开始扫描商品，商品扫描完成后，按 F4 键开始结算，然后输入付款金额，最后按 F6 键付款。

若不是会员，则先在会员信息栏输入"888888"，并按 Enter 键，然后按 F3 键开始扫描商品，再按 F4 键结算，然后输入付款金额，最后按 F6 键付款，如图 5.58 所示。

图 5.56 用户登录界面

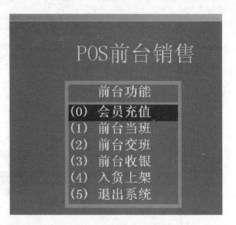

图 5.57 【POS 前台销售】界面

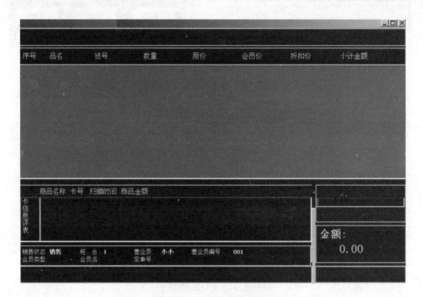

图 5.58 商品结算界面

思 考 题

1. 未来超市商品采购流程主要包括哪几个环节？
2. 简述商品入货上架的内涵。
3. 在未来超市购物收银环节，当购物完成时，商品结算方式有哪两种？

第六章 交通运输管理软件

第一节 引 言

一、编写目的

编写本章的目的是明确"交通运输管理软件"的各项功能及其作用,旨在帮助用户理解及操作本软件系统。

二、读者对象

本章适合使用"交通运输管理软件"系统的用户。

三、环境要求

本软件系统对计算机的配置要求不高,可以在现今流行的各种台式电脑和笔记本电脑上安装使用。

硬件要求:
(1) 奔腾及以上处理器;
(2) 至少 32MB 以上内存;
(3) 2GB 以上硬盘空间。

软件要求:
(1) Microsoft Windows 2003 及以上操作系统;
(2) Microsoft .Net Framework 2.0;
(3) Microsoft SQL Server 2005 (主机服务器);
(4) IIS 6.0 或更高版本(主机服务器)。

第二节 系 统 概 述

交通运输管理软件突出的特点是具有在学校教室有限空间条件下,利用计算机软件技术,实现对在途自由独立行驶的虚拟车辆的运行轨迹进行全程模拟的定位跟踪的功能。因此,它是一个在使用功能上与实际交通运输信息管理系统最为接近的实验教学软件。

交通运输管理软件的具体功能包含以下内容:
(1) 配送车辆管理;
(2) 网络型配送模式下车辆的调度;
(3) 运输成本的核算;

(4) 运输部门的财务管理；
(5) 配送车辆独立模拟行驶。

第三节　员　工　管　理

一、部门设置

功能概述：设置运输公司的部门信息，如部门编号、部门名称等。

操作方法：

(1) 打开交通运输管理软件，在主界面左侧展开【员工管理】【部门设置】，进入部门设置界面，输入部门编号、部门名称等信息，如图 6.1 所示。

图 6.1　部门设置界面(1)

2. 单击【添加】按钮，如图 6.2 所示。

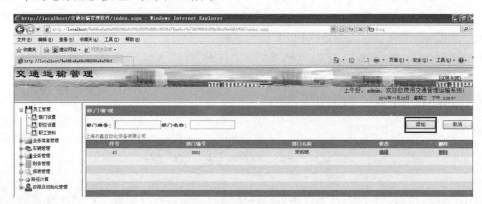

图 6.2　部门设置界面(2)

二、职位设置

功能概述：设置运输公司的职位信息，如职位编号、职位名称等。

操作方法：

(1) 在主界面左侧展开【员工管理】【职位设置】，进入职位设置界面，输入职位编号、职位名称等信息，如图 6.3 所示。

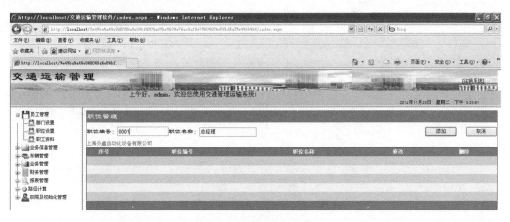

图 6.3　职位设置界面(1)

(2) 单击【添加】按钮，如图 6.4 所示。

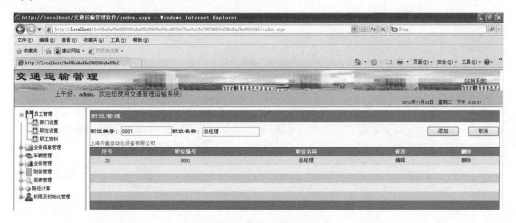

图 6.4　职位设置界面(2)

三、职工资料

功能概述：设置运输公司的职工资料信息，如姓名、编号、身份证、性别、职位、基本工资、津贴、奖金、个人税率、保险费用、公积金、运费折扣等。

操作方法：

(1) 在主界面左侧展开【员工管理】【职工资料】，进入职工资料设置界面，输入姓名、编号、身份证、性别、职位、基本工资、津贴、奖金、个人税率、保险费用、公积金、运费折扣等信息，如图 6.5 所示。

(2) 单击【添加】按钮，如图 6.6 所示。

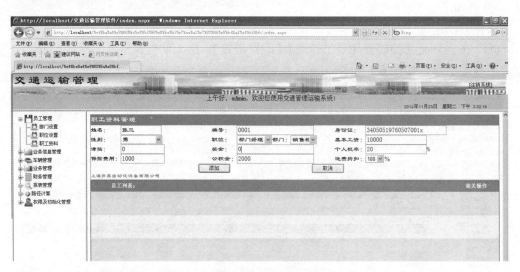

图 6.5　职工资料设置界面(1)

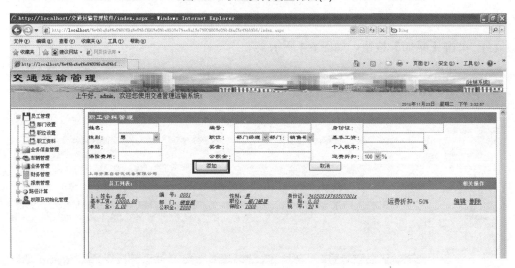

图 6.6　职工资料设置界面(2)

第四节　业务信息管理

一、承接单位

功能概述：设置承接单位信息，如承接单位名称、承运单位地址和电话等。
操作方法：
(1) 在主界面的左侧展开【业务信息管理】【承接单位】，进入承接单位设置界面，输入承接单位名称、承运单位地址、电话等信息，如图6.7所示。
(2) 单击【添加】按钮，如图6.8所示。

第六章 交通运输管理软件

图 6.7　承接单位设置界面(1)

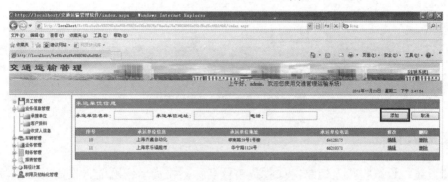

图 6.8　承接单位设置界面(2)

二、客户资料

功能概述：设置客户资料信息，如客户编号、客户名称、法人代表、联系人、联系电话、单位电话、E-mail、起步运费、单位地址、邮编等。

操作方法：

(1) 在主界面左侧展开【业务信息管理】【客户资料】，进入客户资料设置界面，输入客户编号、客户名称、法人代表、联系人、联系电话、单位电话、E-mail、起步运费、单位地址、邮编等信息，如图6.9所示。

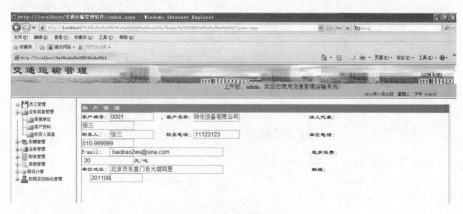

图 6.9　客户资料设置界面(1)

(2) 单击【添加】按钮，如图6.10所示。

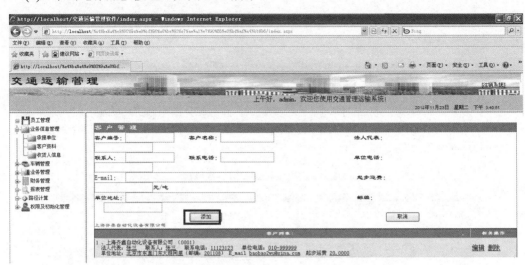

图6.10　客户资料设置界面(2)

三、收货人信息

功能概述：设置收货人信息，如收货单位名称、收货单位地址、收货人名称、收货人地址、收货人电话等。

操作方法：

(1) 在主界面左侧展开【业务信息管理】【收货人信息】，进入收货人信息设置界面，输入收货单位名称、收货单位地址、收货人名称、收货人地址、收货人电话等信息，如图6.11所示。

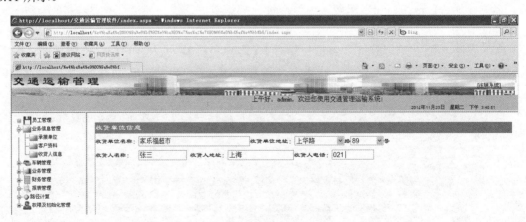

图6.11　收货人信息设置界面(1)

(2) 单击【添加】按钮，如图6.12所示。

第六章　交通运输管理软件

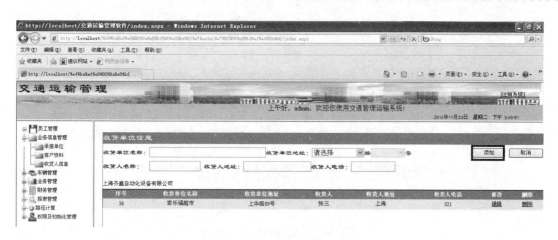

图 6.12　收货人信息设置界面(2)

第五节　车 辆 管 理

一、汽油信息

功能概述：设置汽油的有关信息，如汽油类型、单价等。
操作方法：
(1) 在主界面左侧展开【车辆管理】【汽油信息】，进入汽油信息设置界面，输入汽油类型、单价等信息，如图 6.13 所示。

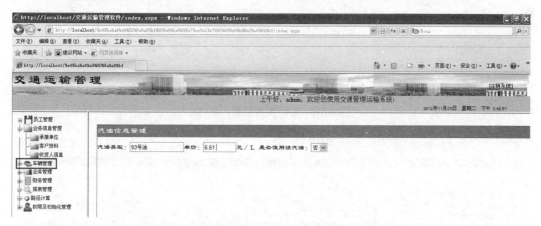

图 6.13　汽油信息设置界面(1)

(2) 单击【添加】按钮，如图 6.14 所示。

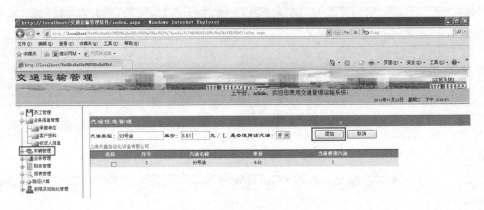

图 6.14　汽油信息设置界面(2)

二、车辆类型

功能概述：设置车辆类型的有关信息，如类型代码、车辆类型、额定载重、装货体积等。

操作方法：

(1) 在主界面左侧展开【车辆管理】【车辆类型】，进入车辆类型设置界面，输入类型代码、车辆类型、额定载重、装货体积等信息，如图 6.15 所示。

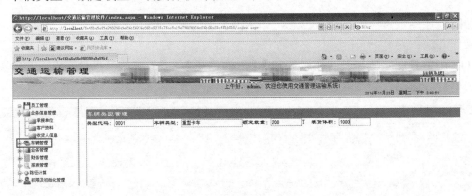

图 6.15　车辆类型设置界面(1)

(2) 单击【添加】按钮，如图 6.16 所示。

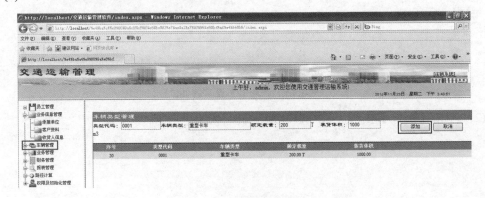

图 6.16　车辆类型设置界面(2)

三、车辆资料

功能概述：设置车辆资料有关信息，如车牌号、车辆类型、品牌、型号、座位、里程、车载 GPRS 号、VIN 号码、出厂日期、购买日期、年审日期等。

操作方法：

(1) 在主界面左侧展开【车辆管理】【车辆资料】，进入车辆资料设置界面，输入车牌号、车辆类型、品牌、型号、座位、里程、车载 GPRS 号、VIN 号码、出厂日期、购买日期、年审日期等信息，如图 6.17 所示。

图 6.17　车辆资料设置界面

(2) 单击【添加】按钮，如图 6.18 所示。

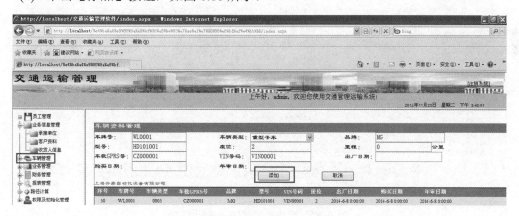

图 6.18　车辆资料设置界面

第六节　业　务　管　理

一、客户合同管理

功能概述：设置客户合同管理有关信息，如客户名称、客户代号、甲方经理、乙方经理、承接单位、定金、价格折扣、赔偿比率、保底费用、质量单价、体积单价、甲方业务员、乙方业务员、签约日期、生效日期、解约日期等。

操作方法：

(1) 在主界面左侧展开【业务管理】【客户合同管理】，进入客户合同管理设置界面，输入客户名称、客户代号、甲方经理、乙方经理、承接单位、定金、价格折扣、赔偿比率、保底费用、质量单价、体积单价、甲方业务员、乙方业务员、签约日期、生效日期、解约日期的信息，如图 6.19 所示。

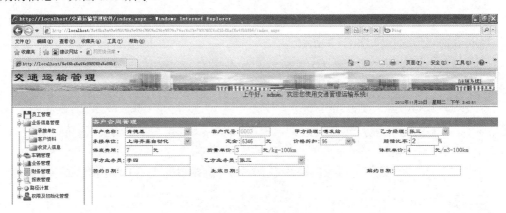

图 6.19　客户合同管理设置界面(1)

(2) 单击【添加】按钮，如图 6.20 所示。

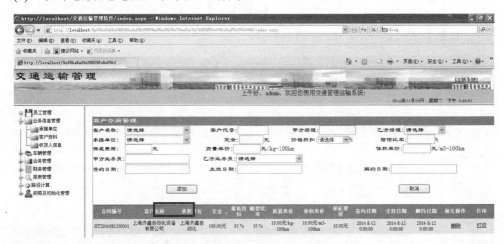

图 6.20　客户合同管理设置界面(2)

二、客户委托单

功能概述：设置客户委托单有关信息，如客户名称、客户代号、业务人员、接单日期、内外销别、订单金额、订单税额、预计路程、承接单位、发货地址、送货地址、运费折扣等。

操作方法：

(1) 在主界面左侧展开【业务管理】【客户委托单】，进入客户委托单设置界面，输入

第六章　交通运输管理软件

客户名称、客户代号、业务人员、接单日期、内外销别、订单金额、订单税额、预计路程、承接单位、发货地址、送货地址、运费折扣等信息，如图 6.21 所示。

图 6.21　客户委托单设置界面

(2) 单击【添加】按钮，显示客户委托单详细界面，输入订单号、货物条码、货物名称、体积、货物数量、货物重量、保价费等信息，如图 6.22 所示。

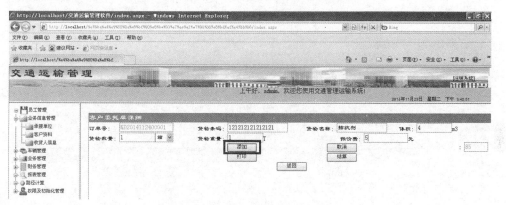

图 6.22　客户委托单详细界面(1)

(3) 单击【结算】按钮，如图 6.23 所示。

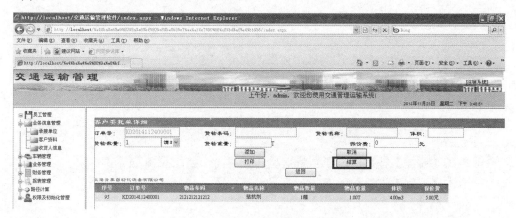

图 6.23　客户委托单设置界面图(2)

(4) 单击【结算】按钮后，其结算界面如图 6.24 所示。

(5) 单击【确定结算】按钮，出现【运费结算完毕】提示框，如图 6.25 所示。

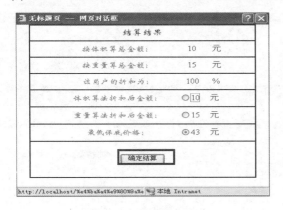

图 6.24　结算界面图

图 6.25　【运费结算完毕】提示框

(6) 单击【确定】按钮返回客户委托单界面，如图 6.26 所示。

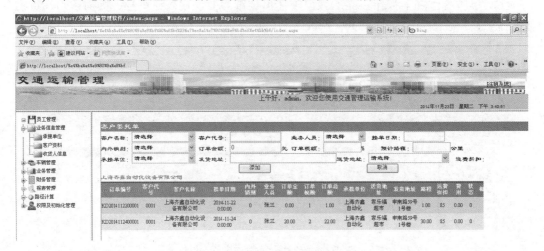

图 6.26　客户委托单界面

三、货运单管理

功能概述：设置货运单有关信息，如客户订单、客户名称、承接单位、发货地址、收货方、收货地址、付款方、付款方式等。

操作方法：

(1) 在主界面左侧展开【业务管理】【运单管理】，进入货运单设置界面，选择客户订单，如图 6.27 所示。

(2) 单击【添加】按钮后，显示货运单详细界面，如图 6.28 所示。

(3) 单击【返回】按钮，返回货运单界面，如图 6.29 所示。

第六章 交通运输管理软件

图 6.27 货运单设置界面

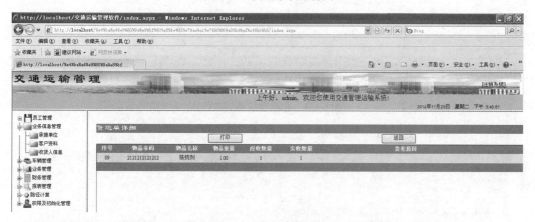

图 6.28 货运单详细界面

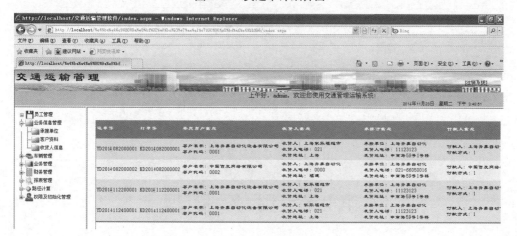

图 6.29 货运单界面

四、派车单管理

功能概述：设置车牌号、预计路程、跟单员、预发时间、司机、预支费用、路线等信息。

操作方法：

(1) 在主界面左侧展开【业务管理】【派车单管理】，进入派车单设置界面，输入车牌号、预计路程、跟单员、预发时间、司机、预支费用、路线等信息，选中对应的运单，如图 6.30 所示。

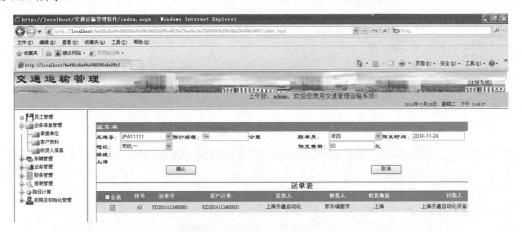

图 6.30　派车单设置界面(1)

(2) 单击【确认】按钮，如图 6.31 所示。

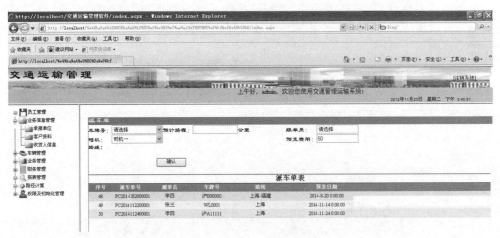

图 6.31　派车单设置界面(2)

第七节　财　务　管　理

一、派车单结算

功能概述：设置司机、单据号码、派车单单号等信息，进行派车单结算。

操作方法:
(1) 选择司机等信息,双击【派车单单号】下方的空白处,如图 6.32 所示。

图 6.32　派车单单号界面(1)

(2) 双击后,其界面如图 6.33 所示。

图 6.33　派车单单号界面(2)

(3) 选择相应的派车单单号,单击【取回】按钮,如图 6.34 所示。

图 6.34　派车单单号界面(3)

(4) 单击【实际路费】下方的空白处,输入路费信息,若有司机补贴,则单击【司机补贴】下方的空白处输入数值,系统自动计算剩余金额,如图 6.35 所示。

内容	备注								
栏号	(派车单单号)	(车牌号)	(发车预支)	实际路费	实际油费	司机补贴	剩余	是否归还	操作
1	PC2014112500001	沪G11111	500	400	1603	200	-1703	□	✏✕

图 6.35　派车单单号界面(4)

(5) 单击【保存】按钮,如图 6.36 所示。

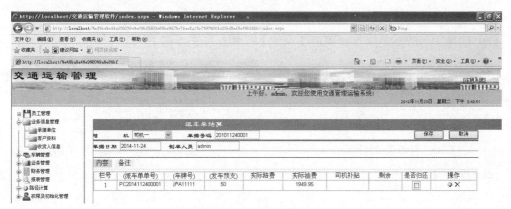

图 6.36　派车单结算界面(1)

(6) 单击【保存】按钮,如图 6.37 所示。

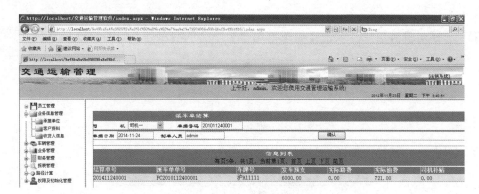

图 6.37　派车单结算界面(2)

二、订单审核

功能概述：对订单进行审核。

操作方法：

(1) 单击【审核】按钮，如图 6.38 所示。

订单编号	订单编号	客户名称	单据日期	业务人员	送货地址	总金额	审核状态	操作
KD2014082000002	KD2014082000002	中国百度网络有限公司	2014-8-20 0:00:00	李四	上海齐鑫自动化	1000.00	未审核	审核 取消
KD2014112200001	KD2014112200001	上海齐鑫自动化设备有限公司	2014-11-22 0:00:00	张三	家乐福超市	0.00	未审核	审核 取消
KD2014112400001	KD2014112400001	上海齐鑫自动化设备有限公司	2014-11-24 0:00:00	张三	家乐福超市	0.00	未审核	审核 取消

图 6.38　订单审核界面

(2) 审核完毕，审核状态变成“已审核”。

三、订单现结算

功能概述：设置客户等信息，完成相应订单的结算。

操作方法：

(1) 选择客户等信息，双击【来源单号】下方的空白处。

(2) 双击后，其界面如图 6.39 所示。

(3) 选择相应的运单编号，单击【取回】按钮，如图 6.40 所示。

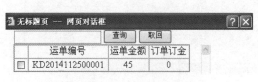

图 6.39　订单现结算界面(1)

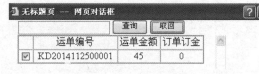

图 6.40　订单现结算界面(2)

(4) 单击【结算金额】下方的空白处，输入金额信息，系统自动计算剩余金额，如图 6.41 所示。

(5) 单击【保存】按钮，如图 6.42 所示。

(6) 单击【保存】按钮，如图 6.43 所示。

第六章 交通运输管理软件

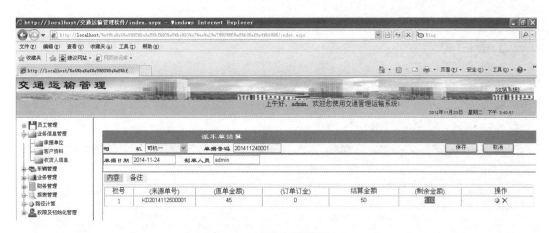

图6.41 订单现结算界面(3)

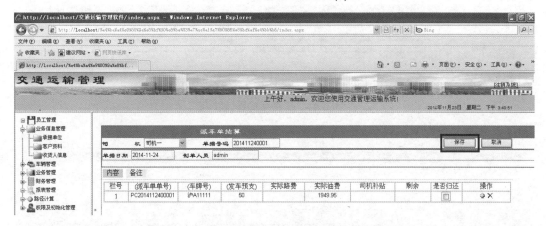

图6.42 派车单结算界面(1)

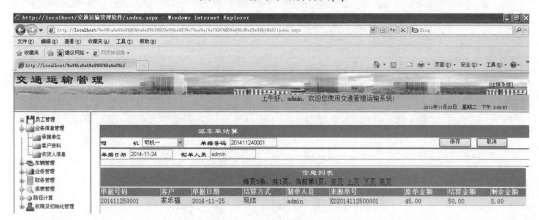

图6.43 派车单结算界面(2)

四、订单月结算

功能概述：设置客户等信息，完成相应订单的月结算。

操作方法：参见本章第七节"订单现结算"部分。

五、工资结算

功能概述：对每位员工的工资进行结算。

操作方法：

(1) 选择员工姓名，如图 6.44 所示。

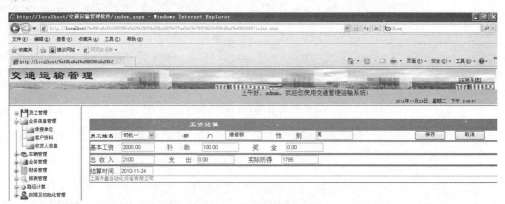

图 6.44　工资结算界面(1)

(2) 单击【保存】按钮，如图 6.45 所示。

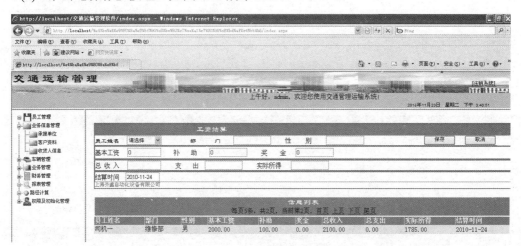

图 6.45　工资结算界面(2)

第八节　报　表　管　理

一、车辆运行报表

功能概述：对车辆运行的记录进行汇总。

操作方法：

(1) 选择车牌编号、记录时间，如图 6.46 所示。

第六章　交通运输管理软件

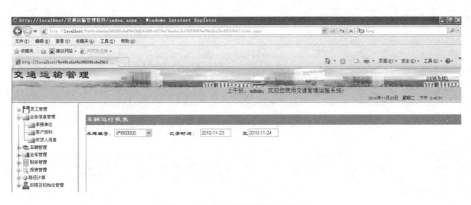

图 6.46　车辆运行报表界面(1)

(2)　单击【查询】按钮，显示车辆运行记录，如图 6.47 所示。

图 6.47　车辆运行报表界面(2)

二、车辆周期报表

功能概述：对车辆周期的记录汇总。

操作方法：

(1)　选择车牌编号、记录时间，如图 6.48 所示。

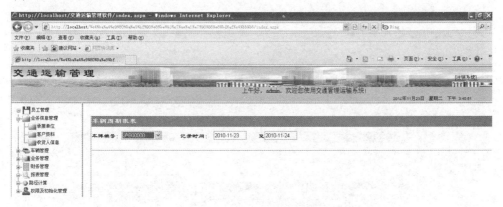

图 6.48　车辆周期报表界面(1)

(2)　单击【查询】按钮，显示车辆运行记录，如图 6.49 所示。

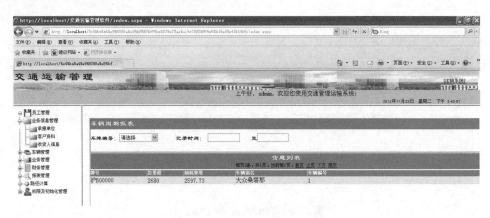

图 6.49 车辆周期报表界面(2)

三、收支统计报表

功能概述：对每张单据收支情况的汇总。

操作方法：

(1) 选择客户名称、结算类型、记录时间，如图 6.50 所示。

图 6.50 收支周期统计界面(1)

(2) 单击【查询】按钮，如图 6.51 所示。

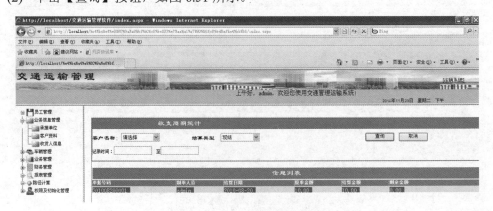

图 6.51 收支周期统计界面(2)

第六章 交通运输管理软件

第九节 权限及初始化管理

一、权限管理

功能概述：对每个员工的权限进行设置(最高权限，用户名为 admin，密码为 admin)。

操作方法：

(1) 选择员工名称，选择该员工的权限项，如图 6.52 所示。

图 6.52 权限设置界面

(2) 单击【修改密码】按钮，对该员工的密码进行设置，如图 6.53 所示。

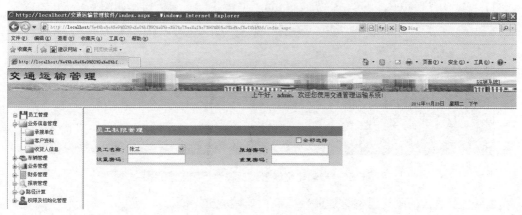

图 6.53 员工密码设置界面

(3) 设置完权限和密码后，单击【设置完成】按钮。

二、初始化管理

功能概述：对交通运输管理软件进行数据的初始化。

操作方法：

(1) 选择要初始化的选项，如图 6.54 所示。

图 6.54 初始化管理界面

(2) 单击【确定】按钮，进行初始化。

第十节 配送运输管理运行端

(1) 输入用户名为 admin，密码为 admin，单击【确定】按钮，如图 6.55 所示。

图 6.55 自动化交通管理运输运行端登录界面

(2) 登录进入的配送运输管理前台界面，如图 6.56 所示。
(3) 选择派车单号、车牌号，单击【开始】按钮，如图 6.57 所示。
(4) 选择派车单号、车牌号后，物流配送中心出现如图 6.58 所示的界面，界面中出现带有【沪 A11111】的小车图标。

第六章 交通运输管理软件

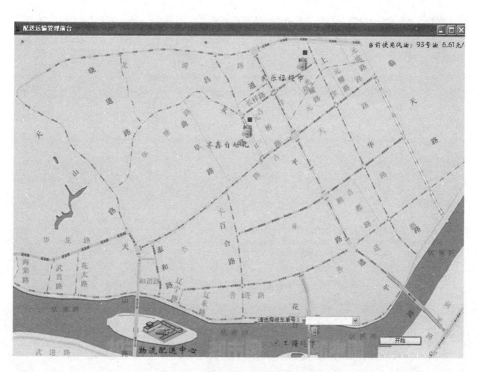

图 6.56　配送运输管理前台界面

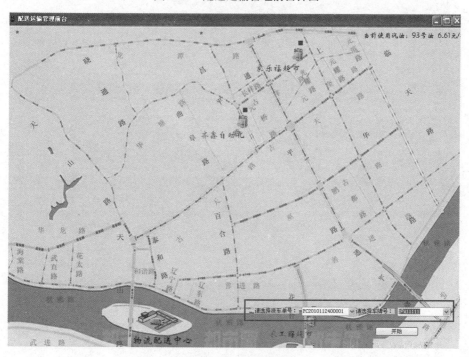

图 6.57　派车单界面

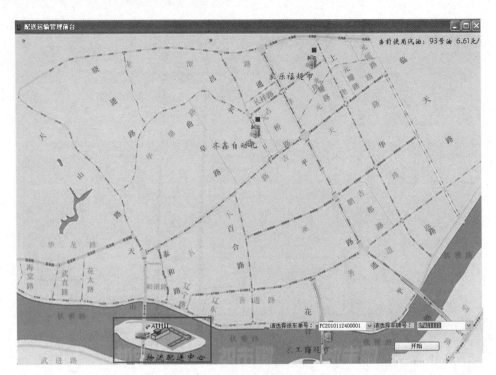

图 6.58　物流配送中心界面(1)

(5) 通过键盘上的"↑""↓""←""→"键控制小车的前进、后退、左转、右转。

(6) 当小车到达目的地时,显示如图 6.59 所示的界面,单击【是(Y)】按钮,进行卸货作业。

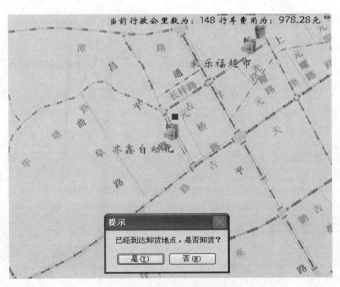

图 6.59　物流配送中心界面(2)

(7) 最后把小车开回物流配送中心,显示如图 6.60 所示的界面,单击【确定】按钮,小车出车结束。

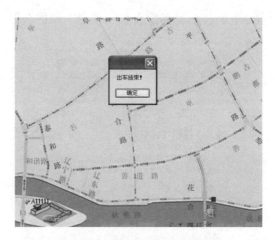

图 6.60　物流配送中心界面(3)

第十一节　配送运输管理调度

调度端的功能是显示所有小车在地图上的实时地理位置。

(1) 输入用户名为 admin，密码为 admin，单击【确定】按钮，如图 6.61 所示。

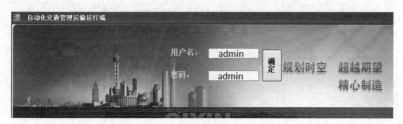

图 6.61　自动化交通管理运行端登录界面

(2) 登录后，出现如图 6.62 所示界面。

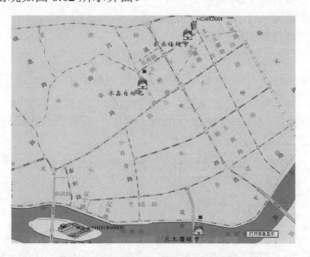

图 6.62　自动化交通管理运行端界面

(3) 单击【打开信息显示】按钮，界面会显示各个车辆的公里数、油费、实时地理位置等信息，如图 6.63 所示。

图 6.63 自动化交通管理运行端信息显示界面

第十二节　交通运输管理软件实训

交通运输管理软件实训流程如下：
(1) 设置客户合同。
(2) 设置客户委托单。
(3) 设置运单。
(4) 设置派车单。
(5) 登录"配送运输管理运行端"，选择派车单号和派车号，模拟车辆运输货物，同时登录"配送运输管理调度端"，进行车辆的监控。
(6) 出车结束，进行派车单结算。
(7) 订单审核。
(8) 订单现结算或订单月结算(根据合同签订时的付款方式)。
(9) 工资结算。
(10) 查看各个报表情况，如车辆运行报表、车辆周期报表、收支统计报表等。

第十三节　GPS 简介

一、操作步骤

(1) 双击电脑桌面上的 SXGPS 快捷方式，打开应用程序，如图 6.64 所示。

第六章　交通运输管理软件

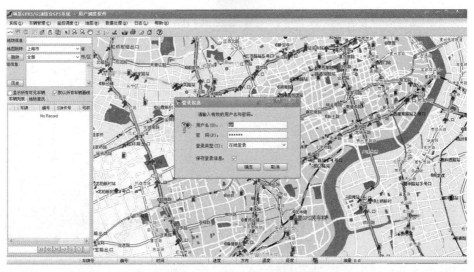

图 6.64　GPS 软件登录界面

(2) 输入用户名和密码，进行登录。登录成功后，软件左侧会显示该账号可以监控的所有车辆列表，如图 6.65 所示。

图 6.65　车辆列表界面

二、GPS 软件界面功能介绍

GPS 软件主界面如图 6.66 所示。

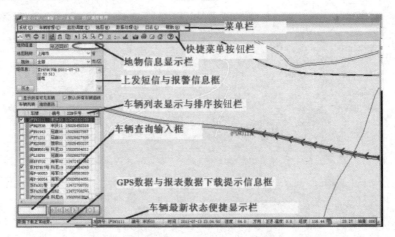

图 6.66　GPS 软件主界面

GPS 软件主界面的各组成部分介绍如下。

① 快捷菜单按钮栏。当鼠标移动到快捷菜单按钮栏上的一个按钮时，就会自动浮现出这个按钮对应菜单项的中文含义。

② 地物信息显示栏。当在地图窗口中选定 GIS 中的点、线、面时，就会显示这个地物信息的名字。

③ 上发短信与报警信息框。用来显示车辆上的报警与上发短信内容。

④ 车辆列表显示与排序按钮栏。这是车辆列表的标题栏，单击每个字段名都可按该字段排序。

⑤ 车辆查询输入框。对较多车辆的用户，在这个输入框中输入"车牌""SIM 卡号""车编号" 3 个字段的全部或最后部分内容并按 Enter 键，即可查询出结果。可自动选定车辆，点击即可查看当前位置、速度等全部信息。

⑥ GPS 数据与报表数据下载提示信息框。当进行 GPS 数据下载或查看报表时提示下载进程和结果。

⑦ 车辆最新状态便捷显示栏。显示当前选定车辆的最新回报时间、速度、方向等信息，详细的信息可点击查看状态查看。

(1) 点击查看状态，可以看到当前车辆的状况，如图 6.67 所示。

图 6.67　状态查看界面

(2) 单击【轨迹回放】，可以选择车辆、设定时间段，对此时间段车辆的轨迹进行回放，如图 6.68 和图 6.69 所示。

图 6.68　轨迹回放界面(1)

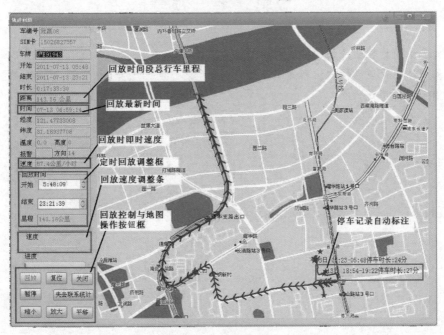

图 6.69　轨迹回放界面(2)

(3) 单击【短信调度】，然后选择需要调度的车辆，再选择预设短信或者在右下角自由编写短信内容，单击【发送】按钮，如图 6.70 所示。此时，车载 GPS 就能接收到短信调度的信息，并且可以语音播报。

图 6.70 短信调度界面

思 考 题

1. 交通运输管理软件的功能是什么?
2. 客户合同管理的操作流程是什么?
3. GPS 的作用是什么?

第七章 企业智能制造生产实训

第一节 智 能 设 计

一、智能工厂设计流程

智能工厂设计流程如图 7.1 所示。

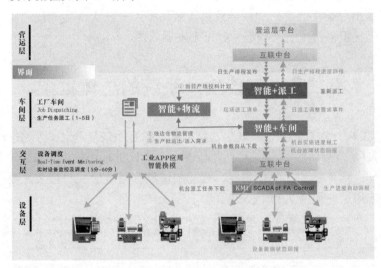

图 7.1 智能工厂设计流程

二、智能工厂设计需求分析

中投顾问发布的《2016—2020 年中国智能工厂深度调研及投资前景预测智能工厂需求分析已有 459 万用户搜索报告》指出,中国人口红利逐步消失,需以智能生产替代人的劳动。

人口红利优势不再,中国制造业面临着巨大的挑战。在以前,传统的生产线中人员的成本非常低,劳动人口的供应市场远大于需求市场。而近年来,各地企业均出现了招工难的问题,由于劳动人口供应的减少,人员对于涨薪的需求逐渐强烈,人员成本逐步上升,而在全球经济缓慢复苏,国内经济下行的形势下,不少企业出现了内忧外患的局面,企业盈利能力下降,已无法满足工人对工资刚性增长的需求。另外,由于劳动力紧张的缘故,各地区对于劳动力资源的争夺愈发强烈,三、四线城市鼓励本地市民在家乡就业,从一、二线大城市打工的流动人口陆续返乡,支援家乡建设,使大城市的制造业面临劳动人口短缺的现状。另外,由于金融、互联网等行业的大力发展,应届毕业生在选择工作时都想方设法进入这些行业,不愿在实体制造业发展,主要原因是他们不愿意干枯燥的体力活,同时认为金融、互联网等领域的薪资水平要高于制造业。综上来看,由于劳动人口的供应量无法满足目前市场需求，中国制造业急迫需要转型——机器替代人劳动的转型。

中投顾问发布的《2016—2020 年中国智能工厂深度调研及投资前景预测报告》指出，在未来中国制造业的工厂里，机器人将代替一半以上人的劳动，机器换人正成为越来越多企业转型升级的共识。目前很多企业都具有比较强烈的机器换人的愿望，一些企业正在等待扶持政策的出台。这样不仅降低了劳动人员成本，极大地缓解了人员压力，同时还提高了生产效率，减少了事故的发生。国内"机器换人"的热潮已席卷各大城市，其中主要集中在珠三角和长三角地带。尤其广东和江浙地区走在最前列，各大企业积极布局机器人在生产线上的应用，政府也积极推动智能生产的发展。由此看出，中国各城市对于目前劳动力供应下降的格局都在思索解决办法，市场强烈的需求愿望促使机器替代人成为产业线上的"操作员"。在政府和企业的合作努力下，未来三年是"机器换人"计划大力实施的阶段，各级政府均出台了相应文件和指导意见，帮助重点企业实现生产线的快速替换。未来制造业的转型已在积极实施中，我们看好未来发展蓝图。

第二节 智能生产系统的总体框架

MES 总体架构分为智能互感互联层、智能制造执行系统层和计划层 ERP 三层结构。MES 通过特定的端口接口服务集层上下层，并以一定协议进行通信。其中智能互感互联层又包括设备执行层、通信层和工业控制层，智能制造执行系统层又包括生产数据中心、数据分析层和业务应用层，如图 7.2 所示。

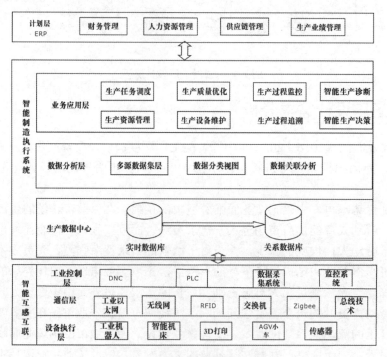

图 7.2 智能生产系统的总体框架

在底层智能互感互联层，主要包括设备执行层、通信层和工业控制层三层物理结构。

以面向设备执行层的工业机器人、智能机床、3D 打印和传感器等物理制造资源,通过通信层的工业以太网、无线网、RFID 以及各种传感器等通信设备连接集成,采集制造生产过程中的多源数据,并按照一定的通信协议进行数据的交换和通信,在通过工业控制层的 DNC、PLC、数据采集系统和生产监控系统等控制系统控制管理设备执行层。以此达到智能工厂制造生产资源的互感互联,实现生产设备资源高度集成,实时精准采集多源制造生产数据。

中间层智能制造执行系统层通过对智能互感互联层的制造过程资源的多源数据采集和集成,存储在实时数据库和关系数据库中。在数据分析层运用大数据挖掘等方法对数据进行分析处理,而由于数据的不完善可用性及其可靠性不高,需要对采集到的数据进行预处理,以提高数据的可信度,再对结构化数据如生产 BOM 表和非结构化数据如产品设计图纸等多源异构数据建立统一的数据模型,建立多维分类视图,然后建立关联模型并进行关联关系分析,挖掘出各数据间存在的关联规律,根据相关规律对生产过程中出现的异常事件进行智能决策。在业务应用层基于数据仓库根据数据分析层获得的描述的数据演进规则相关信息并使用实时预警,反馈控制和优化仿真等,来完成生产资源管理、生产质量优化、生产任务调度、生产过程监控、生产设备维护、生产过程追溯、智能生产诊断和智能生产决策等生产过程管理业务。ERP 层是企业资源计划管理层。参与管理企业人力资源管理,管理规划企业的所有制造资源,根据用户订单制订生产计划,并将生产计划下达到工厂 MES,根据生产计划管理供应链关系,采购物料和销售产品。MES 采集工厂数据反映工厂生产现状,ERP 层根据 MES 反馈的订单完成状况、产品质量检测报表、生产过程物料消耗情况以及各种生产业绩报表等调整制造计划、更加合理安排制造资源、提高生产效率、降低制造成本。智能工厂 MES 架构的实质是工厂利用生产数据分析得到运行知识、实现智能工厂的实时动态优化,提高智能制造的水平。

第三节 智能生产系统分项描述

一、智能装备与控制系统

1. 特征

智能制造主要表现有以下特征:自组织能力、自律能力、自学习能力、系统的智能集成、人机一体化智能系统等。可以看出 IMS 作为一种模式,它是集自动化、柔性化、集成化和智能化于一身,并不断向纵深发展的先进制造系统。20 世纪 60 年代的数控机床(CNC)实现了机械加工过程的可编程自动化;20 世纪 70 年代的柔性制造系统(FMS)将车间级的机床设备、工艺装备、工业机器人及搬运小车等通过计算机在线控制实现了以物流为基础的系统自动化,进一步满足制造系统的柔性化要求;20 世纪 80 年代的计算机集成制造(CIM)通过信息技术将工厂中 CAD、CAPP、CAM 及经营管理等集成起来,按照人们预设的方式实现加工过程的自动化。而智能制造可以在确定性不明确、不能预设的条件下完成拟人的制造工作。

2. 典型智能制造装备及系统分析

RFID 智能仓储物流管理系统

RFID 智能仓储物流管理系统，采用远距离 RFID 射频识别技术及网络信息技术对企业物流货品进行智能化、信息化管理，实现自动记录货品出入库信息、智能仓库盘点、记录及发布货品的状态信息、输出车辆状态报表等功能。本系统是集射频自动识别技术、无线通信技术、计算机控制技术、网络技术于一体的高科技产品。系统硬件主要由固定式阅读器、平板天线、货物电子标签、无线手持式阅读器、管理服务器组成。固定式阅读器与平板天线一起安装在仓库出入口处，以获取物品上电子标签的信息并通过局域网(或者 RS485 总线)把所读取到的电子标签信息传送到管理服务器上进行处理。手持式阅读器用于物品盘点时，读取物品电子标签信息，并通过无线方式把电子标签信息传送到管理服务器上进行处理。

系统能够实现以下功能：

(1) 物品入库，货品入库前，在其外包装上粘贴一张柔性电子标签，并写入物品信息，物品入库时通过阅读器读取后，通过局域网将这些信息显示在屏幕上，让操作人员根据其信息进行存放。

(2) 散货配送，散货，例如油、煤等货品，在收货称量完毕后，丰泰瑞达通过无线手持式阅读器在管理中心数据库寻找空闲车辆的信息，为该货品分配运输车辆。车辆到达并装货后，再通过无线手持式阅读器输入车辆信息、货品信息、到达目的地及时间、货主名称等信息，并通过手持式阅读器的无线功能传送到中心数据库中进行确认和保存。

(3) 配载出库，首先操作人员根据客户的出库计划制作出货清单，同时通过车辆的智能仓储物流管理系统 GPS 信息找到空闲车辆，分配运送该清单上的货品，然后在仓库中找到所需货品进行出库作业。

(4) 卸货中转，货品到达目的地(或中转地)卸车后，采用手持式阅读器读取货品上电子标签信息，了解产品的情况。

(5) 货品盘点，盘点时，工作人员可采用手持式阅读器，在仓库内采集物品上的电子标签信息，完毕后，把所采集到信息通过无线方式传送到中心数据库上进行对比、保存，形成盘点报表。

二、智能仓储和物流系统

1. 特征

企业仓库管理系统是一款标准化、智能化过程导向管理的仓库管理软件，它结合了众多知名企业的实际情况和管理经验，能够准确、高效地管理跟踪客户订单、采购订单以及仓库的综合管理。使用后，仓库管理模式发生了彻底的转变。从传统的"结果导向"转变成"过程导向"；从"数据录入"转变成"数据采集"，同时兼容原有的"数据录入"方式；从"人工找货"转变成"导向定位取货"；同时引入了"监控平台"让管理更加高效、快捷。条码管理实质是过程管理，过程精细可控，结果自然准确无误。

2. 智能仓储功能

(1) 整合。整合是智能仓储的经济利益，通过这样的安装，整合仓库接收制定的货物，将其整合成为单一的装运,这样不仅能实现最低的运输费,同时也能减少货物运输的拥堵。此外,智能仓储可以进行内向转移和外向转移,从而整合成最大的装运。

为了给企业提供更好的整合装运,企业可以将仓库作为货运储备地点。整合仓库作为单独的储运场所,为企业提供方便的存储。

(2) 加工/延期。仓库可以通过承担加工或者延期,为企业实现包装和标签能力,加快企业生产,让企业获得更多的利益。其实,加工/延期为企业提供了两个基本经济利益:

第一,风险最小化。企业产品包装都是在最后完成。

第二,降低存货。企业产品进行基本的包装配置,让产品销售更快。

以上就是加工/延期的优势,降低风险和存货水平相结合,能降低物流系统的总成本,让企业利用最少的成本进行货物运输。

(3) 堆存。该智能仓储服务至关重要,能为企业提供货物续存,不断为客户提供货物,保证企业货物不断。如果企业的堆存服务不好,企业产品销售完之后,企业就无法为客户提供更多的货物,帮助客户获得更多的利益。因此,不要忽视智能仓储堆存的重要性。

三、智能制造执行系统

1. 制造执行系统

制造执行系统(Manufacturing Execution System,MES)是美国 AMR 公司(Advanced Manufacturing Research,Inc.)在 20 世纪 90 年代初提出的,旨在加强 MRP 计划的执行功能,把 MRP 计划同车间作业现场控制,通过执行系统联系起来。这里的现场控制包括 PLC 程控器、数据采集器、条形码、各种计量及检测仪器、机械手等。MES 系统设置了必要的接口,与提供生产现场控制设施的厂商建立合作关系。

制造执行系统能够帮助企业实现生产计划管理、生产过程控制、产品质量管理、车间库存管理、项目看板管理等,提高企业制造执行能力。

2. 智邦国际 ERP 系统

智邦国际 ERP 系统,将企业实际管理需求与先进信息技术完美结合,打造企业全程一体化管理体系,打破各部门、各区域、各系统之间沟通和协作的壁垒,建立规范、灵活、高效的业务流程,实现销售、客户、项目、生产、库存、采购、人资、财务、办公等所有环节全程无缝管理,确保数据信息在传递过程中的准确性、时效性和有效性,帮助企业快速反应、紧密协作、良好运营,更快推进业务发展,全面提升核心竞争力。

第四节 生产指挥系统

一、系统简介

生产指挥系统用于提高企业现代化、科学化、自动化管理水平,实现数据共享、资源共享、网上办公,提高工作效率,加强总部与项目部之间的沟通和联系。及时准确了解各项目部工程进展情况、资金利用情况以及存在问题等。

二、软件开发环境

基于 B/S 结构设计。

发布环境：Windows 2000 Server、IIS5.0。

数据库：SQL Server 2000。

开发工具：Studio.Net(使用 asp.net 及 C#等语言)。

三、主要特点

软件采用先进的开发工具 Studio.Net 2008，安全性高、可扩展强、涉及面广，包括计经部、工程部、财务部、人事部、安监部、物资公司、资产部、企管部等部门。总部可以实时监督、查看各项目部数据，及时发现问题，协调处理。

软件提供详尽的数据，包括图片、文字、数字、统计表、统计图等。各项目部里程碑计划执行情况、施工进度情况、资金使用情况、分包单位资金支付情况、盈利情况、人力资源分布情况、物资供应情况、资产分布情况等一目了然，为领导科学决策提供依据。

第五节　智能生产系统

智能生产系统 MES 系统是一套面向制造企业车间执行层的生产信息化管理系统。MES 可为企业提供包括制造数据管理、计划排程管理、生产调度管理、库存管理、质量管理、人力资源管理、工作中心/设备管理、工具工装管理、采购管理、成本管理、项目看板管理、生产过程控制、底层数据集成分析、上层数据集成分解等管理模块，为企业打造一个扎实、可靠、全面、可行的制造协同管理平台。

基于 MES 的智能生产系统，包括演示层、业务服务层、数据采集层、系统构架层、中央处理器和生产设备。演示层输出端与数据接收模块输入端信号连接，业务服务层输出端与数据接收模块输入端信号连接，数据采集层输出端与数据接收模块输入端信号连接，系统构架层输出端与数据接收模块输入端信号连接，数据接收模块输出端与 Web Service 输入端信号连接，Web Service 与中央处理器双向信号连接，中央处理器与可视系统双向信号连接，生产设备输出端与设备工程管理系统输入端信号连接，设备工程管理系统与中央处理器双向信号连接，生产设备输出端与外部系统输入端信号连接，外部系统输出端与中央处理器输入端信号连接，中央处理器与管理系统双向信号连接，管理系统输出端与微型服务器输入端信号连接，微型服务器输出端与接收器输入端信号连接，接收器输出端与通信模块输入端信号连接，通信模块输出端与接收系统输入端信号连接，通信模块输出端与主控制器输入端信号连接，主控制器输出端与通信设备输入端信号连接。

第七章 企业智能制造生产实训

第六节 智能经营

一、智能经营系统的设计目标

一是精准。依托于平台,加强各测算模块之间的勾稽关系;站在整体 IT 规划的角度,加强与业务系统中数据集成,减少人工干预。

二是紧贴目标。紧贴部门目标,在编制计划时,实时反馈与项目目标、年度目标、季度目标、标杆之间的差距,并进行预警;注重部门目标与财务指标之间的影响;与关键绩效指标(KPI)考核对接。

三是来源于业务。与业务部门沟通,最大限度满足业务计划编制/分析的需求;对业务流程进行梳理。

二、智能经营系统的总体框架

智能经营系统的总体框架,如图 7.3 所示。

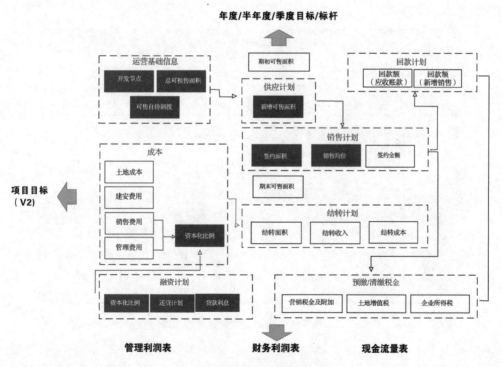

图 7.3　智能经营系统总体框架

三、智能供应链系统

智能供应链需要通过对计划、采购、仓储物流、生产作业四大关键业务环节的管控,实时掌握进度、监控过程异常,包括对整个异常处理的全过程控制,更好地实现问题的事前预防和事中控制,实现各业务部门的协同性,帮助企业落地 PDCA 管理循环和持续优化提升,以支持打造数字化、可视化、信息化、智能化工厂,如图 7.4 所示。

智能供应链建设过程中,将涉及的要素全面集成,从而实现从信息逻辑到物理逻辑的对应关系,合理分解为多个管理模块之后的协同(不是传统供应链中的购买和拼凑),形成工业大数据平台。

当对应关系建立起来后,智能供应链需要重点关注送货计划-到货管理、存储计划-存储现场、配套计划-实物配套、作业计划-现场作业管理、总装计划-总装作业管理、装车计划-装车装柜六个对应的关键环节参数和标准执行,以解决数据一体化、偏差管理一体化的系统性要求,保证系统能够实现差异控制、先期预警和应急管理。过程中还需要考虑包装器具设计与身份管理、存储空间的数字化规划和智能仓储设施、工位智能化配送模式和响应参数设置、成品下线到智能化快速化装车模式等的设计。

将各个要素协同起来,形成企业物联网(对接互联网),将人、机、料、法、环互联互通起来,通过供应链智能协同系统指挥和运营起来,解决横向+纵向的资源协同和信息联通。从而形成智能工厂从供应链策略到监控和执行三个层次的系统性联动,不同物料、不同订单、不同作业方式、不同工位、不同供应商涉及的制造需求全面联系起来,形成横向+纵向的协同,支撑过程中信息逻辑和实物逻辑的对应,以保证供应链资源和计划的一致运行,并最终形成综合的报表。

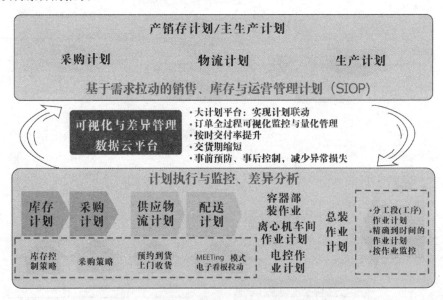

图 7.4 智能化供应链过程数据偏差管理模型

在协同计划管理的主导下,需要管理和实时监控供应商的到货有效性和实时进度,尤其需要控制供应商流程偏差所带来的风险。仓库物流管理可能涉及收货、检验和自动立体库等多个环节,都涉及时间和数量以及信息采集动作,动作的有效性直接实时显示在数字化供应链平台,以监控计划和实际作业之间的差异。生产订单执行的有效性直接决定了交付的可能性,对于智能生产而言,生产异常的实时监控和快速响应,就变得尤其重要。

各个供应链关键环节的数据和运行状态经过系统算法,形成管理者和决策者需要的报表,比如日计划与产值实时报表、月产值停线时间和原因分析实时报表、月产值计划达成

第七章 企业智能制造生产实训

率实时报表、订单延误实时报表、月产值累计达成与标准值之间的差异分析实时报表以及各项产品和产线产值动态类及报表等，从而能够实时显示当前运作对于供应链战略绩效指标的达成情况。

各类管理界面的显示和实时报表的生产，有利于决策者思考供应链优化和战略绩效的持续推动和偏差、瓶颈问题的实施解决，从而实现七大管理要求：量化管理、实时管理、可视化管理、PDCA 管理、主动管理、目标偏差管理、数字化管理，达到持续改进的目的。

当企业逐渐实现了价值链拉通、数字化采购、数字化物流、智能生产之后，整个供应链计划-执行将完全与信息平台融合，实现 CPS(信息物理系统)，未来的差异可视化不再是反馈给作业人员(从而去开会解决问题)，而是反馈给整个供应链系统，从而使这个系统实现实时反馈，形成自组织、自管理等智能化的表现，从而实现智能制造。而代表了供应链信息的各个物料包装单元，都将"会说话"，与供应链上的所有元素进行对话和交流，实现人、机、料、法、环、数的互联互通和工业大数据，从而实现数字化、网络化和智能化。

智造供应链的发展以企业的自动化和信息化发展为基础。自动化主要实现生产过程的数字化控制，离不开各类过程控制类软件的深度应用；信息化主要实现企业研发、制造、销售、服务等环节和流程的数字化，打通企业内部及供应链企业间的数据流，以研发设计类、生产调度类、经营管理类、市场营销分析类软件的深度应用为特征。因此，涵盖上述软件类别的工业软件是智造供应链发展的基础和核心支撑，可视为智造供应链发展的灵魂和风向标。

四、协同商务系统

1. 合同协同商务平台的功能模块的构建

合同协同商务平台的功能模块的构建主要采用模块化设计来实现各项功能，包括移动工作台、合同信息管理、发货/到货/验收协同、结算/开票/付款协同、系统管理及第三方服务平台等一系列功能模块：

(1) 系统管理。用户的基本操作，包括用户的系统登录、身份验证、密码修改重置、权限控制等。其中平台管理员通过后台管理可实现用户管理、界面定制等功能，确定权限域并对不同的角色分配相应的权限，以保证平台与数据的安全性、增强平台的灵活性。供应商合同信息查询：包括合同主信息、明细信息、附件、时间轴四个页签，合同主信息包括合同基本信息、签约信息、累计收支情况三部分；合同明细信息包括合同明细主信息以及明细详情；附件为合同对应的附件；时间轴展示为合同全生命周期过程以及相关过程中业务处理单据。

(2) 合同文本协同。为供应商提供文件传输的通道，供应商的合同承办人在找到相应合同信息后，可在系统允许附件上传的前提下，选择对应的附件类型并上传相关文件，该环节便于合同传输规范化，提高文件协同效果。

(3) 合同文件物流跟踪。在合同文件协同环节合同承办人可人为判断是否有对应的纸质文件，如有则可填写纸质文件相应的物流信息，待对方收到以后进行确认文件收到，继而完成合同文件协同的流程，如图 7.5 所示。

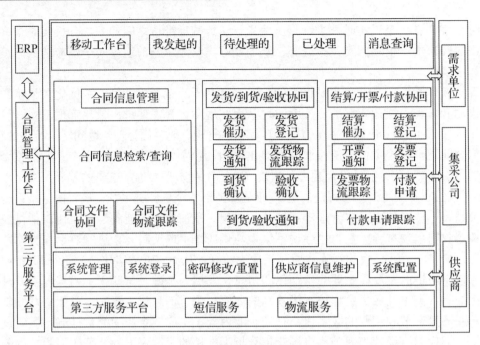

图 7.5　合同协同商务平台

(4) 发货/到货/验收协同。

发货协同：包括可发货的合同明细页面、发货信息录入页面。发货是交易后合同履约的首要环节，供应商可针对需要发货的合同新建发货单。

到货/验收协同：包括可到货/验收的发货单列表页面、到货信息录入页面/验收信息录入页面。到货/验收协同是指供应商确认发货后，集采公司或者需求单位对发货单的明细信息生成到货验收单的协作流程。

(5) 结算/开票/付款协同。

结算/开票协同：包括可结算的验收单列表页面、结算/开票信息录入页面。结算/开票协同通过供应商发起结算申请，由集采公司进行结算确认，并发送短信提醒对方开票，开票完成后维护发票信息并确认的协作流程。

付款协同：包括付款信息录入页面。付款协同是发票协同的闭口环节，是针对合同履行不同节点下的对应款项，进行付款申请的协作流程，付款申请是付款的前提。供应商通过合同信息搜索定位到相应的合同信息，可发起合同付款的申请，待提交以后协同平台会同步推送数据至合同管理系统，集采公司相关人员登录合同管理系统后可在相应的付款申请单上进行更新，进行集采公司的内部付款审批流程。

(6) 第三方平台。通过第三方短信平台及物流平台实现相应业务环节的短信提醒功能，以及相关物流信息追踪功能。

2. 合同协同商务平台的功能和作用

合同管理系统协同平台，是合同管理系统的功能延伸平台。实现了合同履行协同商务全过程管理(签订、发货、到货验收、结算开票、付款)，物流在线跟踪、协同业务短信提醒、合同文件协同交互管理等，实时合同履行过程的动态化、协同化和网络化管理，提高合同管理效率，防空合同风险，确保合同工的顺利与及时的全面履行。

（1）合同数据更加精确。通过与外部供应商的协同操作，为供应商提供精确的发货数据，精确的送货地址信息，精确的合同编号及采购凭证对应信息，减少人为匹配过程，做到关键信息高度共享。

（2）履行信息及时提醒。提供订单的催办功能，以及货物的物流信息在线实时跟踪功能。到货、验收历史记录跟踪查询，合同货物履行数据信息化、透明化。

（3）提高工作效率。合同签订以及履行过程中的附件往来，可在协同平台上进行文件的交互，缩短邮寄时间，提高签订效率。

第七节 智 能 服 务

一、智能服务系统设计的目标

（1）实用性。这是系统设计基本原则，能否满足用户的需求决定该系统是否具有存在价值。若不能满足用户需求，那么该系统是失败的，无法继续使用。一切设计要以满足用户需求为目的。

（2）适应性和扩展性。设计系统时要考虑其适应性，随着网络发展，网络应用越来越多元化，运行环境愈加复杂化，系统若不能具备一定的适应能力，就无法充分发挥作用。扩展性是指系统要易于扩展，如采用分布式系统、模块化设计，还可以根据网络环境的变化适时调整其架构。扩展性其实也是为了适应多元环境而做的变化，可以说也是适应性。

（3）可靠性。设计的系统要是可靠的、可以信赖的。系统运行时尽可能平稳，减少故障率。若出现异常情况，应该能够及时提醒用户并给出解释，同时要能够提供解决方案，确保系统运行流畅，使用户能够继续体验。

（4）维护性和管理性。Web 系统要有一个完善的管理机制，而维护性和管理性是重要的两个指标。系统要实时维护，否则出现异常情况时无法及时排除会造成客户体验下降。正常运行时要做到管理到位，提高用户体验度。

（5）安全性。由于网络应用广泛，计算机病毒传播防不胜防，为了确保网络安全，采用五层安全体系，即网络层安全、系统安全、用户安全、用户程序的安全和数据安全。所设计的系统需要对信息进行严格管理，要保证其来源的可靠性，在技术上应当采取严格保密的安全措施，做到可靠、安全、保密，阻止来源不明的信息。

（6）总体规划、分层实施。设计 Web 系统需要先进行总体规划，确定总体框架，在框架下进行分步、有序开发。现在一般都采用分层开发：表现层、控制层、业务逻辑层、模型层、数据访问层等，在适应系统需求的准则下，设计低耦合的分层结构，提高开发效率，降低项目风险，实现各个模块的功能设计，完成整个系统的开发。

随着微信应用的推广，各种 App 应运而生，瞬间刷爆朋友圈。这些 App 大都是一些简单的小程序，但功能较为全面，涉及线下扫码、信息共享、消息推送、程序切换、历史查询、公众号关联和搜索查找等功能，可以满足大多数用户的需求。这些 App 其本质是对网络平台应用的升级浓缩版，在用户体验之后不断进行完善，以提高体验度，进而增加平台的用户数量及活跃度。鉴于本文景区智能服务系统中涉及微信应用程序的开发，为了提升用户体验度，微信应用程序在设计时需要遵循一定的原则。

（1）礼貌友好：程序设计时要尽量简洁明了，不要加入过多无关干扰因素，避免分散用户的注意力，应当礼貌地向用户展示服务列表，明确服务范围，提供服务项目，有序地引导用户进行操作，做到方便、快捷，一切以用户为中心。这里要注意以下几点：

① 明确流程。用户使用程序时要流畅，不要在操作时出现其他无关因素打断进程，如跳出广告之类。操作过程的流畅与否直接会影响用户的体验度，不该因此类原因而造成用户量的损失。操作流程要衔接紧密、快速、方便。

② 突出重点。程序页面要有明确的重点，用户进入页面后能够一目了然，快速了解页面的内容，根据自身需求来决定下一步操作。这里要减少页面的干扰因素，不要出现影响用户决策和操作的无关内容。

（2）清晰明确：设计程序时要做到以用户为中心，实时考虑用户的体验度，页面要逻辑清晰，当用户进入程序页面后，能明确了解页面内容，知道如何操作下一步，不应存在页面浏览过程中迷失方向。一个清晰明确的页面可以保证用户愉悦的浏览，提高体验度。

程序设计时要提供导航功能，方便用户查询，保证用户不会迷失在页面中。如用户当前页面需要转换，去其他版块，这时需要通过导航找到目标页面，若要返回原页面，亦可以通过导航返回，即解决来回路径问题。导航功能方便了用户使用程序，提高了体验度，无须再另外学习如何使用、操作等问题。在用户操作过程中，程序响应时间需要减少，页面停留时间过长会引起客户的不满，降低使用度，因此设计程序时要缩短反馈时间。若仍然出现了因加载而导致的延迟，要及时做出回应，取得用户谅解，同时避免再次出现类似情况。其次是减少等待，反馈及时，页面过长时间的等待会引起用户的不良情绪，使用微信小程序项目提供的技术已能很大程度缩短等待时间。即便如此，当不可避免地出现了加载和等待的时间，需要予以及时的反馈以舒缓用户等待的不良情绪。

程序运行时偶尔会出现卡死现象，滞留在当前页面不再跳转，这类情况需要格外注意，设计时需要做到异常可控，给用户留有退路，给予必要的提示，提供解决方案。一定要防止用户始终处于卡死页面，无事可做。

（3）方便简洁：移动互联网时代，人们只需要动动手指，就可以操作界面，因此设计程序时，界面要做到方便简洁，减少因界面复杂而带来的操作失误，毕竟手指点击操作准确性有限。要提高用户操作精确度，就要充分考虑手指操作特征，界面要简洁明了，目录排列要清晰，接口要简单易点击，同时要减少不必要的操作，过程要直截了当。总结起来就是减少输入、避免误操作，利用接口提升性能。

（4）统一稳定：程序设计时要注意各页面间保持统一性和延续性，为避免出现不兼容和延迟现象，要尽量使用一致的控件和交互方式。

（5）视觉规范：微信为程序设计者提供了一套 Web 设计和程序使用的基础控件库，方便了开发者调用，统一规范，避免出现五花八门的视觉效果，给用户带来不便。

二、在线智能服务系统的总体框架

在线智能服务系统总体框架如图 7.6 所示。

第七章　企业智能制造生产实训

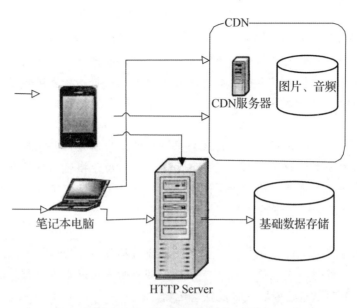

图 7.6　在线智能服务系统总体框架

案例　美国福特汽车公司的即时制生产

在 20 世纪最初的 20 年间，福特首先把泰勒科学管理原则应用于生产的组织过程，创立了流水线作业体系，从而奠定了现代大工业管理组织方式的基础，因此，也被称为泰勒福特制，其基本特点表现为大规模批量生产，以实现规模经济效益。进入 20 世纪 70 年代之后，福特制出现了严重的危机，欧美企业陷入困境，其原因不仅仅是简单的生产成本问题，更重要的是它们无法对市场的多样化需求做出更快、更适宜的反应。

20 世纪 80 年代以来，美国、西欧及其他国家开始学习和应用日本首创的 JIT 管理方法。福特汽车公司是美国三大汽车制造公司之一。其工厂遍及北美，生产重点在于汽车组装，依赖北美许多供应零配件，它于 1987 年实施 JIT 管理。

日前福特汽车公司大约有 60%的成本是用在采购原材料和零部件。福特汽车公司的全球资源配置中，它主要在加拿大、日本、墨西哥、德国、巴西和其他一些国家进行原材料和零部件的采购。福特汽车公司的全球范围采购已经有很长的历史了。从 20 世纪 70 年代开始。它着重于评价全球范围内的供应商，以获得一流的质量、最低的成本和最先进的技术支持提供者。它的目标远建立一个适于全球制造的汽车生产环境，零部件的设计、制造、采购以及维装都是在全球范围内进行的。福特汽车公司建立了一个日报交货系统应用于它的十七个分厂，该系统反映各分厂每天生产原材料大致的需求量。尽管福特汽车公司不要求它位于世界各地的供应商在美国开设仓库，但能否从当地仓库实现 IT 供货仍然是福特汽车公司可评价选择供应物的关键标准。

福特汽车公司的及时生产，是以最低库存、直接针对市场需求的小批量生产，其生产设计具有迅速转产成转型的灵活性。厂房布局使机械加工过程组合得很紧密，这样能够减少材料的移运。另外，由于与零售商达成协议，因此生产计划可以很稳定。公司的即时生产需要即时制系统的支持，福特汽车公司的即时制系统的特点有以下几方面：

1. 厂内系统

福特汽车公司的生产线进料储存量设计为保持全天所需的原材料外加半天的保险库存,除非需要安全库存的关键物品,消除大多数非生产线进料库存。大部分原料直接传递到生产线进料地点,消除大宗库存,取消库存用地。通过将物料直接传递到生产线进料地点,而取消了额外的物料管理,同时使用可退换窗口来改进搬运效率。

2. 包装系统

福特汽车公司所用的包装是专门为该公司设计的,采用可折叠包装以便于回收。减少可消耗包装的成本及其处理成本,提高包装的保护性以便于搬运。标签及文字记录的位置标准化,使搬运快捷、准确。优化模型设计,方便运输工具及铲车作业。提高搬运效率,尤其是提高生产线进料处的搬运效率。

3. 运输系统

即时物流需要可靠的运输供应商。福特汽车公司尽最减少运输承运人的数量,谈判合同包括处罚条款。随时检查运输系统的可偿性,必要时采用汽车运输代替铁路运输。在可能的情况下,以即时铁路运输取代常规铁路运输。

4. 向内运输系统

汽车和铁路运输定时到达福特工厂,采用时间窗口进行递送。使用转动式拖车卸货,而不采用倾倒和转换式卸货,这样可以消除拖车连成一串的情况,使接货的人力安排更有效,减少了卸货车辆的等待时间。采用循环收取的办法,以便于车辆能从若干个供应者那里收取物料,这样,提高了效率,运输公司与福特汽车公司每天通过计算机联网信息系统来联系。另外,福特汽车公司还利用铁路运输来发展即时性业务。

5. 供应商

供货方均以年度合同方式向福特公司供货。供货方掌握20年的关于福特公司每日生产需求的连续报表,以使供货计划由每天物资需求系统来连接。每天晚上,物资需求系统将次日物资需求信息传递给运输公司。供应商必须随时将物资准备好以便装车。运输采用特定的集装箱、用指定的托盘并在特定的时间、窗口进行。承运人要在特定的时间和窗口提取物资,货物往往在当日或连夜运送。

福特汽车公司与供应商保持紧密合作,并在适当的时候为供应商提供一定的技术培训,这与不同地区以及公司的不同需求有关,一般而言,发达地区的供应商需要的技术支持比不发达地区供应商的少。不少国外供应商都与福特汽车公司在工程、合作设计等方面保持着良好的合作关系,因此,对于很多关键部件,福特汽车公司都有当地供应商相关职员提供的有力技术支持。与全球供应商之间的技术交流困难也因此得到缓和。福特汽车公司要求其供应商在生产计划变化的时候能迅速反应。

6. 即时协调

从福特汽车公司的成功经验来看,即时管理协调员是确保系统正常运行的关键。当供应商或承运人或福特厂家未能按计划运作时,即时管理协调员就对系统进行调整。供应商或承运人出现违约时,即时管理协调员要追究其责任。此外,福特公司与供应商及承运人三方按计划运作,建立伙伴关系,履行各自的承诺。福特公司对可靠的服务按时支付费用,并帮助培训。

思 考 题

1. 福特制为什么会出现危机?
2. 福特公司如何在内系统方面进行调整,使之符合即时制生产的要求?
3. 福特公司如何在包装和运输等方面进行调整,使之符合即时制生产的要求?
4. 福特公司如何在运输等方面进行调整,使之符合即时制生产的要求?
5. 福特公司的危机使中国公司得到哪些教训?

第八章 无人超市

第一节 硬件简介与基础资料的维护

未来超市就是一个将 RFID 技术、计算机网络、无线通信、无线传感等诸多物联网技术综合应用于零售业的系统,在库存管理、销售管理、物流配送等方面降低超市成本,提高供货商对消费端的反应效率,并赋予顾客全新的消费体验,从而提高顾客的忠诚度和满意度,真正将供应链转为以消费者为主导的运作模式,创造了新型零售关系。未来超市具备现代化超市的各种智慧功能,通过实训可完全模拟再现这种智慧功能,让学生全面、真实地体验和感受未来超市的特点。

一、硬件简介

未来超市系统主要包括以下模块:超市后台管理系统、自动结算系统、电子价签系统、商品动态监控系统、智能导购系统、商品追溯查询系统。各模块所需设备如表 8.1 至表 8.7 所示。

1. 超市后台管理系统

表 8.1 超市后台管理系统设备清单

序 号	设备名称
1	光载无线交换机
2	远端射频单元
3	机架式以太网交换机
4	物联网信息平台服务器
5	网络机柜
6	机架式显示器键盘鼠标
7	特高频 RFID 通道阅读器
8	特高频手持读卡器
9	高频读卡器
10	Wi-Fi 设备服务器
11	特高频标签
12	腕带高频标签
13	托盘货架
14	运货车
15	堆高车

第八章 无人超市

2. 自动结算系统

表 8.2　自动结算系统设备清单

序　号	设备名称
1	POS 机
2	收银台
3	特高频 RFID 通道阅读器
4	Wi-Fi 服务器

3. 电子价签系统

表 8.3　电子价签系统设备清单

序　号	设备名称
1	电子价签
2	价签基站

4. 商品动态监控系统

表 8.4　商品动态监控系统设备清单

序　号	设备名称
1	智能货架
2	分体式超高频读卡器
3	特高频读卡器天线
4	特高频手持读卡器
5	纸质特高频标签
6	抗金属特高频标签
7	47 寸一体机
8	Wi-Fi 设备服务器
9	高频读卡器

5. 智能导购系统

表 8.5　智能导购系统设备清单

序　号	设备名称
1	智能购物车

6. 商品追溯查询系统

表 8.6　商品追溯查询系统清单

序　号	设备名称
1	自助查询终端
2	桌面发卡器

7. 管理软件

表 8.7　管理软件清单

序　号	设备名称
1	超市管理软件
2	智能导购软件

二、基础资料维护

1. 用户信息管理

（1）管理员用户：指的是拥有管理商品、设备等权限的用户。

（2）会员管理：指的是普通的会员用户，可以购买商品，通过 App 登录，获取系统推送消息的用户。包括会员姓名、等级、寄送地址等。客户资料添加，单击【销售】→【客户管理】，再输入具体信息。

2. 商品管理

（1）商品信息录入。

商品信息包括商品的分类、品牌、评价、地区、价格等信息。

将店内所售每一件商品通过商品管理记录在软件当中，以便于销售、采购等开单使用。

① 找到首页→设置→商品管理；

② 找到右侧添加商品按钮；

③ 输入对应信息即可成功添加商品，如图 8.1 所示。

图 8.1　商品信息输入界面

（2）商品库存初始化。

添加库存有以下方法：

第一种：在商品管理添加商品界面的右下角找到"初始库存数量"，可以增加库存。

第二种：在【仓库】→【库存盘点单】开单，盘点当前商品库存。
第三种：在【采购】→【采购单】开单，通过采购方式增加库存。
需要注意的是，第一种适用最开始新增商品时使用，第二、第三种适用后续添加。

(3) 供应商资料初始化。

供应商资料添加，单击【采购】→【采购单】，再输入具体信息，如图 8.2 所示。

图 8.2　供应商资料初始化

第二节　商品采购流程

采购订单是超市与供应商签订的契约，用来记录超市与某个供应商的订货时间、订货数量等信息，从而实现合理利用资金、调配库存数量、降低采购风险的目标。

打开"采购单"时，系统会自动根据当前的货物结余数以及库存上下限的设定来判断货物库存情况，如果存在库存不足，则系统会提示"商品库存不足，是否自动生成订单？"选择"是"按钮，则系统打开"请选择商品类别"窗口，窗口会显示"订货商品类别"。选择完毕，单击"确定"按钮，系统自动生成缺货商品的采购订单，直接修改相应的数量即可。如果在提示窗口单击"否"按钮，则系统会打开"采购订单"界面以供编辑。对于有交货日期的订单，如果到期时订单仍未执行完毕，系统会在"超期订单"列表给予相应提示。

1. 采购收货

"采购收货单"是超市确认采购收货的依据，可将其作为从供应商处取得的采购发票，当采购的货品到达时，请在验收货品后编辑此单中的收货单价、收货数量、所属供应商等，也可以此作为采购货物的入库手续。

"采购收货"单可以根据"采购订单"和实际收货情况来编制。当"采购收货"单引用"采购订单"生成时，"收货数量"自动生成，不可输入。在没有订单的情况下也可以直接按收货的实际数据来编制。

供应商欠款栏：由供应商应付金额—预付金额差额自动填入，不可修改。

产品批号栏：由选择的"采购订单"代入，可以修改。

2. 采购付款

采购付款是处理超市向供应商支付采购货款的功能模块，可以处理采购预付款、采购收货付款、采购预付款冲销应付款、一张采购单分次付款等各种业务。

自动付款栏功能：在选择了多张采购收货单并输入实付金额后，可以直接单击"自动付款"，系统会自动将确认支付的金额按照单据顺序进行支付。

付款类型：系统提供"预付款、应付款、预付冲应付、应付转预付"4个选择项以供选择。

预付金额：可人工输入，也可由系统自动计算得出。

应付金额：由各表中的本次付款金额合计填入，也可由用户人工输入。

折扣率：默认"100"，可修改。当整单折扣等于100时，折扣科目变为灰色，不可编辑。

实付金额：系统根据"应付金额×整单折扣"自动计算，可修改。

总金额：由选择的"采购开单"明细表中的价税合计代入，不可修改。

已结算金额：由"已付金额"代入，不能修改。

第三节　会员卡、入货上架

一、会员卡制作

扫描店铺二维码，安装 App，即可填写顾客信息登记表快速成为会员，节省会员卡制卡成本，顾客信息包括：姓名、性别、身份证号、手机号，会员卡号自动生成。会员卡有以下功能：①储值功能，帮助店铺回笼资金；②客户既可用余额消费，也可在消费时凭卡号获取相应积分，凭积分兑换礼品；③客户在会员卡里，可以轻松查看积分动态、消费细节等，还可以查看店铺新产品，用户即使在不到店的情况下，也可以通过手机挑选心仪产品。

二、商品动态监控

商品动态监控是智慧超市的核心功能之一。在智能货架上布设特高频 RFID 读卡设备，在商品上贴上超高频 RFID 标签，在商品货架、管理中心添加显示设备，配合手持式超高频 RFID 读卡器、智能购物车等，通过管理软件整合所有器件实现智能货架与商品系统的智慧应用功能。实现：商品识别与监控、货物智能动态盘点、补货提醒、智能上架等功能。其优点包括：

- 商品识读与动态监控，系统采用超高频 RFID 读卡器和手持式超高频 RFID 读卡器对货架上商品进行识读与监控，可以随时掌握货架上商品的品类和数量，并记录商品放置时间、离开时间、每层货架商品放置状态。
- 可自动进行货物智能盘点功能。
- 利用货架上的显示设备和智能设备，可指引拣货路线、位置、货物信息等功能。
- 根据货物的销售情况，可进行补货提醒、智能上架等功能。

三、商品标价

在传统超市系统中，商品价格标签粘贴、修改、更换等工作都需人工一一打印、书写、寻找商品位置，然后更改，十分耗费时间、人力、物力。电子标签是在货架上使用可远程控制的电子显示设备，通过标签基站对各个商品价签的价格显示，可实现后台价格数据改动、前台价签实时更新。电子标签减轻了每次价格变更的劳动强度，确保价格及时变更，同时避免价签粘贴错误的问题。电子标签基本架构如图8.3所示。

图 8.3　电子标签基本架构

其优点包括：
- 后台集中控制，智能化管理，价签更改快速、精确无误。
- 节约时间、人力、物力，节约成本，提升效率。
- 是智能货架与商品系统的重要组成部分，可提醒补货和上架。

具体操作步骤如下：
(1) 设置电子价签参数。
单击【系统设置】→【硬件设备设置】→【电子价签设置】，然后依次进行填写。
(2) 操作同步电子价签。
单击【全部菜单】→【系统设置】→【通用设置】，单击【同步电子价签】。
(3) 查看电子价签商品信息。
单击【快捷功能】→【商品信息】，查看来自同步的电子价签商品信息。
(4) 绑定价签标识。
填入【价签标识(内部)】，商品信息【绑定】价签标识，推送显示在电子价签上。
(5) 电子价签显示。
确认电子价签推送显示正常，分别进行安装。

第四节　购 物 收 银

一、智能导购

(1) 顾客凭之前办理的 App 虚拟会员卡进入超市，没有会员卡无法进入超市，系统会自动报警。
(2) 顾客每人选择一个智能购物车，凭借智能购物车上的设备进行商品的浏览和选购。

(3) 系统通过对智能购物车当前所在的位置定位,向智能购物车的屏幕上推送附近货架上的特价商品信息以及相应的广告信息。商品使用 RFID 标签记载商品、优惠等信息。

(4) 通过购物车的定位功能获取当前购物车位置,结合系统中各货架、商品位置等信息,能够迅速地在车载电脑上显示符合客户需求的购物路线、货架、商品等信息,指引客户找到商品,如图 8.4 所示。

图 8.4 商品信息推送与导购系统示意

二、自动结算系统

在传统超市系统中,客户们总是在结算区域排着长龙,花费大量的时间等待结算。智慧超市在结算区布置分体式超高频读卡器,可一次性、批量读取带有 RFID 标签的商品的信息,实现批量商品快速结算功能。同时,利用 RFID 技术的可穿透性,结算区还有商品防盗功能,如图 8.5 所示。

其优势与特点如下:
- 采用射频识别技术,批量扫描,批量结算,提供效率,提升客户感知。
- 系统简单,节省成本,节约人力、物力。
- 智能化防盗,提升超市安全性。

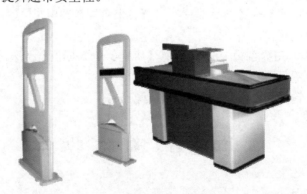

图 8.5 自动结算系统示意

购物结束后,未购物顾客从"无购物通道"离开。如购入商品,从 RFID 通道进行智能结算,并自动从虚拟会员卡内扣钱,如果卡内余额不足,则提示不予放行,如若强行通过,系统自动报警。

三、商品追溯查询系统

随着社会的发展,大家对绿色环保、健康等越来越重视,对商品的生产过程也特别关注,商品追溯系统便应运而生。关于商品的生产、运输、包装上架等信息登记在系统的服务器中,客户通过自助查询终端或 RFID 读卡器对感兴趣的商品进行追溯查询。

其优点包括:可查询商品生产、运输、包装过程中的各种信息,价格以及优惠活动等。

思 考 题

1. 无人超市与普通零售店比较,有哪些优劣势?
2. 无人超市尚未获得大规模推广,其制约因素是什么?
3. 无人超市结构设计的内容是什么,其设计中需要满足哪些方面的需求?

第九章 智慧物流中的新技术

云计算技术、大数据技术是近几年信息领域发展的新技术，在智慧物流中已成为重要的支撑技术。其中，云计算是提供便捷的通过互联网访问一个可定制的 IT 资源共享池能力的服务模式，云计算将网络上分布的计算、存储、服务构件、网络软件等资源集中起来，基于资源虚拟化的方式，为用户提供方便快捷的服务，它可以实现计算与存储的分布式与并行处理。互联网是最大的一片"云"，其上的各种计算机资源共同组成了若干个庞大的数据中心及计算中心。大数据(big data)，或称巨量资料，所涉及的资料量规模巨大，在合理时间内达到撷取、管理、处理并整理成为帮助企业经营决策更积极目的的信息并进行数据通信，实现网络上的资源共享和信息交换的信息手段。本章重点介绍云计算技术和大数据技术的基本概念及其在智慧物流中的应用。

第一节 云计算的概念和应用

一、云计算的提出

随着数字技术和互联网的急速发展，特别是 Web2.0 的发展，互联网上的数据量高速增长，导致了互联网数据处理能力的相对不足，但互联网上同样存在着大量处于闲置状态的计算设备和存储资源，如果能够将其聚合起来统一调度提供服务则可以大大提高其利用率，让更多的用户从中受益。目前，用户往往通过购置更多数量或更高性能的终端及服务器来增加计算能力和存储资源。但不断提高的技术更新速度与昂贵的设备价格让人望而却步。如果用户能够通过高速互联网租用计算能力和存储资源，就可以大大减少对自有硬件资源的依赖，而不必为一次性支付大笔费用而烦恼。

这正是云计算要实现的重要目标之一。通过虚拟化技术将资源进行整合，形成庞大的计算与存储网络，用户只需要一台接入网络的终端就能够以相对低廉的价格获得所需的资源和服务，而无须考虑其来源，这是一种典型的互联网服务方式。云计算实现了资源和计算能力的分布式共享，能够很好地应对当前互联网数据量高速增长的势头。云计算(Cloud Computing)这个概念的直接起源是亚马逊 EC2(Elastic Compute Cloud)产品和 Google-IBM 分布式计算项目。这两个项目直接使用了 Cloud Computing 这个概念。之所以采用这样的表述形式，很大程度上是由于这两个项目与网络的关系密切，而"云"的形象又常常用来表示互联网。因此，云计算的原始含义即为将计算能力放在互联网上。当然，云计算发展至今早已超越了其原始的概念。

二、云计算的定义

云计算至今为止没有统一的定义，不同的组织从不同的角度给出了不同的定义，根据不完全统计至少有 25 种，例如，Gartner 认为，云计算是一种使用网络技术并由 IT 使能而具有可扩展性和弹性能力作为服务提供给多个外部用户的计算方式；美国国家标准与技术实验室对云计算的定义是"云计算是一个提供便捷的通过互联网访问一个可定制的 IT 资源共享池能力的按使用量付费模式(IT 资源包括网络、服务器、存储、应用服务)，这些资源能够快速部署，并只需要很少的管理工作或很少的与服务供应商的交互"；等等。随着应用场景的变化和使能技术的发展，关于云计算的定义还在不断产生新的观点。云计算将网络上分布的计算、存储、服务构件、网络软件等资源集中起来，基于贺源虚拟化的方式，为用户提供方便、快捷的服务，它可以实现计算与存储的分布式与并行处理。如果把"云"视为一个虚拟化的存储与计算资源池，那么云计算则是这个资源池基于网络平台为用户提供的数据存储和网络计算服务。互联网是最大的一片"云"，其上的各种计算机资源共同组成了若干个庞大的数据中心及计算中心。但是，云计算并不是一个简单的技术名词，并不仅仅意味着一项技术或一系列技术的组合。它所指向的是 IT 基础设施的交付和使用模式，即通过网络以按需、易扩展的方式获得所需的资源(硬件、平台、软件)。提供资源的网络被称为"云"。从更广泛的意义上看，云计算是指服务的交付和使用模式，即通过网络以按需、易扩展的方式获得所需的服务，这种服务可以是 IT 基础设施(硬件、平台、软件)，也可以是任意其他的服务。无论是狭义还是广义，云计算所秉承的核心理念是"按需服务"，就像人们使用水、电、天然气等资源的方式一样。这也是云计算对于 IT 领域乃至于人类社会发展最重要的意义所在。

三、云计算的组成

云计算的组成可以分为 6 个部分，它们由上至下分别是：基础设施(Infrastructure)、存储(Storage)、平台(Platfom)、应用(Application)、服务(Services)和客户端(Clients)。

1. 基础设施

云基础设施，即 LaaS，是提供计算机基础设施，通常是虚拟化的平台环境，作为一项服务。具体应用如：Sun 公司的网格(Sun Gid)，亚马逊(Amazon)的弹性计算云(Elastic Compute Cloud，EC2)。

2. 存储

云存储涉及提供数据存储作为一项服务，包括类似数据库的服务，通常以使用的存储量为结算基础。全球网络存储工业协会(SNIA)为云存储建立相应标准。它既可交付作为云计算服务，又可交付给单纯的数据存储服务。具体应用如：亚马逊简单存储服务(Simple Storage Service，S3)，谷歌应用程序引擎的 Big Table 数据存储。

3. 平台

云平台，即 PaaS，直接提供计算平台和解决方案作为服务，以方便的应用程序部署，从而节省购买和管理底层硬件和软件的成本。具体应用如：谷歌应用程序引擎(Google App Engine)，这种服务让开发人员可以编译基于 Python 的应用程序，并可免费使用谷歌的基础设施来进行托管。

4. 应用

云应用利用云软件架构，往往不再需要客户在自己的计算机上安装和运行该应用程序，从而减轻软件维护、操作和售后支持的负担。具体应用如：Facebook 的网络应用程序，谷歌企业应用套件(Google Apps)。

5. 服务

服务是指包括产品、服务和解决方案都实时地在互联网上交付和使用。这些服务可能通过访问其他云计算的部件(如软件)直接和最终用户通信。具体应用如亚马逊简单排列服务(Simple Queuing Service)、贝宝在线支付系统(Paypal)、谷歌地图(Google Maps)。

6. 客户端

云客户端包括专为提供云服务的计算机硬件和计算机软件终端，如苹果手机(iPhone)、谷歌浏览器(Google Chrome)。

四、云计算的主要特征

用户从事云计算并不拥有有形基础设施作为自身的软件平台。相反，他们避免了固定资产的支出，而从第三方供应商租赁资源的使用权。该资源作为一项服务提供给客户，并按照效用计算模式向最终用户收取费用，这类似于传统公用事业中的电力消耗。多个用户共享云计算能力，这样服务器不闲，可以在应用程序开发速度的同时，提高利用率，大大降低成本。这种做法还能使"计算机能力大幅增加"，因为云计算的基础设施能通过自身动态调配的资源来响应客户的请求，使客户不必担心服务器的高峰负荷。更加具体地来说，云计算具有以下 8 大特征：

1. 灵活性

使用户能够快速和廉价地利用技术基础设施资源。服务的实现机制对用户透明，用户无须了解云计算的具体机制，就可以获得需要的服务。

2. 经济性

成本大大降低，资本开支将转换为业务支出。云计算的基础设施通常是所提供的第三方，这使用户不需要为了一次性或非经常性的计算任务购买昂贵的设备。以计算量为计费标准，也减少了客户对 IT 设备知识的要求。

3. 独立性

由于能够使用网络浏览器接入系统，于是用户可以从任何位置，利用正在使用的设备，如个人计算机或移动电话，通过互联网访问他们所需的信息，获得他们所需的服务。

4. 共享性

众多用户分享资源，并且避免单一用户承担较高的费用或有限的资源无法被充分利用。

5. 可靠性

云计算系统由大量商用计算机组成机群向用户提供数据处理服务，利用多种硬件和软

第九章 智慧物流中的新技术

件冗余机制，这使它适合于业务连续性和灾难恢复。

6. 可扩展性

现在大部分的软件和硬件都对虚拟化有一定支持，各种资源、软件、硬件都虚拟化放在云计算平台中统一管理，通过动态的扩展虚拟化的层次达到对以上应用进行扩展的目的。

7. 安全性

云计算的安全由于中央集权的数据管理而提高，这是因为供应商能够把资源用于进行安全审计和解决安全问题，而一般的客户能力或资金有限。

8. 可持续性

由于计算机及相关的基础设施是主要的消费能源，供应商出于各方面考虑，都会是通过提高能源利用率，建设更有效的系统，从而降低整体能耗。

五、云计算的服务模式

云计算通过互联网提供软件与服务，并由网络浏览器界面来实现。用户加入云计算不需要安装服务器或任何客户端软件，可在任何时间、任何地点、任何设备(前提是接入互联网)上通过浏览器随时随意访问，云计算的典型服务模式有三类：软件即服务(Software as a Service，SaaS)、平台即服务(Platform as a Service，PaaS)和基础设施即服务(Infrastructure as a Service，IaaS)。

SaaS 是指用户通过标准的 Web 览器来使用 Internet 上的软件。从用户角度来说，这意味着他们前期无须在服务器或软件许可证授权上进行投资；从供应商角度来看，与常规的软件服务模式相比，维护一个应用软件的成本要相对低廉。SaaS 供应商通常是按照客户所租用的软件模块来进行收费的，因此用户可以根据需求按需订购软件应用服务，而且 SaaS 的供应商会负责系统的部署、升级和维护。SaaS 在人力资源管理软件上的应用较为普遍。Salesforce.com 以销售和管理 SaaS 而闻名，是企业应用软件领域中最为知名的供应商。

PaaS 是指云计算服务商提供应用服务引擎。如互联网应用程序接口(API)或运行平台，用户基于服务引擎构建该类服务。PaaS 是基于 SaaS 发展起来的，它将软件研发的平台作为一种服务，以 SaaS 的模式提交给用户，可以加快 SaaS 的发展，尤其是加快 SaaS 应用的开发速度。从用户角度来说，这意味着他们无须自行建立开发平台，也不会在不同平台兼容性方面遇到困扰。从供应商的角度来说可以进行产品多元化和产品定制化。Salesforce.com 公司的云计算结构称为 Force.com。该平台作为一个服务运行在 Internet 上，是完全即时请求的，收费是以每登录为基础的。让更多的独立软件提供商成为其平台的客户，从而开发出基于他们平台的多种 SaaS 应用，使其成为多元化软件服务供货商(Multi Application Vendor)，扩展了业务范围。

IaaS 是指云计算服务商提供虚拟的硬件资源。如虚拟的主机、存储、网络、安全等资源，用户无须购买服务器、网络设备和存储设备，只需通过网络租赁即可搭建自己的应用系统。IaaS 定位于底层，向用户提供可快速部署、按需分配、按需付费的高安全与高可靠的计算能力及存储能力租用服务，并可为应用提供开放的云基础设施服务接口，用户可以根据业务需求灵活定制租用相应的基础设施资源。IBM 凭借其在 IT 基础设施及中间件领域的强势，建立云计算中心，为企业提供基础设施的租用服务。

无论是 SaaS、PaaS 还是 IaaS，其核心概念都是为用户提供按需服务。于是产生了"一切皆服务"（Everything as a Service，EaaS 或 XaaS）的理念。基于这种理念，以云计算为核心的创新型应用不断产生。

六、云计算的意义

如同使用水、电、气一样完全按需使用 IT 资源，特别是虚拟化的计算中心，可大大降低对服务器、存储设备和电力的无效消耗，实现绿色计算，满足智慧地球的绿色理念。通过虚拟化云设施可以及时满足任何时间、任何地点的突发性信息服务需求，提高信息服务质量。通过 SaaS 方式的软件服务，实现软件应用的零初始化投资，可以有效避免信息化开发的投资风险，特别对中小企业信息化具有重大意义。

第二节　云计算的体系结构

一、云计算的基本原理

云计算是对分布式处理(Distributed Computing)、并行处理(Parallel Computing)和网格计算(Grid Computing)及分布式数据库的改进处理，其前身是利用并行计算解决大型问题的网格计算和将计算资源作为可计量的服务提供的公用计算，在互联网宽带技术和虚拟化技术高速发展后萌生出云计算。

许多云计算公司和研究人员对云计算用各种方式进行描述和定义，基于云计算的发展和我们对云计算的理解，概括性给出云计算的基本原理为：利用非本地或远程服务器(集群)的分布式计算机为互联网用户提供服务(计算、存储软硬件等服务)。这使用户可以将资源切换到需要的应用上，根据需求访问计算机和存储系统。云计算可以把普通的服务器或者 PC 连接起来以获得超级计算机的计算和存储等功能。云计算真正实现了按需计算，从而有效地提高了对软硬件资源的利用效率。云计算的出现使高性能并行计算不再是科学家和专业人士的专利，普通的用户也通过云计算享受高性能并行计算所带来的便利，使人人都有机会使用并行机，从而大大提高了工作效率和计算资源的利用率。云计算模式中用户不需要了解服务器在哪里，不用关心内部如何运作，通过高速互联网就可以透明地使用各种贺源。

云计算是全新的基于互联网的超级计算理念和模式，实现云计算需要多种技术结合，并且需要用软件实现将硬件资源进行虚拟化和调度，形成一个巨大的虚拟化资源池，把存储于个人计算机、移动设备和其他设备上的大量信息和处理器资源集中在一起，协同工作。按照最大众化、最通俗理解云计算就是把计算资源都放到互联网上，互联网即是云计算时代的云。计算资源则包括了计算机硬件资源(如计算机设备、存储设备、服务器集群、硬件服务等)和软件资源(如应用软件、集成开发环境、软件服务)。

二、云计算体系结构

云计算平台是个强大的"云"网络，连接了大量并发的网络计算和服务，可利用虚拟化技术扩展每一个服务器的能力，将各自的资源通过云计算平台结合起来，提供超计算和存储能力。通用的云计算体系结构如图 9.1 所示。

1. 云用户端

提供云用户请求服务的交互界面，也是用户使用云的入口，用户通过 Web 浏览器可以注册、登录及定制服务、配置和管理用户。打开应用实例与在本地操作桌面系统一样。

2. 服务目录

云用户在取得相应权限(付费或其他限制)后可以选择或定制的服务列表，也可以对已有服务进行退订的操作，在云用户端界面生成相应的图标或列表的形式展示相关的服务。

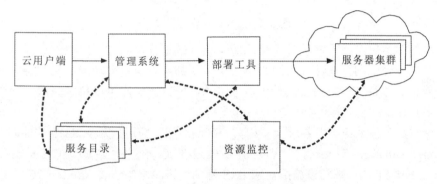

图 9.1　通用的云计算体系结构

3. 管理系统和部署工具

提供管理和服务，能管理云用户，能对用户授权、认证、登录进行管理，并可以管理可用计算资源和服务，接收用户发送的请求，根据用户请求并转发到相应的程序，调度资源，智能地部署资源和应用，动态地部署、配置和回收资源。

4. 监控

监控和计量云系统资源的使用情况，以便做出迅速反应，完成节点同步配置、负载均衡配置和资源监控，确保资源能顺利分配给合适的用户。

5. 服务器集群

虚拟的或物理的服务器，由管理系统管理，负责高并发量的用户请求处理、大运算量计算处理、用户 Web 应用服务，云数据存储时采用相应数据切割算法，采用并行方式上传和下载大容量数据。用户可通过云用户端从列表中选择所需的服务，其请求通过管理系统调度相应的资源，并通过部署工具分发请求、配置 Web 应用。

三、云计算服务层次

在云计算中，根据其服务集合所提供的服务类型，整个云计算服务集合被划分成 4 个层次：应用层、平台层、基础设施层和虚拟化层。这 4 个层次每一层都对应着一个子服务集合，云计算服务层次如图 9.2 所示。

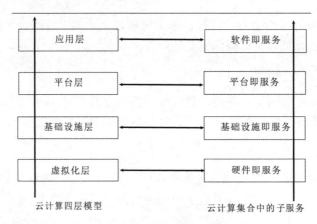

图 9.2 云计算的服务层次

云计算的服务层次是根据服务类型即服务集合来划分，与大家熟悉的计算机网络体系结构中层次的划分不同。在计算机网络中每个层次都实现一定的功能，层与层之间有一定关联。而云计算体系结构中的层次是可以分割的，即某一层次可以单独完成一项用户的请求而不需要其他层次为其提供必要的服务和支持。

在云计算服务体系结构中各层次与相关云产品对应。应用层对应 SaaS 软件即服务，如 Google Apps、SoftWare+Services；平台层对应 PaaS 平台即服务，如 IBM IT Factory、Google AppEngine、Force.com；基础设施层对应 IaaS 基础设施即服务，如 Amazon EC2、IBM Blue Cloud、Sun Grid；虚拟化层对应硬件即服务结合 Paas 提供硬件服务，包括服务器集群及硬件检测等服务。

四、云计算技术层次

云计算技术层次和云计算服务层次不是一个概念，后者从服务的角度来划分云的层次，主要突出了云服务能给我们带来什么。而云计算的技术层次主要从系统属性和设计思想角度来说明云，是对软/硬件资源在云计算技术中所充当角色的说明。从云计算技术角度来分，云计算大约有 4 部分构成：服务接口、服务管理中间件、虚拟化资源和物理资源，如图 9.3 所示。

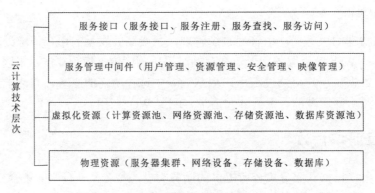

图 9.3 云计算技术层次

服务接口：统一规定了在云计算时代使用计算机的各种规范、云计算服务的各种标准等,用户端与云端交互操作的入口,可以完成用户或服务注册,对服务的定制和使用。

服务管理中间件:在云计算技术中,中间件位于服务和服务器集群之间,提供管理和服务即云计算体系结构中的管理系统。对标志、认证、授权、目录、安全性等服务进行标准化和操作,为应用提供统一的标准化程序接口和协议,隐藏底层硬件、操作系统和网络的异构性,统一管理网络资源。其用户管理包括用户身份验证、用户许可、用户定制管理;资源管理包括负载均衡、资源监控、故障检测等;安全管理包括身份验证、访问授权、安全审计、综合防护等;映像管理包括映像创建、部署、管理等。

虚拟化资源:指一些可以实现一定操作具有一定功能,但其本身是虚拟而不是真实的资源,如计算池、存储池和网络池、数据库资源等,通过软件技术来实现相关的虚拟化功能,包括虚拟环境、虚拟系统、虚拟平台。

物理资源:主要指能支持计算机正常运行的一些硬件设备及技术,可以是价格低廉的PC,也可以是价格昂贵的服务器及磁盘阵列等设备,可以通过现有网络技术和并行技术、分布式技术将分散的计算机组成一个能提供超强功能的集群用于计算和存储等云计算操作。在云计算时代,本地计算机可能不再像传统计算机那样需要空间足够的硬盘、大功率的处理器和大容量的内存,只需要一些必要的硬件设备如网络设备和基本的输入/输出设备等。

第三节　云计算典型平台

一、阿里云

2009年9月,阿里巴巴集团在十周年庆典上宣布成立子公司"阿里云",该公司将专注于云计算领域的研究和研发。"阿里云"也成为继阿里巴巴、淘宝、支付宝、阿里软件、中国雅虎之后的阿里巴巴集团第八家子公司。由阿里巴巴集团投资创办,在杭州、北京和硅谷等地设有研发中心和运营机构。阿里云的目标是要打造互联网数据分享的第一平台,成为以数据为中心的先进的云计算服务公司。2013年年底阿里云正筹划进军海外云服务市场。根据计划,阿里云将在海外设立云数据中心,向部署海外业务的中国企业及海外本土企业输出云计算服务能力。

阿里云致力于打造公共、开放的云计算服务平台,并将借助技术的创新,不断提升计算能力与规模效益,将云计算变成真正意义上的公共服务。与此同时,阿里云将通过互联网的方式使用户可以便捷地按需获取阿里云的云计算产品与服务,如图9.4所示。

1. 云OS

阿里云致力于打造云计算的基础服务平台,注重为中小企业提供大规模、低成本的云计算应用及服务。飞天是由阿里云自主研发的云计算平台。云OS是融云数据存储、云计算服务和云操作系统为一体的云智能移动操作系统。

2. 飞天开放平台

飞天开放平台(Apsara)负责管理数据中心Linux集群的物理资源,控制分布式程序运行,隐藏下层故障恢复和数据冗余等细节,从而将数以千计的服务器联成一台"超级计算机",并且将这台超级计算机的存储资源和计算资源,以公共服务的方式提供给互联网上的用户。

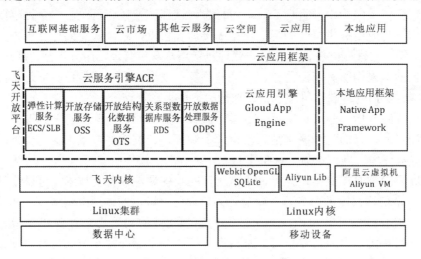

图 9.4　阿里云基础服务平台

飞天开放平台主要包括:

(1) 飞天内核:为上层的飞天开放服务提供计算、存储和调度等方面的底层支持,包括协调服务、远程过程调用、安全管理、资源管理等构建分布式系统常用的底层服务,包括分布式文件系统、任务调度、集群部署和集群监控四大模块。

(2) 飞天开放服务:为用户应用程序提供了计算和存储两方面的接口和服务,包括弹性计算服务(Elastic Compute Service,ECS)、开放存储服务(Open Storage Service,OSS)、开放结构化数据服务(Open Table Service,OTS)、关系型数据库服务(Relational Database Service,RDS)和开放数据处理服务(Open Data Processing Service,ODPS),并基于弹性计算服务提供了云服务引擎(Aliyun Cloud Engine,ACE)作为第三方应用开发和 Web 应用运行和托管的平台。

云 OS 是融云数据存储,云计算服务和云操作系统为一体的云智能操作系统。云 OS 基于 Linux 内核及 WebKit、OpenGL 和 SQLite 等开源库,采用 HTML5 构建了移动终端的运行环境,并与云端平台服务一起,形成了云应用框架,同时提供了本地应用的运行环境。

3. 云应用框架

整合云端和终端的资源和服务,构建统一的应用框架,帮助开发者便捷地将互联网服务接入移动终端,使云应用拥有和本地应用一样流畅的用户体验。云应用框架无缝连接了封装有 Web 技术(HTML5、JS)及移动设备特性的移动终端运行环境(App Engine)和后台云服务。云应用框架为单页面应用在缓存、性能和安全方面做了深度优化。该框架统一展现云端和终端的资源和服务,包括地图、搜索、支付及统计等基础服务,帮助开发者便捷地将互联网服务接入移动终端。

4. 云应用引擎

专为云应用在移动设备上提供的运行环境,和云服务引擎一起构成移动云应用的运行

第九章 智慧物流中的新技术

环境。

5. 本地应用框架

实现了云 OS 的 UI 框架和本地服务，兼容安卓的本地应用框架，并且能够将 Dalvik 虚拟机的字节码转换为阿里云虚拟机的字节码。

6. 阿里云虚拟机

专为移动设备设计的指令集，含 130 条指令，提供了 Java 的运行环境、支持 LEX 字节码格式。

7. 互联网基础服务

互联网基础服务包括地图、搜索、邮件、云空间及账号、支付、天气、翻译等基础云服务，阿里云官网为这些服务提供了统一的访问入口。

8. 地图服务

地图服务提供地图展示、位置查询及路线规划等基础地图服务。

9. 搜索服务

搜索服务提供网页、资讯及图片的搜索。

10. 邮件服务

邮件服务提供便捷、及时的邮件推送服务。

11. 云空间

云空间是为云 OS 手机用户提供的个人数据的云端存储与管理服务。云空间支持多终端自由切换，以及云端数据的自动同步备份，使用户能够在不同的移动设备上具有一致的数据访问体验。

12. 云市场

云市场是阿里云联合合作伙伴共同推出的新兴服务模式，将合作伙伴的应用及服务构建于飞天开放平台之上，为广大用户提供更丰富的一站式服务。阿里云希望借此帮助合作伙伴从传统销售模式转向云计算模式，使更多的用户受益于云计算带来的便捷与价值，从而促进云生态系统的健康发展。

13. 编辑弹性计算服务

弹性计算服务(Elastic Compute Service，ECS)，以阿里云自主研发的分布式计算系统为基础，基于先进的虚拟化、分布式存储等云计算技术，将计算和存储的基础资源整合在一起，通过 Web 的方式为各行各业提供计算能力服务。ECS 具有自助管理、数据安全保障、自动故障恢复和防网络攻击等高级功能，能够帮助用户简化开发部署过程，降低运维成本，构建按需扩展的网站架构，从而更适应互联网应用快速多变的特征。

二、百度云

百度云(Baidu Cloud)是百度推出的一项云存储服务,首次注册即有机会获得 2TB 的空间,已覆盖主流 PC 和手机操作系统,包含 Web 版、Windows 版、Mac 版、Android 版、iOS 版和 Windows Phone 版,用户可以轻松将自己的文件上传到网盘上,并可跨终端随时随地查看和分享。2013 年 8 月 22 日,百度云推出"百度云用户破亿,基础服务震撼升级"活动,宣布提供 2TB 永久免费容量和无限制离线下载服务。

1. 百度云个人版

百度云个人版是百度面向个人用户的云服务,满足用户工作生活各类需求,已上线的产品包括网盘、个人主页、通信录、相册、文章、记事本、短信、手机找回。

2. 网盘

提供多元化数据存储服务,支持最大 2TB 容量空间,用户可自由管理网盘存储文件。

个人主页提供个性化分享功能和优质资源聚合服务,用户可通过关注功能获得好友分享动态,实现资源共享。

相册用户可以通过云相册来便利地存储、浏览、分享管理自己的照片,用照片记录和分享生活中的美好。

3. 通信录、短信备份

百度云手机 App 功能,提供通信录同步、短信备份功能。iPhone 用户可实现通信录同步;Android 用户可同步通信录,备份恢复手机短信。WP 暂不支持此功能。

4. 手机找回

百度云 Android 版独有功能。用户设置找回功能后,在手机遗失时,可通过百度云 Web 版在线锁定手机避免信息泄露,同时可发出警报、追踪定位提升手机找回的可能性。

5. 文章

百度云收藏功能。通过添加收藏工具,无须复制、粘贴、另存为,一键将浏览网页时需要的文字、图片保存到百度云。

6. 记事本

百度云网络笔记功能,可在线编辑文档,直接保存至百度云。支持文字、图片、语音三种类型记事。

百度云特色功能

(1) 超大 2TB 容量空间,百度云提供 2TB 永久免费容量,可供用户存储海量数据。

(2) 文件在线预览,百度云支持常规格式的图片、音频、视频、文档文件的在线预览,无须下载文件到本地即可轻松查看文件。

(3) 视频在线播放,百度云支持主流格式视频在线播放。用户可根据自己的需求和网

第九章 智慧物流中的新技术

络情况选择"清晰"和"原画"两种模式。百度云 Android 版、iOS 版同样支持视频播放功能，让用户随时随地观看视频。

(4) 离线下载功能，百度云 Web 版支持离线下载功能。已支持 HTTP/FTP/电驴协议/磁力链和 BT 种子离线下载。通过使用离线下载功能，用户无须浪费个人宝贵时间，只需提交下载地址和种子文件，即可通过百度云服务器下载文件至个人网盘。

(5) 在线解压缩功能，百度云 Web 版支持在线解压 500MB 以内的压缩包，查看压缩包内文件。同时，可支持 50MB 以内的单文件保存至网盘或直接下载。

(6) 超大单文件快速上传，无限速，少约束，百度云 Web 版支持最大 4GB 单文件上传，充值会员使用百度云管家可上传最大 20GB 单文件。上传不限速，可进行批量操作，轻松便利。网络速度有多快上传速度就有多快。同时，还可以批量操作上传，方便实用。上传文件时，自动将要上传的文件与云端资源库进行匹配，如果匹配成功，则可以秒传，最大限度节省上传时间。丰富资源按兴趣分布，百度云存储海量资源。为方便用户寻找个人需要的有效资源，百度云个人主页提供兴趣广场，用户可根据个人的兴趣爱好关注分享达人，获得更多喜欢的资源。

(7) 闪电互传，闪电互传是百度云 Android 6.2/iPhone 5.4 版本推出的数据传输功能。真正实现零流量，且传输速度秒杀蓝牙。通过闪电互传功能，用户可以在没有联网的情况下，将手机内的视频、游戏、图片等资源高速分享给好友。

三、腾讯云

腾讯云有着深厚的基础架构，并且有着多年对海量互联网服务的经验，不管是社交、游戏还是其他领域，都有多年的成熟产品来提供产品服务。腾讯在云端完成重要部署，为开发者及企业提供云服务、云数据、云运营等整体一站式服务方案。具体包括云服务器、云存储、云数据库和弹性 Web 引擎等基础云服务；腾讯云分析(MTA)、腾讯云推送(信鸽)等腾讯整体大数据能力；以及 QQ 互联、QQ 空间、微云、微社区等云端链接社交体系。这些正是腾讯云可以提供给这个行业的差异化优势，造就了可支持各种互联网使用场景的高品质的腾讯云技术平台。

开放的腾讯云，定位于服务互联网应用开发者的公有云平台，覆盖了计算云、数据云、个人云三个层面，包括云服务器、云数据库、NoSQL 高速存储、罗盘、CDN、云监控和云安全等产品。

开发者通过接入腾讯云平台，可降低初期创业的成本，能更轻松地应对来自服务器、存储及带宽的压力。

腾讯云和百度云的侧重点完全不同，百度为开发者提供的都是虚拟开发环境、开发组件以及测试工具等 PaaS 级服务。而腾讯的侧重点是在 IaaS 层面上——云服务器、云数据库、NoSQL 高速存储和弹性 Web 服务。

除此以外，腾讯云还有对服务器和存储进行监控的"云监控"，对应用中用户行为数据进行分析的"腾讯罗盘"及"云安全"和 CDN 等增值服务。腾讯方面认为，从数据的迁移难度和服务类型上看，IaaS 服务似乎有更强的黏性。

从业务层面来看，腾讯云与阿里云更加接近。从吸引客户的方面来看，未来这两家将会在价格、弹性、规模和稳定性方面有更直接的比拼。

第四节　MapReduce 分布式处理技术

MapReduce 是 Google 开发的 Java、Python、C++编程工具，用于大规模数据集(大于 1TB)的并行运算，也是云计算的核心技术，一种分布式运算技术，也是简化的分布式编程模式，适合用来处理大量数据的分布式运算，用于解决问题的程序开发模型，也是开发人员拆解问题的方法。

MapReduce 模式的思想是将要执行的问题拆解成 Map(映射)和 Reduce(化简)的方式，先通过 Map 程序将数据切割成不相关的区块，分配(调度)给大量计算机处理达到分布运算的效果，再通过 Reduce 程序将结果汇整，输出开发者需要的结果。

MapReduce 的软件实现是指定一个 Map(映射)函数，把键值对(key/value)映射成新的键值对(key/value)，形成一系列中间形式的 key/value 对，然后把它们传给 Reduce(化简)函数，把具有相同中间形式 key 的 value 合并在一起。map 和 reduce 函数具有一定的关联性：(1)map(k1，v1)->list(k2，v2)；(2)reduce(k2，list(v2))-list(v2)。

其中，v1、v2 可以是简单数据，也可以是一组数据，对应不同的映射函数规则。在 Map 过程中将数据并行，即把数据用映射函数规则分开，而 Reduce 则把分开的数据用化简函数规则合在一起，也就是说 Map 是一个分的过程，Reduce 则对应着合。MapReduce 应用广泛，包括简单计算任务、海量输入数据、集群计算环境等，如分布 Grep、分布排序、单词计数、Web 连接图反转、每台机器的词矢量、Web 访问日志分析、反向索引构建、文档聚类、机器学习、基于统计的机器翻译等。

第五节　Hadoop 架构

在 Google 发表 MapReduce 后，2004 年开源社群用 Java 搭建出一套 Hadoop 框架，用于实现 MapReduce 算法，能够把应用程序分割成许多很小的工作单元，每个单元可以在任何集群节点上执行或重复执行。

此外，Hadoop 还提供一个分布式文件系统 GFS(Google File System)，是一个可扩展、结构化、具备日志的分布式文件系统，支持大型、分布式大数据量的读/写操作，其容错性较强。

而分布式数据库(Big Table)是一个有序、稀疏、多维度的映射表，有良好的伸缩性和高可用性，用来将数据存储或部署到各个计算节点上。Hadoop 框架具有高容错性及对数据读/写的高吞吐率，能自动处理失败节点，Google Hadoop 架构如图 9.5 所示。

在架构中，MapReduceAPI 提供 Map 和 Reduce 处理、GFS 分布式文件系统和 Big Table 分布式数据库提供数据存/取。基于 Hadoop 可以非常轻松和方便地完成处理海量数据的分布式并行程序，并运行在大规模集群上。

第九章 智慧物流中的新技术

图 9.5　Google Hadoop 架构

第六节　大　数　据

一、大数据的概念

大数据(big data)，或称巨量资料，指的是所涉及的资料量规模巨大，在合理时间内达到撷取、管理、处理并整理成为帮助企业经营决策更积极目的的资讯并进行数据通信，实现网络上的资源共享和信息交换的信息手段。

"大数据"是需要新处理模式才能具有更强的决策力、洞察发现力和流程优化能力的海量、高增长率和多样化的信息资产。从数据的类别上看，"大数据"指的是无法使用传统流程或工具处理或分析的信息。它定义了那些超出正常处理范围和大小、迫使用户采用非传统处理方法的数据集。亚马逊网络服务(AWS)、大数据科学家 John Rauser 提到一个简单的定义：大数据就是任何超过了一台计算机处理能力的庞大数据量。研发小组对大数据的定义："大数据是最大的宣传技术、是最时髦的技术，当这种现象出现时，定义就变得很混乱。"Kelly 说："大数据是可能不包含所有的信息，但我觉得大部分是正确的。对大数据的一部分认知在于，它是如此之大，分析它需要多个工作负载，这是 AWS 的定义。当你的技术达到极限时，也就是数据的极限。"大数据不是关于如何定义，最重要的是如何使用。最大的挑战在于哪些技术能更好地使用数据以及大数据的应用情况如何。这与传统的数据库相比，开源的大数据分析工具如 Hadoop 的崛起，这些非结构化的数据服务的价值在哪里。

二、大数据特点

关于大数据的特征，业内人士表示，可以用很多词语来表示。比较有代表性的为 2001 年 Doug Laney 最先提出的"3V"模型，包括数量(Volume)、速度(Velocity)和种类(Variety)。除此之外，在 3V 的基础上又提出了一些新的特征。关于第四个 V 的说法不一，IDC 认为大数据还应当具有价值性(Value)，大数据的价值往往呈现出稀疏性的特点。而 IBM 认为大数据必然具有真实性(Veracity)。维基百科对大数据的定义则简单明了：大数据是指利用常用软件工具捕获、管理和处理数据所耗时间超过可容忍时间的数据集。如今业内人士已将其扩展到了 11 个 V，包括有效性、可见性等。

下面就目前使用最多的"4V"模型进行分析。"4V"特征主要体现在以下方面：

(1) 规模性(Volume)。Volume 指的是数据巨大的数据量以及其规模的完整性。数据的存储从 TB 级扩大到 ZB 级。这与数据存储和网络技术的发展密切相关。数据加工处理技术的提高，网络宽带的成倍增加及社交网络技术的迅速发展，使数据产生量和存储量成倍增长。实质上，在某种程度上说数据的数量级大小并不重要，重要的是数据具有完整性。数据规模性的应用有以下的体现，如对每天 12 TB 的 Tweets 进行分析，了解人们的心理状态，可以用于情感性产品的研究和开发，基于 Facebook 上成千上万条信息的分析，可以帮助人们处理现实中的朋友圈的利益关系。

(2) 高速性(Velocity)。Velocity 主要表现为数据流和大数据的移动性，现实中则体现在对数据的实时性需求上。随着移动网络的发展，人们对数据的实时应用需求更加普遍，比如通过手持终端设备关注天气、交通、物流等信息。高速性要求具有时间敏感性和决策性的分析——能在第一时间抓住重要事件发生的信息。例如，当有大量的数据输入时(需要排除一些无用的数据)或者需要马上做出决定的情况。又如，一天之内需要审查 500 万起潜在的贸易欺诈案件；需要分析 5 亿条日实时呼叫的详细记录，以预测客户的流失率。

(3) 多样性(Variety)。Variety 指有多种途径来源的关系型和非关系型数据。这也意味着要在海量、种类繁多的数据间发现其内在关联。互联网时代，各种设备通过网络连成了一个整体。进入以互动为特征的 Web 2.0 时代，个人计算机用户不仅可以通过网络获取信息，还成为信息的制造者和传播者。这个阶段，不仅是数据量开始了爆炸式增长，数据种类也开始变得繁多。除了简单的文本分析外，还可以分析传感器数据、音频、视频、日志文件、点击流及其他任何可用的信息。比如，在客户数据库中不仅要关注名称和地址，还包括客户所从事的职业、兴趣爱好、社会关系等。利用大数据多样性的原理就是：保留一切你需要的对你有用的信息舍弃那些你不需要的，发现那些有关联的数据，加以收集、分析、加工，使其变为可用的信息。

(4) 价值性(Value)。Value 体现出的是大数据运用的真实意义所在。其价值具有稀缺性、不确定性和多样性。"互联网女皇"Mary Meeker 在 2012 年互联网发展趋势中用一幅生动的图像来描述大数据。一张是整整齐齐的稻草堆，另外一张是稻草中缝衣针的特写。寓意通过大数据技术的帮助，可以在稻草堆中找到你所需要的东西，哪怕是一枚小小的缝衣针。这两幅图揭示了大数据技术一个很重要的特点，价值的稀疏性。

大数据分析众所周知，大数据已不简简单单是数据大的事实了，而最重要的现实是对大数据进行分析，只有通过分析才能获取很多智能的、深入的、有价值的信息。那么越来越多的应用涉及大数据，而这些大数据的属性，包括数量、速度、多样性等都是呈现了大数据不断增长的复杂性，所以大数据的分析方法在大数据领域就显得尤为重要，可以说是决定最终信息是否有价值的决定性因素。基于如此的认识，大数据分析普遍存在的方法理论有以下几种。

1. 可视化分析

大数据分析的使用者有大数据分析专家，同时还有普通用户，但是他们对于大数据分析最基本的要求就是可视化分析，因为可视化分析能够直观地呈现大数据特点，同时能够非常容易被读者所接受，就如同看图说话一样简单明了。

2. 数据挖掘算法

大数据分析的理论核心就是数据挖掘算法，各种数据挖掘的算法基于不同的数据类型和格式才能更加科学地呈现数据本身具备的特点，也正是因为这些被全世界统计学家所公认的各种统计方法，才能深入数据内部挖掘出公认的价值。另外也是因为有这些数据挖掘的算法才能更快速地处理大数据，如果一个算法得花上好几年才能得出结论，那大数据的价值也就无从说起了。

3. 预测性分析能力

大数据分析最重要的应用领域之一就是预测性分析，从大数据中挖掘出特点，通过科学地建立模型，之后便可以通过模型代入新的数据，从而预测未来的数据。

4. 语义引擎

非结构化数据的多元化给数据分析带来新的挑战，我们需要一套工具系统地去分析、提炼数据。语义引擎需要设计到有足够的人工智能以从数据中主动地提取信息。

5. 数据质量和数据管理

大数据分析离不开数据质量和数据管理，高质量的数据和有效的数据管理，无论是在学术研究还是在商业应用领域，都能够保证分析结果的真实和有价值。

大数据分析的基础就是以上 5 个方面，当然更加深入大数据分析的话，还有很多很多更加有特点的、更加深入的、更加专业的大数据分析方法。

三、大数据关键技术

大数据技术是指从各种各样类型的巨量数据中，快速获得有价值信息的技术。解决大数据问题的核心是大数据技术。目前所说的"大数据"不仅指数据本身的规模，也包括采集数据的工具、平台和数据分析系统。大数据研发目的是发展大数据技术并将其应用到相关领域，通过解决巨量数据处理问题促进其突破性发展。因此，大数据时代带来的挑战不仅体现在如何处理巨量数据从中获取有价值的信息，也体现在如何加强大数据技术研发，抢占时代发展的前沿。

1. 数据采集

ETL 工具负责将分布的、异构数据源中的数据如关系数据、平面数据文件等抽取到临时中间层后进行清洗、转换、集成，最后加载到数据仓库或数据集市中，成为联机分析处理、数据挖掘的基础。

2. 数据存取

关系数据库、NoSQL、SQL 等。

3. 基础架构

云存储、分布式文件存储等。

4. 数据处理

自然语言处理(Natural Language Processing，NLP)是研究人与计算机交互的语言问题的一门学科。处理自然语言的关键是要让计算机"理解"自然语言，所以自然语言处理又叫作自然语言理解(Natural Language Understanding，NLU)，也称为计算语言学(Computational Linguistics)。一方面它是语言信息处理的一个分支，另一方面它是人工智能(Artificial Intelligence，AI)的核心课题之一。

5. 统计分析

假设检验、显著性检验、差异分析、相关分析、T 检验、方差分析、卡方分析、偏相关分析、距离分析、回归分析、简单回归分析、多元回归分析、逐步回归、回归预测与残差分析、岭回归、logistic 回归分析、曲线估计、因子分析、聚类分析、主成分分析、因子分析、快速聚类法与聚类法、判别分析、对应分析、多元对应分析(最优尺度分析)、bootstrap 技术等。

6. 数据挖掘

分类(Classification)、估计(Estimation)、预测(Prediction)、相关性分组或关联规则(Affinity Grouping or Association Rules)、聚类(Clustering)、描述和可视化(Description and Visualization)、复杂数据类型挖掘(Text、Web、图形图像、视频、音频等)。

7. 模型预测

预测模型、机器学习、建模仿真。
结果呈现：云计算、标签云、关系图等。

8. 大数据处理

大数据的处理方式与过去的数据处理理念有 3 大转变：要全体不要抽样，要效率不要绝对精确，要相关不要因果。

大数据的处理流程：采集、导入/预处理、统计/分析、挖掘。

大数据处理之一：采集

大数据的采集是指利用多个数据库来接收发自客户端(Web、App 或传感器形式等)的数据，并且用户可以通过这些数据库来进行简单的查询和处理工作。比如，电商会使用传统的关系型数据库 MySQL 和 Oracle 等来存储每一笔事务数据，除此之外, Redis 和 MongoDB 这样的 NoSQL 数据库也常用于数据的采集。

在大数据的采集过程中，其主要特点和挑战是并发数高，因为同时有可能会有成千上万的用户来进行访问和操作，比如火车票售票网站和淘宝，它们并发的访问量在峰值时达到上百万，所以需要在采集端部署大量数据库才能支撑。并且如何在这些数据库之间进行负载均衡和分片是需要深入思考和设计的。

大数据处理之二：导入/预处理

虽然采集端本身会有很多数据库，但是如果要对这些海量数据进行有效分析，还是应该将这些来自前端的数据导入一个集中的大型分布式数据库,或者分布式存储集群,并且可以在导入基础上做一些简单的清洗和预处理工作。也有一些用户会在导入时使用来自 Twitter 的 Storm 来对数据进行流式计算,来满足部分业务的实时计算需求。

导入与预处理过程的特点和挑战主要是导入的数据量大,每秒钟的导入量经常会达到百兆,甚至千兆级别。

大数据处理之三:统计/分析

统计与分析主要利用分布式数据库,或者分布式计算集群来对存储于其内的海量数据进行普通的分析和分类汇总等,以满足大多数常见的分析需求。在这方面,一些实时性需求会用到 EMC 的 GreenPlum、Oracle 的 Exadata,以及基于 MySQL 的列式存储 Infobright 等,而一些批量处理或基于半结构化数据的需求可以使用 Hadoop。

统计与分析这部分的主要特点和挑战是分析涉及的数据量大,其对系统资源,特别是 I/O 会有极大的占用。

大数据处理之四:挖掘

与前面统计和分析过程不同的是,数据挖掘一般没有什么预先设定好的主题,主要是在现有数据上面进行基于各种算法的计算,从而起到预测(Predict)的效果,从而实现一些高级别数据分析的需求。比较典型算法有用于聚类的 Kmeans、用于统计学习的 SVM 和用于分类的 NaiveBayes,主要使用的工具有 Hadoop 的 Mahout 等。该过程的特点和挑战主要是用于挖掘的算法很复杂,并且计算涉及的数据量和计算量都很大,常用数据挖掘算法都以单线程为主。

整个大数据处理的普遍流程至少应该满足这 4 个方面的步骤,才能算是一个比较完整的大数据处理。

四、大数据在智慧物流应用中的意义

大数据属于智慧物流三个层次中最高的智能化的层次,它为从感知层和网络层获取的大量数据提供了过去常规应用处理和一般性统计分析无法实现的,通过科学分析做科学决策(智能化决策支持)崭新的可能性。

大数据在智慧物流体系中的应用可以但不限于从以下几个方面来体现:

(1) 物流过程和供应链网络设计优化和绿色物流。

(2) 对客户(货主)和服务商(合作伙伴)的大数据分析为定价政策和合同管理决策提供科学依据(更科学的 CRM——客户关系管理)。

(3) 盈利分析和成本控制,例如对大量的运输过程的成本和盈利分析找出规律和共性,以制定新的定价和成本控制规则。

(4) 运输路径、航线和服务模式设计。

(5) 风险控制:对大量的运输过程的风险因素进行计算分析得出风险控制模型;

(6) 大数据是现代物流运营管理的金矿,传统的物流商业模式将因为大数据而变革,数据的商业化应用将为行业带来诸多创新。

五、云计算、大数据在智慧物流中的应用

1. 基于卫星导航的智能集装箱监控管理服务平台

基于卫星导航的智能集装箱监控管理服务平台，是利用卫星导航技术、云技术和大数据技术对分布在全球的集装箱进行监控管理，以满足集装箱可视、可控、可追溯的管理。在平台处理集装箱信息容量达到 10 万 TEU 甚至更高时，平台将不得不面对存储和管理海量数据，处理大量用户并发访问，保证平台的稳定性等诸多问题。如何在这种情况下保证位置服务综合平台的服务质量，使用户获得与使用小容量位置服务平台时相同的用户体验，该平台采用云技术和大数据技术较好地解决这个问题。

云计算技术能够实现对海量数据的存储与分析，有效管理大规模的并行计算服务器集群，并能够容忍部分计算节点的失效，因此云计算技术是保证大容量位置服务综合平台服务质量的主要支撑技术。

通过建立信息采集、传输、应用一体化的敏捷智能集装箱管理体系，利用大数据、云平台为集装箱运输各环节的服务对象提供实时的集装箱动态、安全和物流信息的查询服务，实现集装箱供应链的全程可视化跟踪和管理，实现卫星导航集装箱运输在国内和亚太区域应用，如图 9.6 所示。

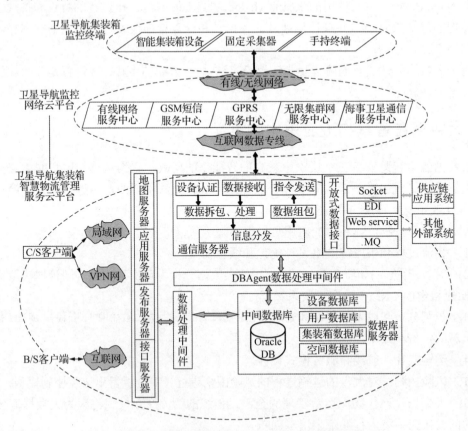

图 9.6　基于卫星导航的智能集装箱监控管理系统

2. 大数据技术实现家电产品仓储配送网络优化

(1) 项目概述。

① 优化对象：某家电的全国供应链网络，同时研究如何整合刚并购的另一家电供应链网络。

② 数据来源：来自两年的物流信息系统数据，包括订单、运输计划和实施、物流资源等。

③ 主要使用 IBM 基于智能化数据分析工具 ILog 研发的供应链优化工具 SNOW。

④ 优化因素：仓库数量及网络分布，以及相关的配送路径。

(2) 两家家电企业并购后，他们的需求就是要整合两个公司的原有配送网络，使之成为一个更大的配送网。

(3) 原有配送网络特点。

① 复杂的全国性原有配送网络。

② 67 个配送中心(10+CDC，7CRDC，50+RDC)，8000 多个配送点。

③ 海量数据：3000 万个产品单元、84 万个年订单、60 万个年卡车运量。

④ 主要运输模式：汽车运输。

⑤ 复杂的运输模式：多级、多配送点。

(4) SNOW 物流网络优化设计解决思路。SNOW 物流网络优化设计如图 9.7 所示。技术路线和数据分析过程如图 9.8 所示。

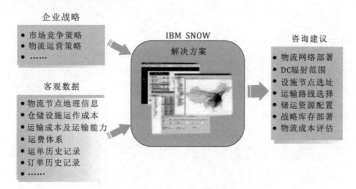

图 9.7　SNOW 物流网络优化设计

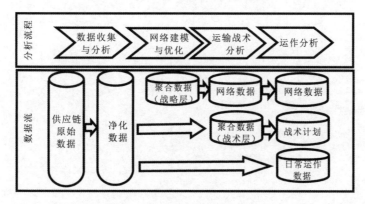

图 9.8　技术路线和数据分析过程

(5) 数据收集过程。
① 20多次业务部门调研与访谈。
② 10多次对各仓配公司现场进行业务调研、数据收集和方案研讨。
③ 对100多万条配送记录进行筛选，统计分析与交叉验证。
④ 一一校验8000多个客户地址，对错误属性进行修正。
⑤ 手工处理4000多个费率表。
⑥ 手工处理克隆相关的需求数据、办事处信息等。

两家家电企业网络整合优化效果。优化前，全国67个RDC，年配送费用3 400万元，干线费用14000万元，安全库存成本约13000万元；优化后，全国40个RDC，配送费用降低23.4%(约790万元)，干线运输费用降低6.6%(约900万元)，安全库存成本降低22.8%(约2980万元)。

思 考 题

1. 云计算包括哪几个部分？
2. 云计算的主要特征有哪些？
3. 云计算的典型平台有哪些？

第十章 模拟社会化商业配送中心自身的货物流转

配送中心作为物理网络的重要节点，对于优化企业物流系统，合理配置库存资源，及时掌握市场信息，提高物流的共同化程度等方面发挥着重要的作用。

配送中心是接受生产厂家等供货商多品种大量的货物，按照多家需求者的订单要求，迅速、准确、低成本、高效率地将商品配送到需求场所的物流节点设施。

模拟社会化商业配送中心自身的货物流转，就是通过软件对一个物流配送中心的运作情景进行可视化的虚拟仿真。

第一节 配送中心参观调研

1. 实训任务

在此任务中，学生将要进入虚拟仿真的配送中心进行参观，收集配送中心基本运营情况的相关数据，对配送中心有初步的感性认知。

2. 实训内容

(1) 进入三维互动体验式平台中老师发布的实验项目，按照对应的操作提示和步骤说明展开实验。

(2) 控制你所扮演的角色在系统中行走参观。认识配送中心的每一种设备，记录下所看到的设施设备。如图 10.1 所示，为某物流中心设备布局图，结合 3D 场景的漫游观察，在图中标注出箭头所指向的设备名称。

(3) 将物流中心的设备进行分类，物流配送中心的存储设备有哪些？搬运设备有哪些？输送设备有哪些？

答：存储设备：立体仓库货架、阁楼货架、普通托盘货架、电子标签货架。

搬运设备：电动叉车、手动液压托盘叉车(地牛)、单层手推车、双层手推车。

输送设备：堆垛机、输送机、升降机、皮带传送带、链式传送机、滚筒传送带、滑块传送带、AGV 自动导引小车(有轨)。

(4) 认真观察下列清单中配送中心各种设备的规模数量，并将观察结果记录在表 10.1 设施设备及规模调研表中。

(5) 用飞行视角(按"F3"键)进入漫游场景，观察配送中心地面各区域文字标识，在图 10.2 中，绘制出该配送中心各功能区域的布置示意图。

(6) 结合图 10.2 中物流中心各区域布局的方式，说明本物流中心的动线布局是何种形式？有何优点？

答：该物流中心的动线布局是 I 型动线，I 型动线的优点是可以应对进出货高峰同时发生的情况，常用于接收相邻加工厂的货物，或者用不同类型的车辆来出货和发货。

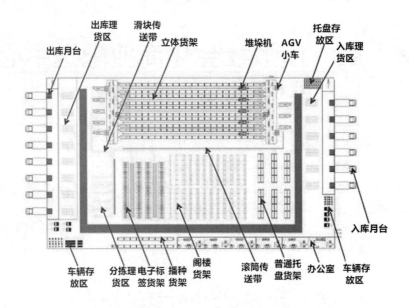

图 10.1 物流中心设备布局

表 10.1 设施设备及规模调研

调查问题	调查结果	备注
立体仓库货架规模	10 排 42 列 9 层共计 3780 个货位	描述为几排几列几层共计多少个货位
普通托盘货架规模	6 排 16 列 3 层共计 288 个货位	
阁楼货架规模	23 排 12 列 3 层共计 828 个货位	
电子标签货架规模	4 排 48 列 2 层共计 384 个货位	
播种式货架规模	2 排 18 列 1 层共计 36 个货位	
电动叉车数量	3	
液压叉车数量	3	
单层手推车数量	5	
双层手推车数量	3	
输送分拣设备数量	滑块传送带 滚筒传送带 皮带传送带	分别是哪几种
出/入库月台口数量	出库月台 8 个，入库月台 6 个	出/入库分别是几个
输送系统分拣口数量	6	
岗位角色	总经理、客服文员、入库管理员、理货员、搬运工、出库管理员、拣货员、复核员、客服经理、仓储部经理、配送部经理、仓库管理员、补货员	

第十章 模拟社会化商业配送中心自身的货物流转

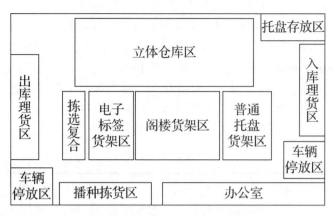

图 10.2 配送中心功能区域布置

第二节 综合模拟作业

一、实训任务

配送中心收到一批出库订单,订单数量较多,需要首先核查仓库库存是否足够,如果库存量不足或断货应及时入库补货,在出库订单的时间允许范围内,补货完成后再及时出库配送。

二、实训步骤及问题

(1) 登录系统进入三维场景,综合作业出库任务较多,首先需要对订单进行全面分析,若出现库存不足的情况该如何处理,请根据本次任务设计一份合理的作业方案,如表 10.2 所示。

表 10.2 客户订单实例

货物名称	出库数量
iPhone6 手机	35
尼康单反相机 D7100	10
华为 P8 手机	6
iPhone6 耳机	15
羽博移动电源 2000mA	14
金士顿 U 盘 8G	16
MATE 手机自拍杆	20
TP-LINK 无线路由器	13

答:通过本次任务的订单进行分析,查询每种货物的库存,发现出库单里面的【iPhone6

手机】此次出库数量为 35 件,拣货区的数量为 0 件,应及时补货,但通过查询库存发现立体仓库存储区只有 20 件库存,很显然不够本次出库数量,此时应该先进行 iPhone6 手机的入库作业,然后再进行补货作业,最后完成出库作业。

(2) 若需要入库补货,先完成入库补货作业,接下来对出库订单进行分析,结合单一拣选和批量拣选的定义、特点对订单进行甄选,哪些客户订单适合单一拣选,哪些适合批量拣选,并简要说明理由,并填写表 10.3 订单分类表。

表 10.3 订单分类

类 型	订 单	理 由
单一拣选	每一个客户需要的商品品种较多,而每种商品的数量较小	按单拣选,拣选完成一个货单,一个用户的货物便配齐
批量拣选	客户需要的商品种类较少,每种商品的需要量不大	所有货物分放完毕后,需要对每个用户的货物进行统计,所以适合种类较少的货物

(3) 确定订单的拣选方式后,打开 WMS 管理系统对拣选订单进行处理,注意批量拣选订单和单一拣选订单在处理过程中的区别,并补充完成图 10.3。

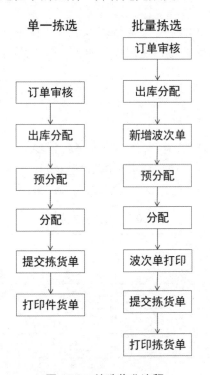

图 10.3 拣选作业流程

(4) 拿到打印订单后,开始进行拣货作业,拣货分两部分完成,单一拣选订单为一部分,批量拣选订单为一部分,各部分订单从拣选时开始计时,直到复核和分拣结束,记录各个环节的作业时间,比较两种拣货作业的工作效率,并填写表 10.4。

第十章 模拟社会化商业配送中心自身的货物流转

表10.4 不同拣选方式工作效率比较

类　　型	拣货数量	拣货用时	复核分拣用时	总用时/min	单件货物用时/(min/件)
单一拣选	28	15	4	19	0.68
批量拣选	95	40	12	52	0.55

(5) 拣货完成后，对单一拣选货物进行出库复核打包，对批量拣选货物进行二次拣选，从拆零量、差错率、作业连续性等方面对两种作业方式进行比较。单一拣选与批量拣选比较如表10.5所示。

表10.5 单一拣选与批量拣选比较

比较内容	单一拣选	批量拣选
定义	指让拣货搬运员巡回于储存场所，按某客户的订单挑选出每一种商品，巡回完毕也完成了一次配货作业。将配齐的商品放置到发货场所指定的货位。然后，再进行下一个要货单位的配货	指将每批订单上的同类商品各自累加起来，从储存货位上取出，集中搬运到理货场所，然后将每一位客户所需的商品数量取出，分放到不同客户的暂存货位处，直到配货完毕
订单处理特点	单一订单分配 订单处理时间短	批次订单分配 订单处理时间长
拆零量	订单拆零量低	订单拆零量高
差错率	差错率高	差错率较低
订单响应时间	订单响应时间快	订单响应时间慢
作业连续性	很难实现作业连续性	作业连续性高

(6) 结合前面几个出库任务总结货物出库有哪些方式？结合PCB分析，对本配送中心的拣货策略进行设计。

答：结合前面几个出库任务总结货物出库的方式：整托出库、整箱出库以及拆零出库。

本配送中心的主要作业区域分为储存区和拆零拣选区。结合PCB分析(PCB分析：以配送中心的各种接受订货的单位来进行分析，对各种包装单位的EIQ资料表进行分析，以得知物流包装单位特性。P表示托盘单位，C表示箱单位，B表示单品)，一般对于P-P和C-C的货物，由于存储和拣选/分拣出货的集装单元一致，所以存储和拣选区域是同区的。对于P-C和C-B的货物，由于储存和出货的集装单元不一致，则会设置专门的拣选拆零区，将P或C的货物从P和C的储存区域取出，然后在相应的拣选拆零区进行P-C和C-B拣选。对于B-B的方式，也应为拆零区的模式，因为所谓的储存单元为B其实是暂存单位为B，因为对于配送中心来说，很少的产品是以单品的方式进货，一般最小单元为C。

思 考 题

在批量拣选作业中，大家是否注意到批量拣选做完二次拣选后并没有做复核工作，为什么批量拣选不用复核？

答：批量拣选可以假设将一小时定义为一个分拣批次，具体操作是，系统将这个小时收到的订单按类别按 SKU(Stork Keeping Unit。即库存进出计量的单位，可以是以件、盒、托盘等为单位)汇总起来，形成汇总的拣货单，每个区域特定类别的拣选人员按照汇总的拣货单，拣出所需的货物，并放到传输带上，由传输带送到分拣工作台。二次分拣人员根据每个类别的汇总拣选货物，按原始订单的数量，将货物分配到各个订单所代表的某个货架单元格里，每个分拣的工作同时也是对第一次拣货的数量进行复核的一个过程。批量拣选作业时，可以通过核对剩余数量发现前面作业的差错，因此可以明显减少差错。二次分拣完成后，有打包人员将每个货架单元格里面的货物进行打包。

第十一章 虚拟社会化商业配送中心企业不同职能部门之间的内部信息流功能

第一节 配送中心不同部门之间信息流体系的熟悉和了解

一、运输部

负责公司销售产品的装卸、运输、发运、安全和现场管理等工作。

1. 工作权限

(1) 铁路、水运、供应乡镇厂等运输计划安排的权力。
(2) 装卸费用定价的建议权。
(3) 计量器具校验、维修的建议权。
(4) 部门内职工和临时工招聘的建议权。

2. 工作职能

(1) 根据销售计划,按时完成销售产品的装卸、内部运输和发运工作。按公司生产计划,负责将原矿调入公司选厂和合理组织调配、运输乡镇选厂所需原矿。
(2) 建立和完善部门工作相关的各项管理制度,建立明确的工作程序和工作标准,并监督实施。
(3) 确保装运产品包装完好,严防破包装车,发现破包及时处理,避免或减少亏吨损失。
(4) 依据公司管理要求,负责做好各地磅等计量器具的日常管理工作,确保计量准确无误。
(5) 严格执行公司各项财务管理制度,组织部门会计核算,对各项收入、支出严格控制,及时分析部门经营状况和编制上报财务报表。
(6) 严格执行安全运输管理制度,定期检查安全教育执行情况;对人身事故、装车事故及时上报。
(7) 对部门职工进行培训、指导,提升部门团队能力;监督、检查、考核职工的工作绩效,完善内部分配,激发职工的工作积极性;落实公司有关规定和制度,不断提高部门的服务质量。
(8) 做好本部门与相关部门的工作配合与协调工作。

二、库管部

仓库日常使用管理,货物往来管理与账目记录。

1. 工作权限

(1) 对公司及本部门的发展规划具有建议权。
(2) 仓储业务操作程序建议权。
(3) 仓库日常处理调配权。

2. 工作职能

(1) 仓库日常使用管理工作。
- 根据存货量安排货位,合理使用仓库面积,提高仓库利用率。
- 兼管库工对号出入,谨防错位和串位。
- 每天打扫卫生,保持库内码放整齐,库外清洁卫生。
- 定期检查各库的储存情况,防潮防鼠。
- 做好仓储物品的分类管理工作,建立仓储物品档案,详细填写出入库明细表。
- 根据客户要求定期提供库存报表及相关资料。

(2) 仓库往来与账目管理工作。
- 账目记录做好三相符:出入库和明细账相符;出入库和储户登记卡相符;货位平面图和库存货位相符。
- 入库时和库工认真点清,双方核对无误后,方可填写入库单。
- 负责公司材料和劳保用品的管理、发放和登记工作。

三、配送部

物流配送是物流公司的核心业务,物流公司的主要业务是为客户配送货物。公司的组织结构一般可分为总公司和配送点。总公司主要负责车辆、配送点、路线和运输价格的维护。配送点主要负责接受客户订单,并联系总公司车队将货物运送到收货配送点以及货物的配送工作。由配送点制定价格并提交给总公司进行审核,客户为配送货物需要支付相应的费用。

1. 工作权限

(1) 分拣配货业务操作程序建议权。
(2) 配送运输处理调配权。

2. 工作职能

(1) 负责编制本部门管理制度,建立和健全公司分拣配货、运输各环节的规章制度和工作规范。
(2) 根据使用单位需求、产品标准等,产品分类包装组合,按时配送运输到指定单位。
(3) 负责所有外采物品及原材料仓储和保管。

(4) 负责配送车辆的清洁及保养。

3. 主要业务流程

(1) 客户有货物需要配送。

(2) 注册客户可以在网上下订单或电话联系本地配送点下订单；未注册客户可以电话联系本地配送点下订单。网上下单直接生成订单，电话订单需要本地配送点管理员输入订单，订单生成的初始状态为未生效。订单状态处于未生效时，客户可自行删除订单。如果在规定时间内订单仍未生效,则系统自动删除订单(客户网上下单时可输入估计的体积重量，订单记录)。

(3) 客户运送货物到本地配送点；由本地配送点员工检查货物，确定准确的体积重量，修改订单中的原始信息，生成确实的价格，生成条形码，订单修改为待运输状态。

(4) 车辆管理员根据路线上某一个发车时间进行运力调度，根据待运输货物的总重量及总体积大致估算需要几辆车，为车辆分配司机。

(5) 配送车辆进行装车；根据装车情况生成交接单。所有订单的状态变更为运输中。

(6) 货物到达收货配送点，收货配送点清点货物并签收交接单。所有订单的状态变更为待配送。

(7) 收货配送点进行货物配送；订单状态变更为配送中。

(8) 客户接收货物并签收签收单。

(9) 收货配送点修改订单状态为客户已收。

四、调度中心

物流调度中心的目标是降低成本、提高服务水平，这需要物流企业能够及时、准确、全面地掌握运输车辆的信息，对运输车辆实现实时监控调度。主要负责物流过程中，物流公司根据待发货物的重量、去向、规格、加急程度等对所属的车辆和人员进行合理的安排和调度。物流公司良好的物流调度可以迅速将客户托付的货物及时并完好地送达收货方。调度信息管理可分为静态信息管理和车辆动态调度管理两种。

1. 静态信息管理

(1) 车辆基本信息。

(2) 车辆分组信息。

(3) 车辆油耗。

(4) 违章管理。

(5) 超速管理。

(6) 费用管理。

(7) 车辆保险保养等车辆相关信息的管理。

(8) 操作员基本信息。

(9) 驾驶员基本信息。

2. 车辆动态调度管理

(1) 所有在线路上的车辆的实时位置。

(2) 速度的查询。
(3) 车辆跟踪。
(4) 每辆车预定到达时间和根据实际情况预计到达时间。
(5) 各车辆上载客、载货量。
(6) 各点滞留时间。
(7) 基于位置的广告播放。
(8) 下发车队通知。
(9) 对注册车辆实时动态跟踪、监控、调度。
(10) 对于对注册车辆的突发事件，如报警、盗窃、求援等提供服务。

第二节　物流流转信息的传送实训

一、物料分类、特征信息

物料，对应的英文术语是 material、item 或 part。物料是企业一切有形的采购、制造和销售对象的总称，如原材料、外购件、外协件、毛坯、零件、组合件、装配件、部件和产品等。

1. 物料分类

1) 意义

物料种类繁多，为了便于管理，并能迅速掌握正确的信息，利于库存管理，减少呆废料发生，降低库存成本。

2) 分类的功用
(1) 便于计算机化作业。
(2) 科学化管理，如仓储规划、采购、料账等。
(3) 物料计划、分析、管制的基础。
(4) 方便于成本估算与分析比较。
(5) 改善作业效率，使账务、存取、搬运效率提升。

3) 分类的原则
(1) 完整性：物有归属，不遗漏，一物一类。
(2) 统一性：分类基准确定，不可中途变更。
(3) 弹　性：可因需要插入新编号，不影响原有系统。
(4) 关联性：类似与关系密切者尽量在一起。
(5) 条理性：大分类→中分类→小分类，但不可太繁。

4) 分类方法
(1) 依用途分类。
① 原料。
② 零件、配件、组合件。
③ 在制品。

第十一章 虚拟社会化商业配送中心企业不同职能部门之间的内部信息流功能

④ 制成品。
⑤ 支援用品。
a. 生产性支持用品：如辅助材料、机油、刀具等。
b. 包装用品。
c. 维修备品：机器零件。
d. 工具、模具、治具。
(2) 依材质分类。
如钢品、铁品、塑料、化学溶剂等。
5) 物料分类方法
(1) 确立分类目的(可多重目的)。
(2) 规划分类方式(大→中→小→细小)。
(3) 考虑未来可能的状况(扩充弹性)。
(4) 指派负责人及进度管制。
6) 依其各项机能进行的分类如图 11-1 所示。

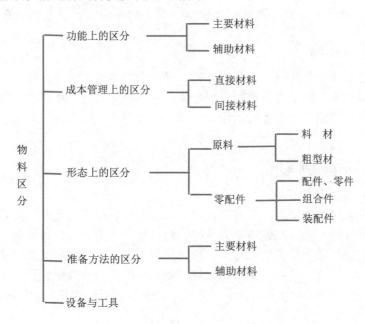

图 11.1 物料依其机能进行的分类

2. 物料的特征属性

物料通过它的基本属性、成本属性、计划属性和库存属性等来描述，通常用物料编码来唯一标识物料。
(1) 物料的基本属性。

物料的基本属性用于描述物料的设计特征。这些属性主要包括物料编码、物料名称、物料类型编码、物料类型名称、设计图号、设计版次、生效日期、失效日期、品种规格(牌号、技术规格、技术条件和技术状态)、默认计量单位、单位重量、重量单位、单位体积和体积单位等。

(2) 物料的采购和库存属性。

物料的采购和库存属性主要描述与采购、库存管理有关的信息。这些信息包括物料采购类型、默认仓库、默认库位、物料条形码、是否可用、ABC 码、盘点方式、循环盘点编码、盘点周期、盘点日期、是否批次管理、批次号、批次有效天数、批次检测周期、最新入库日期、最新入库量、最后出库日期、最新出库量、最新检测日期等。

(3) 物料的计划类属性。

物料的计划类属性主要描述与生产计划管理相关的信息。这些信息包括确定物料需求的方式和物料需求的各种期量数据。例如，是否独立需求、补货政策、补货周期、订货点、订货批量、采购或加工提前期、生产已分配量、销售已分配量、不可用量、库存可用量、批量政策、批量周期、默认工艺路线编码、默认工艺路线名称、是否可以替换、可替换物料编码以及是否虚拟件等。

(4) 物料的销售类属性。

物料的销售类属性主要描述与物料销售有关的信息。这些信息包括销售价格、销售人员和销售类型等内容。例如，销售计划价格、计价货币、折扣率、是否售价控制、销价下限率、销售成本科目、佣金、销售人员编码、默认的客户编码以及物料在买方使用的编码等。

(5) 物料的财务属性。

物料的财务属性是会计核算、成本分析、财务控制和经济效益评价的重要基础数据。在物料的财务属性中，除了财务类别、记账本位币、会计科目和增值税代码等通用属性之外，更重要的是确定企业的成本费用结构、存货计价方法、成本计算方法以及成本计算体系等。

3. 物料编码的作用和原则

1) 物料编码的作用

物料编码是以简短的文字、符号或数字、号码来代表物料、品名、规格或类别及其他有关事项的一种管理工具。在物料极为单纯、物料种类极少的工厂或许有没有物料编码都无关紧要，但在物料多到数百种或数千、数万种的工厂，物料编码就显得格外重要了。此时，物料的领发、验收、请购、跟催、盘点、储存等工作极为紧张，而凭借着物料编码，可使各部门提高效率，各种物料资料传递迅速、意见沟通更加容易。物料编码的功能如下：

(1) 增强物料资料的正确性。

物料的领发、验收、请购、跟催、盘点、储存、记录等一切物料的活动均有物料编码可以查核，因此物料数据更加正确。使一物多名、一名多物或物名错乱现象不至于发生。

(2) 提高物料管理的工作效率。

物料既有系统的排列，以物料编码代替文字的记述，物料管理简便省事，效率因此提高。

(3) 利于计算机的信息管理。

物料管理在物料编码推行彻底之后，方能进一步利用计算机作更有效地处理，以达到物料管理之效果。

(4) 降低物料库存、降低成本。

物料编码利于物料库存量的控制，同时利于呆料的防止，并提高物料管理工作的效率，

第十一章 虚拟社会化商业配送中心企业不同职能部门之间的内部信息流功能

因此可减轻资金的积压,降低成本。

(5) 防止物料舞弊事件发生。

物料一经编码后,物料记录正确而迅速,物料储存井然有序,可以减少舞弊事件发生。

(6) 便于物料领用。

库存物料均有正确的统一的名称及规格予以编码。对用料部门的领用以及物料仓库的发料都十分方便。

2) 物料编码的原则

物料编码必须合乎物料编码的原则,合理的物料编码,必须具备下列基本原则:

(1) 简单性。

编码的目的在于将物料化繁为简,便于物料的管理,如果编码过于繁杂,则违反了编码的目的。因此,此物料编码在应用文字符号或数字上应力求简单明了,这样可节省阅读、填写、抄录的时间与手续,并可减少其中的错误机会。

物料相当单纯时,只要将物料简单分类为几项即可,物料分类项目过多了,反而很不方便。若物料相当复杂时,就要将大分类再加以细分,这种分类展开也称为多级分类。

(2) 分类展开性。

物料复杂,物料编码大分类后还要加以细分,如果采用阿拉伯数字十进位,则每段最多只能有 10 个细分的项目,如果采用英文字母,则每段有 26 个细分项目,然而细分项目太多,就难于查找,而细分项目太少,则分类展开太慢,分类细分项目通常以 5~9 个较佳。例如采用阿拉伯数字十进位,有 18 个项目时,其分类展开可以利用下列方法,如表 11.1 所示。

表 11.1 分类展开

需要分类的项目	第一类分法		第二类分法		第三类分法
1		11	0	01	01
2		12		02	02
3	1	13		03	03
4		14	1	1	04
5		15		21	05
6		16	2	22	06
7		21		23	07
8		22	3	3	08
9	2	23		41	09
10		24	4	42	10
11		25		43	11
12		26	5	5	12
13		31		61	13
14		32	6	62	14
15	3	33		63	15
16		34	7	7	16
17		35	8	8	17
18		36	9	9	18

(3) 完整性。

在物料编码时，所有的物料都应有物料编码可归，这样物料编码才能完整。若有些物料找不到赋予的物料编码，则很显然物料编码缺乏完整性。

新产品新物料的产生容易破坏物料编码的完整性。因此每当有新物料产生，即应赋予新的物料编码，并规定新的物料没有编码，采购部门不得从事采购，即使没物料编码的新物料采购进来了，仓库部门或会计部门发现物料订购单缺少物料编码，即应请采购部门补填物料编码，否则不予入库、不予付款。这样才能确保物料编码的完整性。

(4) 单一性。

物料编码的单一性是指一个物料编码只能代表一种物料，同一种物料只能找到一个物料编码，而绝无一个物料有数个物料编码，或一个物料编码有数项物料，一般地，只要物料的物理或化学性质有变化、物料要在仓库中存储，就必须为其指定一个编码。比如，某零件要经过冲压成型、钻孔、喷漆三道工序才能完成。如果该物料的三道工序都在同一车间完成，不更换加工单位，即冲压成型后立即进行钻孔，紧接着进行喷漆，中间没有入库、出库处理，则该物料可取一个代码。如果该物料的三道工序不在同一个车间完成，其顺序是冲压、入库、领料、钻孔、入库、领料、喷漆、入库，则在库存管理中为了区分该物料的三种状态，必须取不同的物料编码。例：3000A，3000B，3000C 三个编码分别表示三种不同加工状态的物料。

(5) 一贯性。

物料编码要统一而有一贯性，如以年限分类为标准时，就应一直沿用下去，在中途不能改变用籍贯或姓氏来分类，若要这么做必须要分段或分级进行。

(6) 可伸缩性。

物料编码要考虑未来新产品发展以及产品规格的变更而发生物料扩展或变动的情形。预留物料的伸缩余地，并不能仅就目前物料的现状加以物料编码的安排，否则以后新物料产生时，就有新物料无号可编的情况。

(7) 组织性。

物料编码依其编码的系统，作井然有序的组织与排列，以便随时可从物料编码查知某项物料账卡或资料。物料编码的组织性，对物料管理可以省掉不必要的麻烦。

(8) 适应计算机管理。

电脑的应用已比较普及，因此在编码时一定要考虑录入的方便性，如编码尽可能短、少使用其他符号，如"#""-""*"等。

(9) 充足性。

物料编码所采用的文字、记号或数字，必须有足够的数量，以便所组成的个别物料编码，足以代表所有个别物料，以及应付将来物料扩展时的实际需要，以免遇有特殊物料时无号可编。否则物料系统被破坏，费时误事。

(10) 易记性。

在不影响上述九项原则之下，物料编码应选择易于记忆的文字、符号或数字，或赋予暗示及联想性。但这原则是属于次要原则，若上述九项原则俱全而独缺此项原则的物料编码，仍不失为优秀的物料编码。

3) 物料编码的方法

目前企业采用的物料编码方法主要有阿拉伯数字法、英文字母法、暗示法和混合法等

第十一章 虚拟社会化商业配送中心企业不同职能部门之间的内部信息流功能

几种。

(1) 阿拉伯数字法。

阿拉伯数字法,是以阿拉伯数字作为物料编码的工具,采用以一个或数个阿拉伯数字代表一项物料。这种方法容易了解,只是需另外准备物料项目与数字的对照表,又要记忆对照项目,因此有关人员必须经过一段时间的训练与适应才能运用自如。以阿拉伯数字做物料编码的,较常见的有以下几种:

① 连续数字编码法。

连续数字编码法是先将所有物料依某种方式大致排列,然后自 1 号起依顺序编排流水号。这种物料编码方法可做到一料一号,只是顺序编码除显示编码时间的先后,往往与所代表项目的属性并无关联。因为新购物料无法插入原有排列顺序的料号内,如:1078 为 3/8"×3/4"之六角铁制带帽螺栓,而新购的六角铁制带帽螺栓为 3/8"×1",其物料编码无法插入(因过去没有库存或采用这种物料,故无编码),故只好编以最后一个号码"8974"。两种物料本应排在一起,现在物料编码相距如此遥远,在物料管理、仓储管理上很不方便。

② 分级式数字编码法。

分级式数字编码法是先将物料主要属性分为大类并编定其号码。其次将各大类根据次要属性细分为较次级的类别并编定其号码,如此继续进行下去。在分级式数字编码法中,任一物料项目只有一个物料。如表 11.2 所示,为三种属性的阶级式数字编码法,共可组成 36 个(3×4×3)编码,这种方法的优点一方面显示编码的规律性,另一方面达到一物料项目仅有一编码的目标;其缺点是无用空号太多,一方面显得浪费累赘,另一方面常导致物料编码位数不够用。

表 11.2　三种属性的阶级式数字编码

来源(大类)	材料(中类)	用途(小类)
1=自制	1=非铁金属	1=零部件
2=外购	2=钢铁	2=包装用料
3=委外加工	3=木材	3=办公用品
	4=化学品	

③ 区段数字编码法。

区段数字编码法介于连续数字编码法与分级式数字编码法之间。使用位数较级次式数字编码法更少,而仍能达到物料编码的目的。例如有 64 项,分为 5 大类,其情形如表 11.3 所示。

表 11.3　区段数字编码法

A 类	12 项
B 类	10 项
C 类	17 项
D 类	15 项
E 类	10 项
合计	64 项

上述情形，如用阶级式数字编码法必须 3 位数，但如改为区段数字编码则仅需 2 位数即可，其情形如表 11.4 所示。

表 11.4 3 位数的阶级式数字编码

类别	分配编码	剩余备用编码
A 类	12 项(01—20)	8 项
B 类	10 项(21—37)	7 项
C 类	17 项(38—61)	7 项
D 类	15 项(62—83)	7 项
E 类	10 项(84—99)	6 项

④ 国际十进制分类法。

这种方法于 1876 年美国杜威 M.DeWey 首创，其方法新颖而独到，可以无限制展开，颇受欧洲大陆各国的重视。1895 年的国际图书馆学会决定杜威的十进法为基础，作更进一步发展，其后经众多数学专家的研究与发展，最后完成所谓国际十进位分类法(Universal Decimal Classification)，目前已有许多国家采用为国家规格。

所谓国际十进位分类法是将所有物料分类为 10 大类，分别以 0~9 之间的数字代表，然后每大类物料再划分为 10 个中类，再以数字 0~9 为代表，如此进行下去按金字塔 Pyramid 形态展开。其情形如下：

6	应用科学
62.	工业技术
621.	机械的工业技术
621.8	动力传动
621.88	夹具
621.882	螺丝、螺帽
621.882.2	各种小螺丝
621.882.21	金属用小螺丝
621.882.215	丸螺丝
621.882.215.3	平螺丝

采用国际十进分类的物料编码，如编码编至 3 位数字之后仍须继续延长时，即应加以"."符号以表示划分，国际十进分类法可无限展开，任何新物料的产生均可插入原有物料编码的系统而不混淆原有的物料编码系统，国际十进分类法所能运用之符号只有 10 个(0~9)，故使编码趋长而又无暗示作用，实在美中不足。

(2) 英文字母法。

英文字母法是以英文字母作为物料编码工具的物料编码法。英文字母中 I、O、Q、Z 等字母与阿拉伯数字 1、0、9、2 等容易混淆，故多废弃不用。除此之外，尚有 23 个字母可利用。如以 A 代表金属材料，B 代表木材，C 代表玻璃。以 AA 代表铁金属，以 AB 代表铜金属……英文字母在我国已相当普遍，是可用的物料编码方法。

(3) 暗示编码法。

暗示编码法是指物料编码代表物料的意义，可自编码本身联想出来。暗示编码法又可

第十一章 虚拟社会化商业配送中心企业不同职能部门之间的内部信息流功能

分为字母暗示法和数字暗示法。

① 字母暗示法。

从物料的英文字母当中，择取重要且有代表性的一个或数个英文字母(通常取主要文字的第一个字母)作为编码的号码，使阅读物料编码者可从中想象到英文文字，进而从暗示中得知该物料为何物。例如：

VC=Variable Capaciter(可变电容器)
IC=Integrated Circuit(集成电路)
SW=Switch(开关)
ST=Steel Tube(钢管)
BT=BRASS Tuber(黄钢管)
EP=Ear Phone(耳机)

② 数字暗示法。

直接以物料的数字为物料编码的号码，或将物料的数字依一固定规则而转换成物料编码的号码，物料编码的阅读者可从物料编码数字的暗示中得悉该物料为何物。

物料编码代表的意义：

例1：

xx	x	xxx	xx	xx
类	小类	形式	长度	厚度

例2：电阻值的编码，如表11.5所示。

表11.5 电阻值的编码

编 码	电 阻 值
005	0.5Ω
050	5Ω
100	10Ω
101	100Ω
102	1,000Ω
103	10,000Ω
104	100,000Ω
105	1,000,000Ω

(4) 混合法。

混合法物料编码系联合使用英文字母与阿拉伯数字来作物料编码，而多以英文字母代表物料之类别或名称，其后再用十进位或其他方式编阿拉伯数字号码。这种物料编码方法较十进位采用符号较多，故有不少公司乐于采用此种方法。

例如：

M=金属物料

MB=螺栓、螺丝及帽
MBI=带帽螺栓
MBI-100=六角铁制螺栓带帽
MBI-106-6=3/8"X 3/4"六角铁制螺栓带帽
MBI-106-8=3/8"X 1"六角铁制螺栓带帽
MBI-106-8=1/2"X 1"六角铁制螺栓带帽

二、物料量的信息

物料量的信息主要通过物料计划来实现。物料计划即为配合生产线制造工作的进行，事先对物料的需求状况加以计划。物料计划做得不好，不是库存太多积压大量资金，就是生产线常发生断料停工现象。因此物料计划在物料管理活动中是十分重要的一环。良好的物料计划，必须具备以下功用：

(1) 良好的物料计划可以确定某一时期物料需用量，使产销活动赖以推动。

(2) 采购部门获得可靠的物料计划，得以早日准备采购活动，并觅得适当的采购时机，以最有利的条件采购物美价廉的物料。

(3) 财务部门依据物料计划，可以计算所需资金概数，预作准备以利于资金调度。

(4) 物料管理部门借助物料计划得以控制物料库存，减少呆料发生，使资金积压现象减少。

(5) 良好的物料计划有利于避免生产线断料停工的现象，使生产线连续不断生产下去。

三、物料流动信息

物料流动信息主要包括物料的验收与领发。

1. 物料的验收

无论是想供应厂商或供货厂商采购的物料，还是自制的零件，对送交仓库的物料的价格、数量、品质、交货期或其他交易条件，应与订购单载明的交易条件、采购规范相核对，以检查该批物料应收还是拒收。这一工作手续为验收。

1) 物料验收应具备以下功能
(1) 正确检验进料的品质水准便于做出收或不收的决定。
(2) 检验要迅速不能影响对生产部门的供料。
(3) 提供给采购人员对供应厂商进行开发与辅导有利的材料。
(4) 检验工作干净利落，使物料的归库与料账的记录进行得十分顺利且正确。
(5) 有利于付款工作的顺利进行。

2) 验收工作内容
(1) 辨认承售厂商。
(2) 确定交运日期与验收完工日期。
(3) 决定物料名称与物料品质。
(4) 清点数量。

(5) 通知验收结果。
(6) 退回不良物料。
(7) 归库。
(8) 有关记录。

3) 验收程序

(1) 先行检查供应厂商所送来的各种发票、缴获证件是否齐全，交货数量与订购单或交货单上所载数量有无误差，如有误差即停止验收。

(2) 运到物料卸入验收场地时，即应先核对包装箱上所记载的收件人、发件人是否相符，物料名称、数量与交货证件所列是否相同，包装是否完整，在货运途中是否被打开过，每箱物料的毛重与净重是否与交货证件相同等。若发生误差，应立即注明清楚，并联络供应厂商补足，必要时须洽请公证。

(3) 开箱并拆开包装后，物料内容与交货文件应确实核对与物料名称、规范是否相符。进而对于所交物料之中是否混淆或夹杂其他类似物料或零件，有无短缺、有无破损等情形，均应详细加以注意，并将详情填写在物料验收单上，作为验收工作的重要资料。

(4) 依公司的规定在一定期限内进行全检或抽检的工作。

(5) 经进料验收单位或委托其他检验单位试验物料的品质，在检验单上记录结果。

(6) 根据验收单上品质检验的规定，判定该批物料为允许或拒收，以及紧急用料时对拒收物料采取的补救措施，如采用特认措施，全检后将良品允收、不良品拒收。

(7) 如品质检验合格，数量无误，应即办理登账入库，并填制厂商资料。对于交期延误与品质延误的厂商应严加考核，水准过低的厂商加以淘汰。

(8) 会计部门对所有单据审核无误后，依据公司规定，进行付款的工作。

2. 发料与领料

(1) 发料与领料的含义。

物料管理部门或仓储单位根据生产计划，将仓库储存的物料，直接向生产部门的生产现场发放的现象，称为发料。制造部门的现场人员在产品制造之前填写领料单向仓库领取物料的现象，称为领料。

(2) 发料与领料的使用范围。

物料的发放有其适用范围，并非所有物料的需求都由仓库部门发放。在制造业中，物料需求的方式通常可区分为直接需求和间接需求，而物料的发放通常适用于对物料的直接需求。对物料的直间接需求根本无法采取由仓库发放，而要采用物料需求部门到仓库零用的方式。物料的直接需求是指根据生产计划、工作指派，制造部门为进行生产活动而对物料所产生的需求。除此之外，任何部门对物料的需求都称为简洁需求，例如制造部门不良品修理所需的零件、设计部门设计所需的零件、销售部门售后服务所需的零件等均为物料的间接需求。

(3) 发料与领料制度的建立。

发料方式对物料控制较严格，仓库根据准确的BOM清单发放物料到制造部门的生产现场，双方签字确认后发料结束，这种方式已被越来越多的工厂采纳。

领料方式对物料控制较不严格，我们公司目前就是采用这种方式，其原因如下：物料种类多，政策性不加以严格控制，而采用领料方式；生产计划常变，设计变化太多，采购计划不好做，进料常延误或过分紧急，致使物料部门很难采取主动发料的方式，而采用领料方式；观念上有差距，以往采用领料方式习惯了，不想改变。

思 考 题

1. 配送部门的主要业务流程有哪些？
2. 简述物料编码的意义。
3. 物料编码的原则有哪些？
4. 物料编码方法有哪些？分别简述。
5. 物料验收的意义是什么？

第十二章 虚拟社会化商业配送中心外部上下游企业的商业信息流业务功能

第一节 社会化商业配送中心外部上下游企业之间商业信息流体系的熟悉和了解

一、供应商

供应商是向企业及其竞争对手供应各种所需资源的企业或个人，包括提供原材料、设备、能源、劳务等。它们情况如何会对企业的营销活动产生巨大的影响，如原材料价格变化、短缺等都会影响企业产品的价格和交货期，并因此会削弱企业与客户的长期合作与利益，所以营销人员必须对供应商的情况有比较全面的了解和透彻的分析。供应商既是商务谈判中的对手，更是合作伙伴。

商业配送中心与供应商之间的商业信息主要集中在物料的采购活动上。

(一)采购的含义

采购是指为取得所需物料、工具等物质，以利工厂运营所应负担的职责与采取的行为。因此，采购活动必须考虑以最适当的总成本，于最适当的时间，以高度的效率，获得品质最适当的、数量最适当的物料、工具等物质，并保证料源连续性。通常采购业务有下列内容：

(1) 寻找物料供应来源，并分析零件市场。
(2) 与供货商洽谈，建立供货商的资料。
(3) 要求报价，并进行议价。
(4) 获取所需的物料。
(5) 查证进厂物料的数量和品质。
(6) 建立有利于采购业务顺畅进行所需的资料。
(7) 了解市场趋势，收集市场供给与需求价格等资料进行成本分析。
(8) 预防、处理呆料与废料。

(二)采购方法

采购方法种类很多，选取最方便、最有利的方法进行采购。

(1) 以采购地区分类：可分国内采购与国外采购。国内采购是指向国内厂商采购的行为；国外采购是指向国外供货商在本国境内的代理商采购的行为。

(2) 以采购方式分类：分为直接采购、委托采购与调拨采购。直接采购是指直接向物料供应厂商采购的行为；委托采购是指委托代理机构向物料供应厂商采购的行为；调拨采购是指厂商间将过剩物料互相支持调拨使用的行为。

(3) 以采购政策分类：分为集中采购和分权采购。集中采购是指采购行为由公司的采购单位统筹处理，又称统一采购；分权采购是指由各厂的采购单位自行采购的行为。

(4) 以采购性质分类：分为公开采购、秘密采购、正常采购和投机采购。公开采购是指采购行为公开化；秘密采购是指采购行为在秘密中进行。正常性采购是指采购行为正常化而不带投机性；投机采购是指物料价格低廉时大量买进以期涨价时转手图利的采购行为。

(5) 依采购时间分类：可分为长期固定性采购与非固定性采购，计划采购与紧急采购，预购与现购。长期固定采购是指采购行为长期且具固定性的采购；而非固定性采购是指采购行为非固定性，需要时就采购。计划性采购是指根据材料计划或采购计划而采购的行为；而紧急采购是指物料急用时毫无计划的紧急采购的行为。预购是指预先将材料买进而后付款的采购行为；现购是指以现金购买物料的采购行为。

(6) 以采购订约方式分类：可分为订约采购、口头、电话、传真采购以及试探性定单采购。订约采购是指买卖双方根据订约的方式进行采购的行为。试探性定单采购是指买卖双方在进行采购事项时因某种原因不敢大量下定单，先以试探方式下少量定单。

(7) 以决定采购价格的方式分类：可分为招标采购、询价采购、比价采购、议价采购、定价收购以及公开市场采购。询价采购是由现采购人员选取信用可靠的厂商，将采购条件讲明，并询问价格或报价，比较后采购的行为。比价采购是指采购人员让多家报价后，选性价比好的厂家进行采购的行为。议价采购是指采购人员与厂商双方经讨价还价议定价格后方进行的采购行为。

(三)选择供应厂商的步骤

选择供应厂商时，要先进行各种调查，依照交易项目，选出几家交易对象之后，从中选定供应厂商。

(1) 选定候补供应厂商。
(2) 对候补供应厂商进行实况调查。
(3) 由供应厂商试制样品。
(4) 样品认可。
(5) 估价。
(6) 尝试性的下订单。
(7) 交货及验收。
(8) 考核及评鉴。
(9) 下正式订单。

(四)采购程序

采购程序当中开出订购单只不过是其中一个重要步骤而已，采购计划、物料来源、情报收集、采购适当的时间以及其他重要的影响因素都要事先决定。采购的主要步骤包括：

(1) 物料管理部门开出请购单交给采购部门。

第十二章　虚拟社会化商业配送中心外部上下游企业的商业信息流业务功能

(2) 决定购买物料的种类和数量。
(3) 研究市场状况，并找出有利的采购时机。
(4) 决定物料供应来源以进行采购事项。
(5) 以询价、报价、比价决定有利的价格，并选取供应厂商。
(6) 与供应厂商签订采购合约并开立订购单。
(7) 监督供应厂商准时交货。
(8) 核内购与外购的采购管理精神大致相同，唯外购须通过进口程序及其作业手续。对并完成采购交易行为，根据验收单或品质数量检验报告，核对供应厂商交货状况，并对不良品设法加以处理。
(9) 内购与外购的采购管理精神大致相同，唯外购须通过进口程序及其作业手续。

(五)供应厂商的评核

对供应厂商的交货好坏加以考核，这便是供应厂商的评核。若不加以评核，显然失去了供应厂商管理的实际意义。一般来说，对厂商的评核分成品质、价格、交货期、协调性；各项的比重到底以多少衡量较为恰当，应视各企业市场情况而定，买方市场与卖方市场的情形各不相同。

二、销售门店

门店营销是指店铺内外部经营，针对光临或路过的流动顾客所要做的促销手法。店头行销是流通零售终端所特有的行销方式，而它的表现除了反映商品、企业活动、商店促销之外，也是终端在行销力及服务力的结合表现。门店营销是以门店为一个点，沿着市场需求和时间纵深展开，它强调销售员的主观能动性、阶段性重点事件处理和时效延续性。销售门店涉及的物流信息主要指的是销售物流信息。

销售物流，又叫作分销物流，是生产企业、流通企业商品销售过程中的物流活动。具体是指产品从下生产线开始，经过包装、装卸搬运、存储、流通加工、运输、配送，最后送到用户或消费者手中的物流活动。销售物流管理的目标：保证销售物流有效合理的运行。既扩大市场、提高客户服务水平，又降低成本、提高物流工作效益。

1. 销售物流活动的内容

(1) 产品包装。
(2) 产品存储。
(3) 装卸搬运。
(4) 运输和配送。
(5) 流通加工。
(6) 物流网络规划与设计。
(7) 物流信息管理。
(8) 客户服务。

2. 销售物流管理的内容

(1) 制定市场战略和物流战略。

(2) 规划物流网络布局。
(3) 策划销售物流的总体运作方案。
(4) 设计规划各个物流网点的建设方案、内部规划、运作方案。
(5) 策划设计运输方案、配送方案。
(6) 策划设计库存方案。
(7) 策划设计流通加工方案。
(8) 策划设计包装装卸方案。
(9) 策划设计物流运作方案实施的计划、措施。
(10) 物流运作过程的检查、监督、控制和统计、总结。
(11) 物流业绩的检查、统计。
(12) 物流人员的管理、激励。
(13) 物流技术的开发和运用。
(14) 物流客户服务方案。

3. 销售物流规划的内容

(1) 商业模式(企业自己组织销售物流，第三方物流企业组织销售物流，自己组织和第三方结合，用户自己提货)。

(2) 设定客户服务水平和服务成本分析(客户服务目标的设定是供应链规划的首要任务，它直接影响着整个物流网络和系统的规划。客户服务水平较低，物流网点设定较少，运输方式可以使用廉价的方式，订单服务提前期较长。反之，当客户服务水平接近上限时，成本比服务水平上升更快)。

(3) 物流服务网络设计。

(4) 物流管理组织结构和管理模式、管理流程的设计(这是物流运营部分的关键)。

第二节　商业交易信息的传送实训

一、销售和购买信息

销售信息是指商品进入市场的渠道、占有市场的比例、消费者需求情况、对产品的反映以及同业产品在市场的有关情况综合形成的信息。销售信息是以市场为主要取向的微观经济活动中形成的，它不仅对企业全面了解市场行情、确定销售方式与渠道、掌握各个环节流通情况、制定切实可行的销售策略是十分重要的，对于企业新产品开发战略和发展规划也举足轻重。

销售信息是一种资源。它与其他资源相比，有以下一些特征。

1) 社会性

工业产品销售是联结生产与消费的纽带。它涉及社会经济的发展和人民群众日常生活的方方面面，上至国家的大政方针，下至黎民百姓的衣食住行，都与工业产品销售有密切关系。围绕着产品销售每时每刻都有大量的信息存在。

第十二章　虚拟社会化商业配送中心外部上下游企业的商业信息流业务功能

2) 分散性

围绕着产品销售的数据、情报、资料等信息与其他物质产品的区别在于，用于收集、加工信息的"原料"不是集中在几个有限的产地，而是分布在产品销售的对象和销售活动的全过程。这就决定了销售信息收集的复杂性和繁重性。

3) 有效性

销售信息主要是在流通过程和使用过程中产生的。它的效用就在于对企业产品销售工作有所贡献。收集、处理这些信息的目的是改进和提高销售管理，促进销售活动的顺利进行。具有效用的销售信息，会帮助企业销售部门和人员做出有利的销售决策，实行正确的推销方法，销售出更多的产品，从而带来较好的经济效益。

4) 时限性

工业产品销售是一个动态过程，随着企业生产经营情况和社会经济政治情况的变化，随着时间的流逝，会源源不断地产生新的信息。原来的信息将会出现"老化"。也就是说，销售信息的效用是有一定期限的，过了一定期限，也就失去了效用。

5) 可分享性

销售信息可为一个使用者使用，也可同时供多个使用者使用。对同样一条信息各个不同使用者可从不同角度来使用。一般来说，它不会因为使用者的增加而使每个使用者获得信息量减少或效用的降低，这就叫作信息的可分享性。合理的组织信息资源，建立和健全信息网络，就可以使同一信息为更多的使用者服务。在一个企业中，同一信息可以为企业各个部门使用。

按照销售信息的加工程度、来源、时间、机能、产生信息的情况和传递渠道等，有以下几种常见的分类。

1) 按加工程度分

按销售信息的加工程度来划分，有原始的销售信息和经过加工的销售信息。原始的销售信息，是指用数字和文字对企业销售活动过程中各项活动做的最初记载，如销售发票、结算单等。原始的销售信息经过分类、整理、汇总，即变成经过加工的销售信息，如销售统计报表、销售报告等。

2) 按来源分

按销售信息的来源划分，有企业内部销售信息和企业外部销售信息。企业内部的销售信息，是反映企业内部销售管理方面的信息，如销售方针、销售价格等。企业外部的销售信息，是企业外部环境变化的信息，如国家经济政策、法令、市场和竞争厂家的情况等。

3) 按时间分

按销售信息的时间来划分，有过去的销售信息、销售信息和未来的销售信息。过去的销售信息，是反映已经发生的销售现象和销售过程的信息，如历年销售量和销售额数据。一般是以资料形式储存起来，成为销售信息档案。销售信息，是反映正在发生的销售现象和销售过程的信息，如执行中的销售合同、当前市场行情分析资料等。未来的销售信息，是那些揭示未来、预测未来销售发展趋势的信息，如未来的销售量、市场占有率的预测值等。

4) 按机能分

按销售信息的机能来划分，有经常变动的销售信息和相对稳定的销售信息。经常变动的销售信息,是反映企业销售过程中每一时间变化的信息,有较强的时效性,并常常只有一次使用价值,如每天产品的进、销、存情况。相对稳定的销售信息,是反映销售过程中长期起作用的信息,如销售管理方面的各项工作制度和各种工作标准。

  5) 按产生信息的情况分

  按销售信息的发生情况来划分,有常规性的销售信息和偶发性的销售信息。常规性的销售信息,是企业正常销售活动中的信息,如企业每天正常销售产品量、金额。偶发性的销售信息,是企业销售活动中突然发生的偶然事件的信息,如企业因发生突然性的事故而停止产品销售。

  6) 按传递渠道分

  按销售信息的传递渠道来划分,有正式渠道的销售信息和非正式渠道的销售信息。正式渠道的销售信息,是指按制度和规定渠道获得的销售信息,如政府部门的文件、通报、简报和下属单位的报告、扣表。非正式渠道的销售信息是从正式渠道之外的其他渠道所获得的销售信息,如从有关报刊、订货会、展销会等方面获得的信息。

二、订货和接收订货信息

  一般是在付订金后,卖家才向买家发货的购销方法。"订"就是预订。所以"订"金一般在交易取消时需要退还。作为合法的合约都应该违约责任,即使是没有事先申明,也有法律意义上基于公平原则的默认兜底违约责任。"订"涉及的违约责任都是非常宽松或者直接免于惩罚。

  出口流程中的订货:贸易双方就报价达成意向后,买方企业正式订货并就一些相关事项与卖方企业进行协商,双方协商认可后,需要签订《购货合同》。在签订《购货合同》过程中,主要对商品名称、规格型号、数量、价格、包装、产地、装运期、付款条件、结算方式、索赔、仲裁等内容进行商谈,并将商谈后达成的协议写入《购货合同》。这标志着出口业务的正式开始。通常情况下,签订购货合同一式两份由双方盖本公司公章生效,双方各保存一份。

  一般情况下,接收订货信息包括客户、商品、数量、金额、到货期、送货地点等。除了以上的项目,接收订货时的项目还有对方的订单号、电话号码以及特定的事项,还有购入的记录等。

  当输入的项目发生错误时,与业务形态有关,一定要停止当前的处理,改正相应的错误,必须对每一项订单做出完结的处理,不能影响下面的工作。

三、收款发货信息

1. 现款现货

  (1) 业务员根据客户订单编制销售订单(客户下单后一个工作日内),标注结算方式,交财务主管审核,确认之前未有欠款,方可同意发货,如有特殊情况,需总经理审批。(一个工作日内完成)财务审核后,转出纳,根据结算方式跟进收款工作。

  (2) 客户将银行汇票、银行承兑汇票或现金交出纳,出纳收款之后,在销售订单标注收款情况，全额已收/收到多少/剩余多少。

（3）已收款客户单据转入物流配送中心，进行配货。

（4）业务员或客户凭加盖出纳章或审批的销售订单前往配送中心提货或由配送中心发货。仓管员必须凭上述有效销售订单才准发货，发货完成需开具出仓单，与销售订单(财务联)装订在一起。

（5）业务员需将出仓单(财务联)和销售订单(财务联)在 24 小时内发回财务处。

（6）公司物流管理员根据仓管记录的客户实际提货数在仓存系统中录入出货数据。

2. 审批赊销或货到付款

如公司客户需要货到付款或者赊货，可根据审批权限由专人审批，具体操作如下：

（1）业务员根据客户要货计划编制销售订单，并交财务主管审核并出具意见(是否同意赊货及收款日期要求)。

（2）转至出纳，在销售订单标注收款情况，未收/收到多少/剩余多少。登记应收后，盖出纳章，通知业务员领回销货出库单。

（3）未收款客户的销售订单由业务员根据金额转相关上级进行审批，审批通过后，方可转物流配送中心进行配送，并由相关审批人员指定专人负责收款跟进。

第三节　市场信息实训

一、顾客信息

1. 顾客信息的定义

顾客信息，即顾客数据，是企业顾客特征、需求、购买、消费等各方面的一系列相关信息的总称。

2. 顾客信息的分类

对任何一个店铺而言，顾客都是一个数量庞大的群体，相应的顾客信息也不计其数。按顾客行为来分，可分为顾客购买信息、顾客需求信息、顾客消费信息等；按顾客特征来分，可分为顾客构成信息、顾客信用信息、顾客分布信息等；按顾客的消费状况来分，可分为现有顾客信息、潜在顾客信息等。此外，还可根据顾客心理、顾客性质、顾客对企业的利润贡献等进行分类。

3. 顾客信息的收集方法

（1）直接法。直接法就是企业通过自身的努力，来获取顾客的相关信息，通常主要有三种途径：一是通过发行会员卡来了解顾客信息。顾客的档案及每次在商店的消费记录通过贵宾卡输入计算机系统，并由计算机累积储存。二是通过企业的销售系统、销售记录或管理系统等来了解，如通过企业内部的 POS 系统，可方便快捷地了解顾客购买的商品种类、数量、单价等方面的信息。三是通过设立专门的顾客服务机构，如顾客关系中心等来收集顾客信息。直接针对顾客进行实地调查或访谈也是许多企业经常采用的一种有效方式。

(2) 间接法。是指企业通过外力来获取顾客信息。通常主要有两种途径：一是委托其他机构如市场调查公司、咨询公司等，通过发放问卷、实地调查等方式进行市场调研，来收集顾客信息；二是通过查阅公开的资料如报纸杂志等来了解顾客信息。

直接法由于是企业通过自身直接了解顾客，因此往往更贴近现实，具有较大的可信度，但这一方法也有很大的缺陷，那就是只能对企业的现实顾客进行观察、研究，却很难了解到企业潜在顾客的情况，而使用间接法获取顾客信息在很大程度上能够弥补这一缺陷。

4. 顾客信息的处理

(1) 信息的前期处理

顾客信息不能直接用来进行分析，必须经过筛选、提炼，才能变成对企业有价值的信息。主要做法是建立顾客信息库(数据库)，其目的在于促进销售和加强与顾客的联系。顾客信息库的建立过程，同时也是信息的加工和整理过程。

(2) 顾客信息需要维护

要使顾客信息库发挥更大的作用，还需要对信息库进行持续的维护，以确保顾客信息的长期有效。实现这一目标的有效途径是对顾客信息进行深入的研究和全面的分析。这是零售企业顾客信息处理整个过程中最后一个环节，也是最重要的一个环节。

(3) 信息反馈

顾客信息被企业合理、高效地使用后，效果如何？顾客信息库的建立、整理、分析是不是同企业设计之初的想法吻合？这些信息又将回到起点，经过不断地修正、调整，为企业所用。

二、交通通信等基础设施信息

它是社会赖以生存发展的一般物质条件。基础设施不仅包括公路、铁路、机场、通信、水电煤气等公共设施，还包括教育、科技、医疗卫生、体育、文化等社会事业即"社会性基础设施"。

基础设施包括交通、邮电、供水供电、商业服务、科研与技术服务、园林绿化、环境保护、文化教育、卫生事业等市政公用工程设施和公共生活服务设施等。它们是国民经济各项事业发展的基础。基础设施包括园林绿化在现代社会中，经济越发展，对基础设施的要求越高；完善的基础设施对加速社会经济活动，促进其空间分布形态演变起着巨大的推动作用。建立完善的基础设施往往需较长时间和巨额投资。对新建、扩建项目，特别是远离城市的重大项目和基地建设，更需优先发展基础设施，以便项目建成后尽快发挥效益。

三、政策信息

国家政权机关、政党组织和其他社会政治集团为了实现自己所代表的阶级、阶层的利益与意志，以权威形式标准化地规定在一定的历史时期内，应该达到的奋斗目标、遵循的行动原则、完成的明确任务、实行的工作方式、采取的一般步骤和具体措施。

政策具有以下特点：①阶级性。这是政策的最根本特点。在阶级社会中，政策只代表特定阶级的利益，从来不代表全体社会成员的利益，不反映所有人的意志。②正误性。任

第十二章　虚拟社会化商业配送中心外部上下游企业的商业信息流业务功能

何阶级及其主体的政策都有正确与错误之分。③时效性。政策是在一定时间内的历史条件和国情条件下，推行的现实政策。④表述性。就表现形态而言，政策不是物质实体，而是外化为符号表达的观念和信息。它由有权机关用语言和文字等表达手段进行表述。作为国家的政策，一般分为对内与对外两大部分。对内政策包括财政经济政策、文化教育政策、军事政策、劳动政策、宗教政策、民族政策等。对外政策即外交政策。政策是国家或者政党为了实现一定历史时期的路线和任务而制定的国家机关或者政党组织的行动准则。

四、销售促进活动信息

销售促进是指促进销售的行为和手段，有广义和狭义之分。广义的销售促进是指整体意义上的促销，狭义上则指促销组合中的营业推广促销手段，通常取其广义。销售促进包括广告、人员、推销、营业推广和公共关系四种促销手段或方式，它是市场营销组合中的一个重要因素。其作用为：企业通过合理组合运用各种促销手段，传递和沟通企业与顾客之间的信息，加深顾客对企业本身及其产品的了解，诱导其对本企业及产品产生好感、信任和偏爱，从而促进产品的销售。

五、竞争业者或竞争性商品信息

同业竞争者是企业所面对的最强大的一种竞争力量。这些竞争者根据自己的一整套规划，运用各种手段(价格、质量、造型、服务、担保、广告、销售网络、创新等)力图在市场上占据有利地位以及争夺更多的消费者，对其他企业造成极大的威胁。

竞争性产品是指具有竞争力的产品，也指相同或相近似类别的、互相构成竞争关系的商品。

思　考　题

1. 采购程序主要有哪些？
2. 简述销售信息的特征。
3. 简述顾客信息的处理。
4. 销售物流规划的内容有哪些？

参 考 文 献

[1] 张敏. 物流学[M]. 北京：清华大学出版社，2011.

[2] 田源，李伊松，易华. 物流运作管理[M]. 北京：清华大学出版社，2007.

[3] 平海. 物流系统设计与分析[M]. 北京：清华大学出版社，2010.

[4] 鲁晓春，吴志强. 物流设施与设备[M]. 北京：清华大学出版社，2005.

[5] 汝宜红. 物流学导论[M]. 北京：清华大学出版社，2004.

[6] 王菽兰，谢颖. 物流信息技术[M]. 北京：清华大学出版社，2007.

[7] 田源，周建勤. 物流运作实务[M]. 北京：清华大学出版社，2004.

[8] 施先亮，张文杰. 基于供应链的物流信息资源管理[M]. 北京：北京交通大学出版社，2009.

[9] 范钦满，周桂良. 物流装备与运用[M]. 北京：清华大学出版社，2011.

[10] 高春津，杨从亚. 物流信息技术[M]. 天津：天津大学出版社，2008.

[11] 薛贵明. 物流运输实务[M]. 重庆：重庆大学出版社，2009.

[12] 李贞. 物流运输管理实务[M]. 北京：航空工业出版社，2010.

[13] 杨爱花，苗长川. 物流供应链管理[M]. 北京：清华大学出版社，2008.

[14] 张可明. 物流系统分析[M]. 北京：清华大学出版社，2004.

[15] 孙红. 物流设备与技术[M]. 南京：东南大学出版社，2006.

[16] 林强. 物流工程[M]. 北京：清华大学出版社，2009.

[17] 陈向红，许久霞. 现代物流基础[M]. 重庆：重庆大学出版社，2007.

[18] 何杰. 物流信息技术[M]. 南京：东南大学出版社，2009.

[19] 张卫星，王正选. 物流学[M]. 北京：北京工业大学出版社，2006.

[20] 李圡民. 物流工程[M]. 重庆：重庆大学出版社，2009.

[21] 黎继子，杨卫丰. 物流管理[M]. 北京：清华大学出版社，2011.

[22] 黎青松. 现代物流设备[M]. 重庆：重庆大学出版社，2009.

[23] 陈良勇. 物流成本管理[M]. 北京：清华大学出版社，2008.

[24] 乐小兵. 现代物流学[M]. 北京：清华大学出版社，2011.

[25] 李向文. 现代物流发展战略[M]. 北京：清华大学出版社，2010.

[26] 刘凯. 现代物流技术基础[M]. 北京：清华大学出版社，2004.

[27] 陈军须. 现代物流概论[M]. 北京：北京邮电大学出版社，2008.

[28] 李静芳. 现代物流管理[M]. 北京：清华大学出版社，2009.

[29] 张文杰. 电子商务下的物流管理[M]. 北京：北京交通大学出版社，2003.

[30] 杜凤顺. 仓储实务[M]. 重庆：重庆大学出版社，2009.

[31] 曹泽洲. 物流配送管理[M]. 北京：清华大学出版社，2010.

[32] 兰洪杰，施先亮，赵启兰. 供应链与企业物流管理[M]. 北京：清华大学出版社，2004.

[33] 刘元洪. 物流管理概论[M]. 重庆：重庆大学出版社，2009.

[34] 钱廷仙. 现代物流管理[M]. 南京：东南大学出版社，2003.

[35] 乜堪雄. 物流管理实验实训教程[M]. 南京：东南大学出版社，2007.

[36] 王瑜. 仓储管理实务[M]. 北京：清华大学出版社，2010.

[37] 刘云霞. 现代物流配送管理[M]. 北京：清华大学出版社，2009.

[38] 徐武，王瑛. 采购与仓储[M]. 北京：清华大学出版社，2007.

[39] 郑全成. 运输与包装[M]. 北京：清华大学出版社，2005.

[40] 徐杰，田源. 采购与仓储管理[M]. 北京：清华大学出版社，2004.

[41] 关杰. 物流配送与仓储实务[M]. 重庆：重庆大学出版社，2011.

[42] 吴志华. 供应链管理——战略、策略与实施[M]. 重庆：重庆大学出版社，2009.

[43] 周明. 物流管理[M]. 重庆：重庆大学出版社，2009.

[44] 刘冬，姚丽凤. 现代物流管理理论与实务[M]. 天津：天津大学出版社，2009.

[45] 孙慧. 仓储运作与管理[M]. 重庆：重庆大学出版社，2008.

[46] 汪晓霞. 城市物流配送管理[M]. 北京：清华大学出版社，2011.

[47] 沈默. 现代物流案例分析[M]. 南京：东南大学出版社，2006.

[48] 邓永胜，向曦，马俊生. 物流管理案例与实训[M]. 北京：清华大学出版社，2008.

[49] 汝宜红，田源，徐杰. 配送中心规划[M]. 北京：清华大学出版社，2006.